U0558230

汪道涵
上海炎黄文化研究会
名誉会长

董寅初
上海炎黄文化研究会
名誉会长

李国豪
上海炎黄文化研究会
名誉会长

张仲礼
上海炎黄文化研究会
名誉会长

王元化
上海炎黄文化研究会
名誉会长

顾传训
上海炎黄文化研究会
名誉会长

徐中玉
上海炎黄文化研究会
名誉会长

1994 年 4 月 14 日，上海炎黄文化研究会在上海锦江小礼堂举行成立大会

上海炎黄文化研究会
首任会长陈沂

1995 年 12 月，本会举行首届上海炎黄文化学术研讨会，会长陈沂（中）在研讨会上发言

2000 年 6 月，出席会长会议自左至右为原副会长峻青、会长陈沂、名誉会长李国豪、副会长王克

本会工作人员和会长陈沂在一起

2003 年 4 月 21 日，本会创办的炎黄论坛第一次活动在虹桥宾馆举行，周汉民教授主讲世博文化

2003 年 11 月，本会与上海作家协会等单位联合举办上海精神金秋诗会

1996 年 10 月，本会和中华炎黄文化研究会在宝钢宾馆联合举行“孙中山与现代文明”国际学术研讨会。图为本会副会长王克、王邦佐等合影

第一届第二届研究会常务副会长王克

1999 年 12 月，本会召开“廉政文化学术研讨会”。图为第一任秘书长张军（右）在大会上发言

2001 年 6 月，为庆祝中国共产党建党 80 周年，本会举办“执政党的作风问题研讨会”

1997 年 12 月，本会召开“迈向 21 世纪长江流域经济文化发展研讨会”

1999 年 8 月 28 日至 30 日，中华炎黄文化研究会主办、本会承办的“龙文化与民族精神学术研讨会”在上海举行。图为主席台上的全国政协副主席钱伟长（左四）、中华炎黄文化研究会副会长冯征（左一）、本会会长陈沂（左三）等

2003 年，本会领导在浙江天台考察

研究会第二届、第三届会长
庄晓天

2009 年 1 月 14 日，举行迎春茶话会

2011 年 5 月 28 日，本会参与主办
庆祝中国共产党成立 90 周年群众歌咏大会

本会参加中华炎黄文化研究会工作研讨会

本会参与主办崇明县灶花艺术节活动

2008 年 12 月 7 日，本会副会长邓伟志在学术年会上演讲

研究会常务副会长丁锡满

2012 年 1 月 17 日，本会举行第四届会员代表大会暨 2012 年新春联谊会

周慕尧与庄晓天进行工作交流

研究会第四届会长
周慕尧

周慕尧会长探望老同志

2012 年 11 月 6 日，本会举办喜迎党的十八大书画联展，老领导龚心瀚、龚学平及会长周慕尧等出席开幕式

2013 年 5 月 15 日，炎黄论坛在上海戏剧学院举行，熊月之教授做学术讲座

2013 年本会学术年会上，会长周慕尧讲话

2013 年 6 月 19 日，本会主办“茶与水”健康讲座

2013 年，本会领导在上海青浦考察

2013 年 12 月 12 日，阮仪三教授在炎黄论坛上做专题报告

副会长陈卫平教授在学术研讨会上做点评

2014 年 8 月 8 日，本会召开成立 20 周年大型座谈会

常务副会长杨益萍在座谈会上发言

本会领导在座谈会上合影

2015 年 2 月 4 日，本会假座上海社科会堂举办迎新春曲艺艺术鉴赏联欢会

会长周慕尧参加座谈会

2015 年 9 月 10 日，本会参与主办“多学科视野：新文化运动与传统文化”学术研讨会

本会召开常务理事会

2015 年 6 月 4 日，炎黄论坛邀请苏智良教授做“上海对抗日战争的贡献”报告。图为报告后的合影

2015 年 11 月 6 日，本会举办“家庭伦理与中华传统思想道德教化”学术年会

2016 年 1 月 15 日，本会假座上海社科会堂举行新春联谊会暨民族器乐艺术欣赏活动

2016 年 9 月 23 日，本会参与主办“多学科视野：从传统到现代——纪念孙中山先生诞辰 150 周年”学术研讨会

2017 年 11 月 7 日，副会长陈勤建做宣讲

2016 年 12 月 23 日，本会主办的高式熊书法篆刻艺术展在长宁区图书馆开幕

2017 年 6 月 8 日，本会参与主办的“多学科视野：商务印书馆与中华文化自信”学术研讨会在商务印书馆旧址举行

研究会第五届会长
杨益萍

2017 年 11 月 1 日，本会举行第五届会员代表大会

会后部分新老理事合影

2018 年 1 月 7 日，本会参与主办“蔡元培与中华民族伟大复兴——纪念蔡元培先生诞辰 150 周年”学术研讨会

秘书长潘为民在迎春会上做工作报告

迎春会新老领导合影

2019 年 1 月 12 日，本会假座文艺会堂举行 2019 年迎春联欢会

迎春联欢会现场

2018 年 11 月 10 日，举办以“改革开放与文化传承”为主题的学术年会。图为杨剑龙副会长做论文分享

2019 年 4 月 11 日，在浦东牌楼村鹤丰农庄举行“炎黄论坛：美丽乡村建设”座谈会。图为老领导周慕尧、陈正兴等在农庄考察

2019 年 10 月 25 日，本会参与主办的“多学科视野：新中国 70 年与上海品格”学术研讨会在市社联会议厅举行

2019 年 11 月 16 日，本会举行以“新上海 70 年与文化建设”为主题的学术年会。图为杨益萍会长致辞

2019 年 9 月 3 日至 7 日，本会部分代表祭拜黄帝陵后，瞻仰革命圣地延安

迎春联欢会上，本会书画院艺术家们捐献精心创作的书画作品

2020 年 7 月，由本会担任指导单位的崇明灶文化博物馆经修葺改建重新开馆，并正式挂牌“中华传统文化传承基地”

2020 年迎春联欢会的现场表演

2021 年 10 月 12 日，上海炎黄文化研究会召开第六届会员代表大会，选举产生新一届领导班子

新任会长汪澜

换届大会后，中共上海市委宣传部副部长徐炯（左五）、上海市社联党组书记王为松（左三）与本会新老班子合影

2022 年 11 月 17 日，本会召开“新时代新征程与上海城市文脉”学术年会

2023 年 10 月 22 日，本会召开“多学科视野：中国式现代化与人类文明”学术研讨会

部分与会领导合影

2023 年 11 月 19 日，本会召开“中国式现代化与传统根基”学术年会

本会部分领导与新会员代表合影

2024 年 1 月 30 日，本会举行新春联欢会。图为会员过传忠在朗诵

常务副会长杨剑龙和理事王佩玲担任联欢会主持人

联欢会部分与会人员合影

2014 年，炎黄书画院在江桥上海书画院展示厅举办“云淡峰起——上海炎黄书画院作品展”

2019 年 3 月 15 日，“绿色申城——上海城市公园绿地撷萃”作品展在刘海粟美术馆分馆举行开幕式

2023 年 9 月 20 日，“画（话）说苏州河——‘半马苏河’的前世今生”大型美术创作及宣讲文献主题展在刘海粟美术馆分馆举行开幕式

2023 年 6 月 9 日，本会在华东师范大学举办“沉潜学术 激扬青春——弘扬中华优秀传统文化”青年论坛

2021 年 12 月 27 日，本会召开《海派文化》《炎黄子孙》报刊编委会和作者座谈会

2019 年 8 月 17 日，《海浪花开——< 海派文化 > 报选粹》首发式在上海书展举行

2018 年 9 月 14 日，本会海派文化专业委员会主办的“戎马银辉 军魂永驻——纪念改革开放 40 周年将军书法展”在中共四大纪念馆开幕

2022 年 9 月 26 日，“城市更新中的文化建设——海派文艺的前世今生”主题讲座暨“海浪花讲坛”落地长宁签约仪式在长宁区图书馆举行

2023 年 8 月 5 日，本会炎黄文化宣讲团和新华传媒联合主办“1925 红色经典阅读沙龙”系列讲座，副会长兼秘书长马军（左）出席揭牌仪式

2024 年 1 月 6 日，本会炎黄诗友社举行诗歌朗诵活动

本会常务副会长杨剑龙出席炎黄诗友会活动并朗读诗作

中宣部原常务副部长龚心瀚和本会炎黄诗友社的诗歌爱好者合影

本会青少年教育专业委员会，在恒源祥集团的支持下，连续举办“中国中学生作文大赛”，培养和发掘了一大批青少年文学人才

本会青少年教育专委会在澳门科技大学考察的合影

部分“恒源祥文学之星”获奖者与评委专家合影

2019 年 9 月，孔子诞辰 2570 年之际，
上海嘉定孔庙举办祭祖大典。本会孔子文化专业委员会参与主办

上海市社联党组书记、专职副主席王为松在第三届儒商论坛上致辞

本会副会长、时任孔子文化专委会主任孔庆然在第二届儒商论坛上致辞

2024 年 9 月，第四届儒商论坛上，
市有关方面领导、本会新老领导、孔子文化专委会负责人等与嘉宾合影

2018 年 5 月 3 日，本会庄子文化专业委员会成立

2019 年 10 月 12 日，本会庄子文化专业委员会在上海海事大学举办首届庄子辩坛

中国侨联第四届主席庄炎林在本会庄子文化专业委员会考察

2018 年 6 月 30 日，本会汉字书同文研究专业委员会主办第二十一次汉字书同文国际学术研讨会

用新媒体技术把汉字教学送到边疆地区，是本会书同文专委会的奉献

而立回眸

上海炎黄文化研究会三十年

上海炎黄文化研究会主编

上海社会科学院出版社
SHANGHAI ACADEMY OF SOCIAL SCIENCES PRESS

第一卷
如歌岁月

汪 澜　潘为民　王源康　巢卫群　等 / 编

序

上海炎黄文化研究会自1994年4月成立,迄今已走过三十年的历程。

三十年来,在上海市社联的指导下,在老会长陈沂、庄晓天、周慕尧、杨益萍等领衔的历届理事会的悉心耕耘下,研究会聚集起一大批沪上人文学科的专家学者及热心于中华优秀传统文化普及传播的各界精英。一代代"炎黄人"秉持"炎黄特色、时代特征、上海特点"的理念,不懈探索,勇于创新,勠力同心,无私奉献,开展了诸多具有鲜明时代特色和文化价值的研讨普及活动,研究会的凝聚力和社会影响力随之不断提升。自2005年以来,我会连续六次蝉联"上海市社会科学优秀学会"称号;2019年10月,经市社联推荐,我会被评为"全国社科联先进社会组织"。

人说"十年磨一剑",上海炎黄文化研究会的三十年,可谓磨了"三把剑"。

这第一把剑,是围绕中华传统文化和上海城市历史文脉展开学术研究,这是我们的立会之本。三十年来,我们围绕研究会的定位,坚持办好每年的"重头戏"学术年会;同时在市社联的倡导推动下,携手多个兄弟协会,于十年前创办了"多学科视野"研讨活动(迄今已举办了十届)。近年,我会与上海孔子文化节组委会合作,创办了辐射长三角地区的"儒商论坛"(迄今已成功举办四届)。这些研讨和论坛活动,紧扣当前社会和学术热点,深入探讨在特定历史条件下,中华优秀传统文化如何赓续传承、焕发生命活力,如何为新时代社会、经济、文化、生态文明建设提供智慧和滋养,进而为民族复兴大业赋能助力。与此同时,我会下属各个专业委员会也策划组织了不少小型多样的研讨活动,为会员发挥各自学术专长搭建了平台。

第二把剑,是优秀文化的传播普及活动。三十年来,本会及下属专业委员会开展了众多丰富多样、面向基层和社会公众的文化活动,其中不少活动已形成品牌效应。我会每年都有活动入选市社联的“科普周”项目，上海炎黄文化宣讲团、上海炎黄书画院和孔子文化专业委员会承办的“儒商论坛”还在市社联评优活动中先后获得“上海市社科特色活动奖”。我会青少年专委会参与的“恒源祥文学之星”中国中学生作文大赛已连续举办十九届，是中国目前最具影响力的作文大赛之一，每年全国参赛学生达 2 000 万名左右，大赛已载入上海大世界基尼斯“中国之最”纪录。炎黄文化宣讲团拥有“炎黄文化大讲堂”和“海浪花讲坛”两大演讲系列，前者对应传统文化主题，后者突出上海历史文化特色。宣讲团创办十多年来依托本会专家资源，先后推出“历史与当下：中国传统文化的智慧”“炎黄论坛：追寻上海历史文脉”“浦江红韵——中国共产党百年奋斗史”“1925 红色经典阅读沙龙”“话说苏州河”“海派文化的前世、今生与未来”等多个系列宣讲活动。炎黄书画院聚集了本市近百位知名书画家，仅 2015 年以来，就先后举办了包括八届“源于生活·五月画展”在内的二十个不同主题的艺术展览。近年来，书画院坚持“源于生活”的创作理念，先后以“绿色申城”“灯塔”“画说苏州河”为题，组织画家采风和创作，用画笔描绘新时代城市风貌和市民精神面貌的变化，传递中华文化的博大精深，相关主题展览产生了很好的社会反响。本会下属孔子文化专委会、庄子文化专委会、汉字书同专委会和炎黄诗社等也各展其长，陆续举办了众多面向社会、面向基层的有特色、有影响力的活动，在学术团体利用自身专业资源参与社会公共文化服务方面做出有益的尝试。本会会刊《炎黄子孙》和会报《海派文化》在挖掘传统文化瑰宝及上海城市记忆，做好炎黄文化研究普及成果的传播方面也做出突出贡献，成为中华优秀传统文化及上海文脉传承传播的特色载体。

第三把剑，是上海炎黄文化研究会三十年形成的优良传统和精神品格。其核心是对中华优秀传统文化的挚爱，及对传承传播优秀文化的执着，是无私、忘我的志愿精神和奉献精神。加入研究会大家庭之后，我一直在思考一个问题，上海炎黄文化研究会是一个非营利的社会团体，参与研究会活动，无名无利，还要搭上许多时间和精力，可为什么大家始终热情不减，倾力投入，还乐此不疲？在老会长杨益萍此次撰写的纪念文章中，我找到了答案。他回忆当年接棒之时，前任会长、老领导周慕尧说：“祝贺新班子当选，祝贺什么呢？祝贺你们获得了为大家服务的机会，祝贺你们成为光荣的志愿者。”而他自己为研究会服务十余年，感触最深的也正是“源远流长的志愿精神、奉献精神”。这一精神“始自我们的先辈，始自研究会创始人，也体现在众多会员身上。它形成为一种传统，代代传承，不断发扬光大”。我想，研究会之所以历经三十年却生生不息，始终保持着创新意识和创造活力，队伍不断壮大，活动平台不断拓展，影响力不断提升，其精神密码，就是“挚爱、执着、志愿、奉献”这八个字所代表的传统和品格，正因为它已沉淀为上海炎黄会的基因，成为全体会员的共识和自觉，才使得研究会的事业得以薪火相传，弦歌不辍。

三十年，三把剑，是时代的馈赠，也是前辈和一代代炎黄人呕心沥血、接力锻造磨砺的结果。为了将这些宝贵的精神财富继承下来，传递下去，值上海炎黄文化研究会成立三十年之际，本届理事会授权秘书处编辑这本《而立回眸：上海炎黄文化研究会三十年》。

此书由五卷本构成。其中《如歌岁月》是一本有关研究会三十年历史的纪念文集。书中集纳了由《炎黄子孙》《海派文化》发起的“走过三十年”会庆征文的成果，三十多篇回忆文章，从各个角度记录了研究会及下属机构、专业委员会不寻常的成长历程；同时还整理收录了我会“历届理事会和领导班子名单”“三十年大事记”“《简报》总目录”及“历年所获荣誉”等内容，尝试对研究会历史做一全景回溯。

《文论撷英》是一本学术论文集，重点遴选了近十年本会学术年会，及携手沪上兄弟学会共同举办的“多学科视野”研讨活动的部分论文。论文集展现了本会专家学者的学术风采和研究实力，承载着上海炎黄文化研究会以学术立会，深入开展中华优秀传统文化研究的丰厚成果。

《报刊双馨》是本会《炎黄子孙》和《海派文化》的文章精选集。这一刊一报，一直被视为我会传扬炎黄精神、赓续上海文脉的窗口和名片，在办刊办报过程中，得到会内外众多名家名笔的支持和帮助。精选集凝聚着作者和编者的心血和付出，也是本会三十年足迹的见证。

《杏坛留声》是本会炎黄文化宣讲团的演讲集，编者从宣讲团创办十年来的数百场讲座中精挑细选，并适当向近年讲座倾斜，精选出三十篇有代表性、典型性的宣讲稿。每篇讲稿还特意标示出讲座的时间、地点，从中可以看出，炎黄文化宣讲团所秉承的走进基层民众开展普及教育、弘扬中华优秀传统文化、振奋民族精神的宗旨理念。

《墨彩华章》荟萃了本会炎黄书画院近十年的创作成果，每一个篇章都是艺术家们对生活的深情诠释，每一幅画作都承载着他们对生活的热爱和对真善美的追求。艺术家们用画笔讲述中国故事，传播中华文化，展现了新时代中国艺术家的担当与使命。本卷图文并茂，在编排上与其他几卷略有区别，为的是凸显书画院特有的艺术特色，让人赏心悦目。

本书不仅记录了时光的印痕，更记载了炎黄人奋进的脚步，它是上海炎黄文化研究会发展历程的缩影，是一份珍贵的历史见证。对于所有参与本书编撰工作的同仁而言，这项工作既是对炎黄会三十年走过的历程、三十年积累的文献资料和活动成果的挖掘和整理，也是对研究会优良传统和精神积淀的学习和重温，更是一次向所有参与研究会创办，及为研究会发展做出贡献的前辈和同仁的致敬！令人感动的是，在艰辛烦劳的编撰工作中，大家不辞辛苦，不计报酬，不计较个人得失，在有限的时间里投入了大量的时间和精力，在他们身上，我们看到了“挚爱、执着、志愿、奉献”所代表的研究会精神品格的延续，这恰恰是最令人欣慰的。在此，我谨代表本届理事会，对所有参与本书编撰工作的同仁表达由衷的感谢和真诚的敬意！

回首三十年前，上海炎黄文化研究会诞生在改革开放大潮涌动之时，一批德高望重的前辈学者和社会精英发起创办了研究会，他们的初心，是想借中华优秀传统文化的研究和传播，为民族复兴大业树德立魂，提供更多的精神滋养和智慧启迪。三十年后的今天，我们又一次站在历史关节点上，全面深化改革的大幕已经拉开，如何让中华优秀传统文化在“推进中国式现代化”的进程中发挥更大作用，成为摆在我们面前的新课题、新挑战。相信新一代炎黄人在学习继承前辈光荣传统的同时，将不辱使命，不断创新进取，推动上海炎黄文化研究会续写新的华章。

汪　澜

2024 年 12 月

目录

序 …………………………………………………… 汪　澜 001

走过三十年

我所亲历的上海炎黄文化研究会创办 ………………… 张　军 003
弘扬奉献精神三十年 ………………………………… 杨益萍 006
“四个结合”
——上海炎黄文化研究会的学术活动 ………… 陈卫平　李志茗 013
文化自觉勇弄潮　选准儒学突破口 ………………… 夏乃儒 020
说说我们的会长和副会长
——上海炎黄文化研究会三十年记忆片段 ………… 邓伟志 022
那两朵交织的浪花 …………………………………… 甘建华 025
李伦新:为海派文化执着耕耘 ……………………… 朱少伟 030
追忆丁锡满老师 ……………………………………… 王佩玲 033
老领导陈正兴是怎样修改发言稿的 ………………… 王俊敏 036
上海炎黄文化研究会孔子文化专业委员会十年成长之路 …… 皇甫秋实 040
践行初心使命　讲好庄子故事 ……………………… 严国兴 042
青少年成长岂止是提分 ……………………… 王志方　陈忠伟 045
我编《炎黄子孙》杂志十三年 ………………………… 倪家荣 050
为读者留下活生生的社科大师
——我会刊会报学习宣传沪上已故“68 位社科大师”侧记 … 司徒伟智 054
《海派文化》报与海派文化专委会 …………………… 王晓君 060

生活是艺术创作的唯一源泉
——上海炎黄书画院主题绘画创作纪实 …… 陈志强 065
牢记宗旨　普及弘扬中华优秀传统文化
——上海炎黄文化宣讲团工作回顾 …… 陈勤建 067
意惹情牵宣讲团 …… 王佩玲 072
让炎黄之声唱响申城 …… 赵　宏 077
屡易会址的上海炎黄文化研究会 …… 马　军 081
高歌在希望的田野上
——上海炎黄诗友社成长记 …… 倪家荣 083
汉字"书同文"的民间学术之路 …… 潘颂德　蔡永清 089
谷雨润疆
——"书同文"韬图团队十二年援疆纪实 …… 于小央 093
上海炎黄文化研究会印象 …… 刘惠恕 097
上海炎黄文化研究会激励我参与人民建议征集 …… 汤啸天 101
让前辈高风亮节代代传 …… 缪　迅 103
我在"炎黄"这八年 …… 王源康 105
来到"炎黄"领教多
——高人、贵人和诤友 …… 司徒伟智 107
听施平老书记谈今昔 …… 葛昆元 110
我为《炎黄子孙》写文章 …… 邱根发 114
上海炎黄文化研究会助力美丽乡村建设 …… 仇明惠 116
我参与的筹备会庆三十周年活动 …… 李志茗 118
情系炎黄　发挥所长 …… 唐　幸 121

根壮叶茂

上海炎黄文化研究会历届理事会和领导班子名单
（第一届—第六届） …… 巢卫群　整理 127

履迹印痕

上海炎黄文化研究会大事记
（1990 年 4 月—2024 年 6 月） … 潘为民　王源康　编　马　军　整理 139

春华秋实

上海炎黄文化研究会主要出版、印刷品目录 ………………… 马 军 编 203
上海炎黄文化研究会《简报》总目录(第 1 期—第 131 期) … 马 军 编 208
上海炎黄文化研究会历年所获荣誉 ………………………… 巢卫群 整理 253

本卷编后记 ……………………………………………………………… 255

走过三十年

我所亲历的上海炎黄文化研究会创办

张　军

一

说起上海炎黄文化研究会的成立，不能不提起我的中学同班学长王仁民同志。他是山东烟台名人，抗日战争胜利后，他和曹章等一些同学于1946年投奔当时的解放区参加革命。1949年后，王仁民在河南郑州水厂工作，我和曹章、胡振山同学在上海工作，"文化大革命"前大家都没有来往。

王仁民在水厂工作期间，同厂里职工绿化了黄河南岸的芒山，使芒山成了个旅游景点，又在土石芒山下面挖掘了窑洞，办起了窑洞宾馆，为游客提供食宿。后来不知为什么他又提出在芒山塑造两座炎黄二帝的半身石像，使平汉铁路过往旅客经过黄河大铁桥时，都能看到中华始祖的巨像，以增强炎黄子孙继承和发展始祖业绩的责任感！以此为契机，后来经过上级领导批准，在河南成立了炎黄文化研究会。与此同时，他在北京和上海等地大力宣传和鼓动成立炎黄文化研究会。有志者事竟成，经过他多年的努力，北京成立了中华炎黄文化研究会，会长是萧克将军，王仁民是多位副会长之一，上海等地也相继成立了炎黄文化研究会，并开展文化研讨活动。在这其中，王仁民同志这种百折不挠、不达目的决不收兵的开拓奋进精神令人感动。

中华炎黄文化研究会成立后，举行过多次研讨会，出过多次简报。王仁民是个党的普通干部，在上海我们陪同他活动。作协司机小蔡虽然和他接触不多，但在王仁民离开上海后，对我说：你河南这个朋友是真正的共产党员！这话足以反映王仁民为人处世的风采。王仁民设想的目标后来都已实现，不少地方成立了炎黄文化研究会，炎黄二帝的巨大雕像也在芒山顶上树立起来,在百度网上可以搜索看到。

二

20 世纪 90 年代初,王仁民来上海,我和曹章、胡振山同他商量:仅凭我们三人力量办不成炎黄文化研究会的,必须请一位市级干部领头来办,于是想到市委副秘书长张世珠同志。张是我们作协会员(注:本文作者张军曾任上海作协党组副书记),由我向他说明成立炎黄研究会的建议,他欣然答应,并亲自带领王仁民和我等,去见市委书记胡立教同志,因为胡立教曾在河南担任过省委书记,请他当研究会会长较为合适。胡立教同志很谦虚,说他一直做组织工作,接触文化界少,建议我们去请陈沂同志出来担任会长,并说他可以打电话告诉陈沂。那时陈沂同志已从市委副书记兼宣传部长岗位上退下来。后来张世珠同志多次去拜访陈沂,最终陈沂同志答应担任研究会会长。

会长确定了,张世珠同志召集王克、峻青、曹章、胡振山、张玺和我等开会,研究副会长、秘书长名单,报请陈沂会长同意。我记得后来,在成立大会上公布的副会长有:张世珠(常务)、王克(曾任市劳动局长)、峻青(著名作家)、李太城(曾任市文化局长)、林炳秋(市社联党组书记)、徐中玉(市作协主席、华师大教授)、李伦新(市文联党组书记)、王邦佐(上师大校长)、丁锡满(《解放日报》总编)、王元化(著名作家、学者)等,秘书长是张军,副秘书长曹章、张玺、胡振山,以后增加了沈沉同志。

上海炎黄文化研究会召开成立大会后,中共中央政治局委员、上海市委书记吴邦国同志为研究会题写了"源远流长"的条幅,以示对研究会的重视。

三

上海炎黄文化研究会成立时,没有经费,开会研究问题都是在锦江饭店西楼张世珠同志的办公室或作协会议室里进行。后来经王克同志和上海宝钢联系,宝钢捐赠 10 万元给研究会,我去市委宣传部联系,徐俊西副部长批给研究会 5 万元的经费,林炳秋同志协助市里每年给研究会拨一笔办公费。再后来有企业给予资助。这样,研究会才陆续租房建立办公室、出简报、创办《炎黄子孙》内刊、聘请一些研究会工作人员,并开展一系列研讨活动等。

然而创办初期的工作并非一帆风顺，限于当时的条件，一些想做的事情最终没有办成，对此我很是抱歉。如筹办工作开始时，曾想借助上海师大设立炎黄文化研究学院，培养文化研究人才。师大几位教授都赞成，后因王邦佐校长工作调动没能办成，甚觉遗憾！还有本想办个公开发行的刊物，只要申请个刊号就行了，计划由《文汇报》退休的副总编、中国作协会员史中兴主持，他答应不要研究会出资，编辑在报社离退休人员中选聘，开办经费他负责解决。这样的好事也没办成，所以一直只能出内刊。这实在是对不起史中兴同志。

还有一件事，在我们聘请会长过程中，也曾找过市里一位领导，他说他是回族，炎黄二帝不是他们的始祖，担任研究会长不合适。这就让我想到一个问题：炎黄二帝是汉族的祖先，虽不能说是整个中华民族的祖先，但汉族是中华民族的主体，中华文化的主体，在长期历史发展过程中，汉族与众多少数民族互相学习，取长补短，互相融合借鉴，创造出灿烂辉煌、博大精深的中华文化。

有的历史学家把中国文化分为“农耕文化、游牧文化和商业文化”，也有学者说“文化是民族的生活方式”，这就是说人们的衣食住行等都包含着文化。文化的确很重要，它是民族的脊梁、民族的灵魂。古代也有“干戈不动远人服，一纸贤于百万师”的诗句，说明文化的重要性！

任何时候我们都不能忽视、轻视文化建设，否则就会产生难以解决的社会问题，所以我们应在传承弘扬优秀传统文化的基础上发展中国文化，借鉴外国优秀文化，创造出我国更加璀璨的新文化。

随着时代的发展，又有工业文化、城市文化、外来文化、网络文化等的丰富，炎黄文化研究会的任务更重了，研究的课题更多了，祝上海炎黄文化研究会工作更上一层楼，为国家和人民做出更大贡献！

（原载上海炎黄文化研究会《海派文化》2024 年 4 月 15 日第 2 期）

弘扬奉献精神三十年

杨益萍

上海炎黄文化研究会成立三十年了。三十年来，它坚持弘扬中华优秀传统文化的宗旨，开展具有炎黄特色、时代特征、上海特点的研究普及活动，为增强社会正能量做贡献，并取得了令人欣慰的成绩。

我自 2012 年 1 月入会，历时十余年，直接受到研究会活动所蕴含的传统文化熏陶，受到各位同仁智慧和精神感染。其中给我留下最深印象的，是源远流长的志愿精神、奉献精神。正如有的同志所说，在市场经济的环境中，我们投身于一个非营利的学术团体，成为一名志愿者，为传承弘扬优秀传统文化做了力所能及的贡献。这是我们一生深感光荣和自豪的。

这种志愿精神、奉献精神，始自我们的先辈，始自研究会创始人，体现在众多会员身上。它形成一种传统，代代传承，不断发扬。

一

我始终记得，我们这支队伍里，那些一身正气、德高望重的老领导、老专家。我入会工作时，陈沂同志已经离世。我们一一拜访了尚健在的老会长老同志，其中有庄晓天、龚兆源、王克、丁锡满、李伦新、张正奎、邓伟志、严家栋、王邦佐、徐友才、张军等。他们虽然年事渐高，但是依然惦记国家大事，关心研究会工作。他们学养丰富，体察民情，勤奋务实，有着宽阔的胸怀和满腔的激情。我至今记得，2018 年 7 月龚老百岁寿辰时，我和洪纽一等同志去看望他。他满怀激情地说，他的目标是亲眼看到中国共产党建党百年，看到中华民族建成小康社会。后来，他果真活到 2021 年 7 月，享年 103 岁……

老领导中，特别令我难忘的是周慕尧、陈正兴两位老会长。

两位老会长都是市级领导干部，曾分别担任副市长、市人大常委会副主任，市政协副主席，但在研究会，完全是名副其实的“义工”。他们带头弘扬好风气，以平等待人为荣，以尊老敬贤为荣，以廉洁办会为荣。上任不久，周慕尧同志就带领我们探望了七位年过 90 岁的老会员、老顾问。春节前夕，他冒着严寒，带领我们探望我会顾问、98 岁的高式熊老人和 103 岁的顾振乐老人。他到市区、乡镇，看望会员，参观他们的工作室，观摩他们的作品和藏品，鼓励会员传承中华传统文化。换届大会上，他对新班子说，祝贺新班子当选。祝贺什么呢？“祝贺你们获得了为大家服务的机会，祝贺你们成为光荣的志愿者。”他的话，朴素而又深刻。当选，就意味服务，意味着奉献。他是这么说的，也是这么做的。这些年来，他带领我们做好事，办实事，从来不取分文报酬。相反，他多次用自己的钱，做公益的事，推动我会与兄弟学会合作，助力研究会发展，而他做这些总是悄然无声，极少有人知晓……

陈正兴同志同样如此。他平易近人，在我们心目中，永远是说一口宁波话的邻家老伯。他热心研究会活动，今年 87 岁了，依然为研究会提建议，出主意，为会刊撰写回忆文章。他谦虚待人，有时出席学术年会晚到了，就悄悄坐在最后一排聆听，生怕惊动别人……

在我们心目中，老会长都具有敦厚的品质、宽阔的胸怀，努力达到古人说的“心迹双清”的境界。他们是我们学习的榜样，是无私奉献的带头人。

二

我始终记得，我们这支队伍里，那些品质高尚、义薄云天的捐赠人。在他们的晚年，在生命的最后时刻，把凝结着文化精华的传家之宝，无偿地捐献给社会。

我的脑海里，深深嵌印着两个人的名字，他们是丁锡满、姚昆田。

丁锡满老师是上海滩的大文人，曾担任市委宣传部副部长、《解放日报》总编辑，退休后担任我会常务副会长。他对于弘扬传统文化满腔热情，执着不息，离岗后依然孜孜不倦，殚精竭虑。他在生命的最后两年，还帮助我们精心选编了研究会成立二十周年纪念文集《游赏精神家园》，帮助我们策划组织了“口述历史：抗日战争中的老西门”主题活动，为之倾注智慧和心血。他极度热爱传统文化，且言行一致，身体力行，在身患重病的时刻，毅然决定，把珍藏多年的名人字画和书籍茶壶悉数捐赠给母校浙江台州天台中学。在病床前，他告诉我,这是他最后一桩心事。他拿给我看捐赠清单,一一历数,有 30 余幅名人佳作,文化瑰宝啊。我劝他是否留一些,他毫不犹豫地回答,字画都是朋友赠送的,幅幅情深义重,只有让它们回归社会,才对得起朋友。嘶哑的嗓音,表达的是坚定的信念,是鞠躬尽瘁死而后已的精神……

另一位是姚昆田老师。他是我会顾问,南社研究中心主任,同样以毕生之力践行了无私捐赠之说。他的人生,充满一个文化人奉献祖国的深情。新中国成立之初,他经与家人商议,将祖传的数万卷古籍藏书,全部捐献给国家。进入耄耋之年后,他致力于南社研究,为此,又将坐落于上海金山张堰镇的祖传老屋捐献给国家,使之成为南社研究基地,成为爱国主义教育基地。他念念不忘开展南社研究、捐赠历史文物。他以九旬高龄热心参与我会活动,直至生命的终年 95 岁……

三

我始终记得,我们这支队伍里,那些为弘扬传统文化做奉献的专家学者。多年来,他们悉心研究中华优秀传统文化,青灯黄卷,孜孜不倦,不断奉献创新成果。他们是研究会学术活动的中坚力量。

多年来,我会坚持开展学术研究。近十年来学术活动的重大选题有:“诸子百家与核心价值观”“家庭伦理与中华传统文化”“新文化运动与传统文化”“创新:上海文化的历史与未来”“让优秀传统文化融入生活”“商务印书馆与中华文化自信”“蔡元培与中华民族伟大复兴”“新上海 70 年与文化建设”,等等。先后在论坛上亮相的我会会员(含顾问)有:姜义华、熊月之、陈卫平、朱荫贵、陈勤建、杨剑龙、马军、夏乃儒、戴鞍钢、潘颂德、刘惠恕、胡申生、徐培华、朱少伟、贺圣迪、冯绍庭、邵雍、司徒伟智、张冰隅、汤啸天、刘平、蔡志栋等人。

他们积极投身学术研究活动,注重理论与实际的结合,注重炎黄特色、时代特征、上海特点,因而引起学界关注,激起思想的火花。他们严谨治学,锲而不舍,埋头伏案,不遗余力,向研讨会提交学术论文,为会刊提供有质量的学术文章,为学术研究贡献思想成果,奉献智慧和心血……

他们中的长者夏乃儒老师,是其中一位代表。他今年 90 岁,长期从事中国哲学史研究,致力于儒学与文化比较研究,担任我会学术委员。他老骥伏枥,自强不息。几乎每次学术年会都提供论文,以清晰的思路、精当的文笔给人以启迪，为我们树立了终身学习、终身探索的榜样……

四

我始终记得，我们这支队伍里，那些为弘扬传统文化作奉献的传播人。多年来，他们进乡村，进企业，进军营，默默耕耘，努力把最好的精神食粮奉献给听众。

这些年，我有缘聆听了多次传统文化讲座。粗粗回顾，计有：在戏剧学院礼堂，聆听阮仪三、苏智良、孙逊、熊月之等讲授“追寻上海历史文脉”；在华新镇，聆听陈卫平讲授“让礼仪走进家教”；在周浦镇，聆听陈勤建讲授“中国人日常生活中的智慧”；在武警总队，聆听胡申生讲授“中华传统文化中的家教家训”；在中建八局，聆听钱程等讲授“古今文化之旅”；在庄子专委会，聆听冯绍庭讲授“庄子与工匠精神”；在东方讲坛，聆听朱荫贵讲授“中国商业文明智慧”，聆听周山讲授“墨子的平民智慧”。多年来，我们众多会员，分别与村民一起，与学生一起，与战士一起，与建设大军的员工一起，分享了宣讲团的成果，分享了各位老师积累的精神食粮……

我还特别记得，那些在特殊条件下积极努力的文化传播人。在新疆、西藏等少数民族地区，于小央率队深入基层，传播汉语基础知识，促进民族融合；在墨尔本，潘颂德应当地华人学校邀请，讲鲁迅，讲《红楼梦》，讲授中华文化知识；在广播电台，王国杰、王佩玲讲授“中华传统筷子文化”，讲授“诗教传家”的教育思想；在嘉定城镇乡村，王贵生以 86 岁高龄，热心传播廉洁文化、孝道文化，被当地政府授予“乡贤”称号……

毫无疑问，一次次精彩的宣讲，是以学养和奉献为基础的。那些不计名利，一心传承中华文脉的传播人，无愧于“乡贤”的美誉，无愧于“炎黄子孙”的称号。

五

我始终记得，我们这支队伍里，那些甘于奉献的艺术家。他们在艺术上精益求精，在社会需要时无私奉献。此刻，我想起高式熊、张森、张培础、陈谷长等老一辈名家，想起一大批生气勃勃的中青年书画家。

难忘每年五月，炎黄书画院的艺术家们捧出精心创作的画作，与公众见面。他们深入生活，体验生活，把美丽呈现给观众。他们笔下，再现美丽江桥的景象，再现古城嘉定的风貌。他们以浦江两岸城市公园的历史变迁，讴歌生态文明建设的成就；以“古典诗词迎春书画巡展”，以“源于生活采风写生作品展”，歌颂新时代；以在线作品展“春天”，鼓舞人们投身抗疫斗争。当我们循着幅幅画作、分享艺术美感的时候，心中充满对艺术家的敬意……

难忘多年来，炎黄书画院组织的艺术品捐赠活动。诸如王悌龙向革命烈士纪念馆捐赠油画作品，董元向周浦美术馆捐赠革命烈士肖像画，韩志强向海军部队捐赠甲骨文生肖作品。朱新昌、陈谷长、陈小培、柴聪、陆廷等，向社区文化中心、灯塔守护人、生态文明建设者捐赠作品，以无私奉献为研究会增添了光彩。至于众多书画家向迎春联欢会捐赠作品，已成为每年联欢会耀眼的亮点，每逢此刻，会场里总是洋溢着温暖如春的气氛……

六

我始终记得，我们这支队伍里，那些甘于奉献的企业家。他们用辛苦打拼挣来的钱，支持研究会弘扬炎黄文化，展现了可贵的奉献精神。此刻，我想起唐志平、陈忠伟、孔庆然、庄兆祥、孔剑翔、陶勇、于小央、梁妙珍等企业家。

难忘企业家对研究会活动的支持。多年来，在唐志平资助下，炎黄书画院多次举办重大主题创作活动，鼓励书画家用笔墨歌唱灯塔，歌唱春天，歌唱绿色申城，歌唱一片冰心，弘扬社会正能量。在陈忠伟、孔庆然等支持下，研究会先后举办祭拜黄帝陵、炎帝陵活动，表达了对中华人文始祖的敬仰，表达了祈愿炎黄子孙繁荣昌盛的情怀……

难忘企业家对专委会活动的支持。多年来，在企业家资助下，青少年教育专委会举办作文比赛、书法比赛、演艺比赛，在中小学生中弘扬优秀传统文化；庄子文化专委会举办“庄子辩坛”大学生辩论邀请赛、“庄子故里考”，推动庄子文化的研究和弘扬；孔子文化专委会举办儒商论坛等活动，颁发年度儒学促进奖，激励中华优秀传统文化传播者；海派文化专委会举办“海派商业文化与品牌创新”研讨会，举办“海浪花讲坛”，推动海派文化研究的深入……

难忘多年来，各位企业家致力于传统文化的研究应用，努力建设企业文化。他们传承革故鼎新、仁者爱人、以义取利、经世济民、注重诚信等传统文化精华。走进这些企业，从墙上悬挂的标语，可以看到这种努力；从它们捐赠产品支援抗疫的作为，可以看到这种文化的光芒……

七

我始终记得，我们这支队伍里，那些甘于奉献的志愿者，那些不辞辛苦承担义务的人。

记得我在研究会工作期间的同仁，先后有副会长洪纽一、陈卫平、陈勤建、朱荫贵、褚水敖、吴孟庆、唐长发、陈忠伟、杨剑龙、马军，秘书长姚树新、潘为民，监事曹金荣，副秘书长巢卫群、倪家荣、司徒伟智、甘建华、陆廷、王源康、楼满信、王德敏，宣讲团负责人袁筱英、赵宏、王佩玲等。在这个集体里，每个人分工不同，但都有一个志愿者的身份，都有一颗热爱炎黄文化的心。大家团结一致，齐心协力，为传承弘扬优秀传统文化做出奉献。

我们传承集思广益的传统。大家汇聚一堂，或精心策划学术研究活动，或共同商议文化普及工作，或研究提高会刊质量，以赢得读者赞誉……

我们传承艰苦创业的传统。大家按照分工，或积极奔走，多方联络，为宣讲团活动牵线搭桥；或组织采风，策展布展，为举办画展建言献策；或聚精会神，风里来、雨里去，为会刊发行而忙碌……

我们传承服务会员的传统，联系会员，关心会员，开展人民建议征集活动，开展探望老人活动，开展迎春联欢活动，为增强研究会的凝聚力而不懈努力……

多年来，志愿者用平凡而智慧的劳动，在研究会史册上留下了奉献的足迹。依靠会员共同努力，研究会获得一系列荣誉，曾连续五次荣获“市社会科学优秀学会”称号，并被评为“全国社科联先进社会组织”，炎黄文化宣讲团、五月画展等被评为“学会特色活动项目”，丁锡满、梁妙珍、陆廷、刘惠恕、曹金荣、夏乃儒、杨剑龙、于小央等先后荣获“优秀学会工作者”称号……

八

今天，回顾我会三十年历程，可以无愧地说，研究会的三十年，是弘扬奉献精神的三十年。一批批志愿者涌现，弘扬了志愿精神、奉献精神，以最朴素的躬身践行，表达了对优秀传统文化的缅怀和崇敬。

毫无疑问，志愿精神、奉献精神，是中华优秀传统文化的内涵之一。回顾历史，中国人的志愿精神、奉献精神，完全担得起“源远流长”这四个字。公元前 400 多年的显学墨派创始人墨翟，就被视作中国志愿精神的开山鼻祖。直到今天，他所倡导的“摩顶放踵以利天下”，依然被人们铭记在心。在中华民族的史册上，历代志士仁人精忠报国，无数革命先烈救亡图存，无不浸透了这一精神。它流传 2 400 多年，始终代代传承，闪闪发光。今天，我们以躬身践行来表达对先辈的敬意，在如今唯利是图、贪污腐败成为某种社会痼疾的背景下，弘扬志愿精神、奉献精神，增添社会正能量，尤其显得难能可贵。

在庆祝我会“三十而立”的时候，我们欣喜地看到，在以汪澜同志为会长的第六届领导班子带领下，研究会正显现新的生机活力。新老会员团结一致，立志做中华优秀传统文化的传承者。愿我们珍惜研究会的历史，珍惜志愿精神、奉献精神这份财富，凝心聚力，更好地发挥炎黄文化研究会的作用，为推动社会进步做更大的贡献。

（原载上海炎黄文化研究会《炎黄子孙》2024 年第 2 期）

“四个结合”
——上海炎黄文化研究会的学术活动

陈卫平　李志茗

上海炎黄文化研究会从1994年成立至今30周年了。我们有幸成为它的成员，并承担一些工作(陈卫平曾经担任过两届副会长，李志茗是现任副秘书长)。我们的主要任务是在会长领导下，组织开展学术活动。炎黄文化研究会始终把学术活动作为学会的立会根本，为了加强这项工作，2016年成立了学术研究委员会，进一步凸显学术活动的“炎黄特色、时代特征、上海特点”。根据我们亲身的经历和观察，30年来炎黄文化研究会围绕三“特”开展的学术活动，可以归纳为“四个结合”：地域性与时代性相结合、综合性与专题性相结合、学术性与大众性相结合、思想性与艺术性相结合。

地域性与时代性相结合

上海炎黄文化研究会之“上海”，不仅仅表示学会的所在地，而且意味着要以反映文化的地域性为特色。对于海派文化的研究，这些年蓬勃发展。炎黄文化研究会注重赋予海派文化研究以服务中国特色社会主义的时代内涵，在开展相关的学术活动中聚焦地域性与时代性的结合。

首先，体现在作为学会“重头戏”的每年年会主题上。每年年会主题总是围绕本会定位，多次酝酿讨论，才正式确定下来。从2014年至2023年，年会主题分别为“诸子百家与核心价值观”“家庭伦理与中华传统文化思想道德教化”“创新：上海文化的历史与未来”“让优秀传统文化融入生活”“改革开放与文化传承”“新上海70年与文化建设”“传统精神文化与夺取双胜利”“建党百年与弘扬优秀传统文化”“新时代新征程与上海城市文脉”“中国式现代化与传统根基”。年会之外，炎黄文化研究会也积极举办有关海派文化的传承发展、保护利用的会议，如 2014 年参与举办“海派文化与海派工艺美术的传承与发展”研讨会，2015 年参与举办“上海文化资源保护与利用”学术研讨会，为激发海派文化在上海建设国际文化大都市的时代活力献计献策。

其次，通过组织论坛和承担课题，把上海炎黄文化研究的地域性与时代性统一起来。如 2015 年在抗日战争胜利 70 周年之际，举办“上海对抗日战争的贡献”专题讲座，将其作为“炎黄论坛：追寻上海历史文脉”系列讲座之一，听众缅怀前辈在这块土地上的抗战事迹，激发起肩负上海新时代使命的责任。再如，自 2018 年起，每年举办的“儒商论坛”都以“新时代、新上海、新儒商”为主旨，意在弘扬新时代的上海儒商精神。2019 年，根据习近平总书记将长三角一体化发展上升为国家战略的指示精神，组织学会的学术研究力量，申报“江南文化和上海文化建设”研究课题，被上海市哲学社会科学规划领导小组批准立项。

再次，办好杂志《炎黄子孙》和报纸《海派文化》，突出炎黄文化研究的上海特点和时代特征。《炎黄子孙》创办于 2004 年，由于贯彻了上海特点和时代特征相结合的方针，收到了较好的社会效果，2016 年杂志发行量较以往提高了 30%。2019 年，在《海派文化》创办 17 周年之际，从近 100 期的报纸中精选出近百篇文章，编成《海浪花开〈海派文化〉精粹》一书出版，对海派文化的内涵、特质、表现、精神等进行了阐发，不仅有助于人们深入了解和研究上海，而且推动了上海城市文化的建设和发展。

综合性与专题性相结合

炎黄文化研究涉及的学科领域比较多，包括哲学、史学、文学、语言学、民俗学、考古学等，有很强的综合性，而每一个学科领域又有很多方面。因此，关切这样的综合性，必须具备较为宽阔的学术视野。炎黄文化研究会以专题为抓手，通过某一专题的学术活动来展示这样的综合性。这在炎黄文化研究会的学术活动中，主要表现为以下三个方面：

一是与兄弟学会和研究机构合作，开展跨学会、跨学科学术交流活动。在上海市社联的积极倡导、大力推动下，2014 年 5 月由炎黄文化研究会牵头，联合历史学会、哲学学会、伦理学会、民俗文化学会等创办了首届“多学科视野”学术研讨会。此后，坚持每年举办一次，至今已有 9 届了(除 2022 年受疫情影响外)。它们的主题分别是:“中华文化传统与社会主义核心价值观”“新文化运动与传统文化”“从传统到现代——纪念孙中山先生诞辰 150 周年”“商务印书馆与中华文化自信”“蔡元培与中华民族伟大复兴”“文化自信与编辑出版工作”“新中国 70 年与上海品格”“治国理政的中国智慧”“建党百年与百年上海”“中国式现代化与人类文明”。这些研讨会以多学科视野对某个重要思想理论、重大历史事件、重要历史人物、重要文化机构进行专题研究,促进了不同学科交流互鉴,拓展了学术眼界,推动了学术研究的深入。如今“多学科视野”研讨会不仅是炎黄文化研究会的学术品牌,还是社联旗下多个学会跨学科交流的常设平台。

二是成立多个专业委员会,百花齐放,文化学术活动丰富多彩。目前,炎黄文化研究会有专业研究委员会(专委会)9 个,分别是海派文化专委会、炎黄文化宣讲团、汉字书同文专委会、青少年教育专委会、孔子文化专委会、庄子文化专委会、炎黄书画院、卿云古琴社、炎黄诗友社。这些专业委员会既包容了炎黄文化的很多方面,又都聚焦于某个专业领域进行综合性研究。如汉字书同文专委会,从多个学科领域对汉字书同文展开专题研讨,每年举办国际学术研讨会,前后共达 21 次之多。编辑出版 10 多本论文集,产生了深远的社会影响力。如 2015 年举办的第 18 次汉字书同文国际学术研讨会,海内外专家 40 余人出席,发布了“一简对多繁”的研究成果,围绕“汉字简繁关系”“汉语教学及汉字源流对汉字教学的支持”等议题展开探讨会,促进了海内外汉字文化传播,推动汉语教育水平的提高。青少年教育专委会多次举办全国中学生作文大赛,并发展历届“文学之星”为新会员。炎黄书画院自 2014 年恢复活动后,每年举办五月画展。2021 年的主题为“灯塔——庆祝中国共产党成立 100 周年作品展”,表现党为革命航船指引方向、驱除黑暗的壮丽画卷,反映党带领人民群众前赴后继、勇往直前的伟大形象。海派文化专委会自成立后,除举办海浪花讲坛、古今文化之旅系列讲座等之外,2021 年还与复旦大学华商研究中心等单位主办“百年海派儒商的回顾与反思”学术研讨会,从经济学、历史学、管理学、伦理学等多方面,对“海派儒商”的概念、内涵、特征等做了探讨。

三是在本会内部,积极创造条件,大力推动不同学科间的交流。其一是鼓励下属机构、专委会联合开展活动,如 2023 年启动的“画(话)说苏州河”活动,整合了本会下属炎黄书画院、宣讲团和海派文化专委会的资源,旨在借苏州河滨岸线全线贯通并开通水上游览的契机,用绘画创作和专家宣讲的形式,挖掘、展示苏州河作为“上海母亲河”的历史文化遗存和今昔巨变。其二是搭建新的交流平台，拓展会内跨学科交流。2023 年 5 月，在市社联指导下新创办炎黄青年论坛，本会 12 位青年学人首次集体亮相，分享各自最新的研究成果，他们来自文学、史学、哲学、社会学、经济学、语言学、民俗学、管理学等不同学科领域，发表的成果既有前沿性，也颇具时代感，充分展示了我会后辈人才的厚度与实力。

学术性与大众性相结合

学会的重要使命之一，是把学术活动融入社会大众的生活，使炎黄文化研究不只是关注典籍文献、停留于论著课题，而是成为社会大众形成文化自信、坚守中华文化主体的重要精神资源。为此，炎黄文化研究会 2016 年成立了文化普及委员会。围绕学术性与大众性的结合，研究会主要开展以下两方面的工作：

一是建立炎黄文化宣讲团。宣讲团成立 10 年来，为社会基层提供内容与时俱进的宣讲“菜单”，根据基层单位的需求，深入学校、社区、乡镇、企业、军营，开展了数百场宣讲活动，使优秀传统文化走进大众，成为他们日用常行的精神滋养。如 2015 年下半年，根据静安乐龄讲坛引导中老年“做健康、快乐、智慧、风范长者”的要求，宣讲团成员做了“知书识礼，长者自强”“中国书法绘画篆刻艺术欣赏”等讲座。宣讲团每年积极参与市社联“东方讲坛”科普周活动，如 2016 年以“家风家训中的文化传承”为主题，分别在 9 个街道做讲座，听众总计逾千人。2017 年以“历史与当下：中国传统文化的智慧”为主题，承担了 10 场讲座。宣讲团与青少年教育专委会合作，持续开展“炎黄文化宣讲团进校园”活动，面向中小学教师和学生普及传统文化，尤其是日常生活中的文化传统，如传统节气、传统节日、上海话的今昔等。2021 年宣讲团在浦东新区周浦镇举办“浦江红韵——中国共产党百年奋斗史”系列讲座 25 场，走进周浦 9 所中小学的 11 个校区、1 家图书馆和 1 个社区，线上线下听众达到 14 329 人。据统计，仅 2021 到 2023 年，宣讲团就举办了 97 场讲座，其中 2023 年 40 场，创下历年之最。宣讲团多个系列主题同时展开，有 25 位“新人”走上讲坛，现场收视率最高一场达到 5.5 万人。讲座遍布黄浦、虹口、长宁、静安、普陀、杨浦、浦东各区，社会影响力不断提升。

二是与基层单位合作，开展多方面的学术活动，使社会大众切身感受到炎黄文化在上海的文脉。炎黄文化研究会创会初期设立的“南社学研究中心”，与上海南社纪念馆所在地金山区张堰镇有关部门合作，开展相关研究，为打造当地文化名片、推动长三角一体的江南文化发展提供学术支撑；与长宁区周桥街道、嘉定区江桥镇签订“弘扬优秀传统文化共建协议”，向这些社区街镇普及传统文化；2015 年在纪念抗日战争胜利 70 周年之际，与黄浦区老西门街道合作，举办“口述历史：抗日战争中的老西门”主题活动，实地实景地呈现抗日先辈的爱国情怀和文化活动；2018 年在浦东新区航头镇牌楼村鹤丰农庄举行“炎黄论坛：美丽乡村建设”座谈会，就传统文化赋能乡村振兴进行交流和考察。在嘉定区新城路街道举行“孝文化研讨会”，我会会员编纂的《嘉定古代孝文化摘编》，受到当地居民的欢迎；2019 年与著名翻译家傅雷故乡周浦镇有关部门合作，开展征集“上海最美家书”活动，赓续《傅雷家书》体现的中华优秀的家书传统；2020 年与浦东图书馆合作，主办“江南文化”系列讲座 4 讲，揭示了当今长三角一体化的文化根脉。这年，我会还和中建八局上海分公司主办“古今文化之旅”系列讲座，共 12 讲，跨时 6 个月，受到该公司干部员工的欢迎。

此外，很多专委会举办面向大众的系列讲座，让学者的研究成果走进普通市民。如海派文化专委会在 2018 年连续举办“海浪花讲坛”8 期，比较系统地讲述了海派文化的历史渊源、思想特征，以及大众关注的代表人物和历史事件。2020 年庄子文化专委会在线上举办“庄子与中医养生”讲座，听众多达 4 万。2023 年 7 月，庄子文化专委会讲学交流团一行 6 人，赴云南省怒江州福贡县上帕镇开展专题讲座，不仅加深了炎黄文化研究会与怒江福贡师生的感情，也为后续的沪滇教育合作拓宽了渠道。炎黄文化研究会还鼓励和倡导会员学术研究和大众普及两手抓，如组织了“甲骨文申遗科普活动”项目的申报，并获得市科普教育发展基金会的立项批准。

炎黄文化研究会的上述努力得到社会的肯定，多次获得市社联“社科普及工作先进集体”称号。

思想性与艺术性相结合

“文以载道”是中国的传统。人们以艺术来抒发表达情感，因而把学术活动和艺术活动结合起来，使学术性的学理（道）不再是干巴巴的说教，不再是抽象概念的堆积，而是具象化地生动展现出来，这就能更好更有效地入脑入心，领悟语言叙述难以完全传递的文化意境。同时，传统艺术本身就是炎黄文化的重要方面。注重发挥艺术在弘扬优秀传统文化中的作用，是炎黄文化研究会的一个特点和重要抓手，研究会为此成立了炎黄书画院(1997 年)、“炎黄评弹之友”社(2006 年)、炎黄诗友社(2018 年)、卿云古琴社(2020 年)等。

2015 年，为纪念抗日战争胜利 70 周年，炎黄文化研究会与解放日报社、向明中学等联合举办“上海之根 · 向明杯”中学生书法比赛，次年与团市委共同指导举办首届中小学生亲近古诗文演艺大赛。2016 年，炎黄书画院举行“梳理炎黄文化脉络，拓展书画创作选题”研讨会，着重讨论如何用书画形式来表现炎黄文化核心精神。2017 年的“绿色申城——上海城市公园绿地撷萃”书画创作展览，以上海解放后尤其是改革开放以来城市公园的历史变迁为主题，从一个侧面形象地展示上海生态文明建设的轨迹，该活动列入上海文化基金会重大项目。2018 年书画院分别主办了“喜庆十九大——2018 · 古典诗词迎春书画展”巡展和“走进新时代——源于生活采风写生作品展”。崇明农村乡间的“灶花”已有千余年历史，是砌灶的泥匠用各种花鸟虫鱼图案美化装饰锅台的独特民间艺术，是珍贵的非物质文化遗产。炎黄文化研究会多年来坚持对崇明灶花艺术节、灶花博物馆进行学术指导，参与相关活动，用“弘扬灶花艺术，建设美丽乡村”的理念，揭示灶花艺术所反映的农民向往美好生活的文化传统。2020 年，研究会的“中华传统文化传承基地”，落户崇明灶花节举办地向化镇。如今，灶花艺术节已成为崇明文化艺术活动的品牌之一。

近年来，为更生动地将思想性和艺术性结合起来，炎黄文化研究会与时俱进，非常注重新媒体的运用。如在汉字书同文研究专委会主任、韬图动漫有限公司董事长于小央主持下，编纂了《汉语动漫字典》，将汉字的音、形、义，通过动漫形式表现出来，提升了汉语教学的趣味性，并在少数民族地区的汉语教学实践中收到良好效果。2021 年，海派文化专委会携手黄浦区老西门街道，历时 3 个月制作了 7 集宣传短片《烽火老城厢》，充分发挥了老城厢革命遗址的教育功能。其他诸如“追溯历史传承，创新海派工艺文化”“工艺美术创新发展与审美价值”“与工艺大师面对面”等研讨会，为我会甲骨文研究者会员举办“甲骨文书法艺术展”等，都显示了以思想性与艺术性相结合开展文化研究的路径。

仓廪实而知礼节。上海炎黄文化研究会成立 30 年来，正是中国经济取得重大成就、综合实力显著增强的时期。研究会抓住机遇，积极开展体现“炎黄特色、时代特征、上海特点”的各项弘扬中华优秀传统文化的学术活动，成绩比较显著，社会影响也很大。今年是会庆 30 周年，“三十年间更一世”，相信炎黄研究会下一个乃至无数个三十年会更加生机勃勃，“四个结合”会越来越紧密，越来越精彩。

（原载上海炎黄文化研究会《炎黄子孙》2024 年第 2 期）

文化自觉勇弄潮　选准儒学突破口

夏乃儒

回顾30年前，上海炎黄文化研究会建会，那真可称为文化自觉的一项重大举措！

那时间，文化思想界的拨乱反正刚起步，继承和弘扬中华优秀传统文化的自信心亟待恢复，而历史虚无主义思潮时有涌现，社会上人们的世界观、价值观迷失现象相当严重。可说是：波涛汹涌，望勇者敢弄潮；百事待兴，盼觉者有担当。

上海炎黄文化研究会的几任会长和学术委员会的负责人，就是那样的勇者和觉者（其中尤以丁锡满同志为代表）。他们经过初期的摸索后，很快明确：当前研究炎黄文化，当以重新研究儒学为突破口。这是因为：首先，儒家思想凝结了中华历史六七千年的民族智慧，是我们民族的文明符号，也是中华民族凝聚的纽带。其次，儒家的价值观念体系，诸如民本、仁爱、孝道、和谐、义利、诚信、正义等，其精髓对形成、发展社会主义的核心价值观念，有着重要意义。抓住儒家研究这一重点，就能推动炎黄文化研究全面、深入地开展。

思想明确了，思路清晰了，行动才会果断有力，并能取得成效。我体会研究会领导者是从三个方面，即学术研究、论文刊发与普及宣讲等，进行儒学研究的突破的。这里着重记述前两个方面：

关于学术研究，这是研究会的重头戏，下的力气最大。小型研讨会，举行不计其数，相约七八人，互相切磋，常会碰出思想火花。大型研讨会主要是结合学术年会进行，例如2005年和2006年两次学术年会，相继以“传统文化与和谐社会”和“中华文明与和谐社会”为主题进行研讨。研讨的论文结集在上海人民出版社出版发行，为国内较早出版的研究和谐社会的著作之一，颇有影响。针对近代上海经济的繁荣发展，其中不乏儒商的思想资源，研究会会同相关学者与企业家，开展数次儒商精神的研讨，由此使讲仁爱、重民本、守诚信、崇正义的价值观念，得到新的阐述发展。

关于论文刊发，研究会予以高度重视。在专属的《炎黄子孙》刊物上，辟有“炎黄论坛”“炎黄文化”等专栏，着重刊登会员研究儒学等论文。累积一段时期，再汇编论文选集，使热点问题再度引起关注。例如在研究会成立20周年时，曾汇编了一部40余万字的《游赏精神家园》。丁锡满同志还精心设计了五个栏目，分别为《儒家源流润中华》《民族精神铸国魂》《花繁叶茂醉春风》《说古道今话短长》和《黄河“流”到黄浦江》。这非常形象地刻画了儒家研究的突破带动了学术文化花繁叶茂的景象。

我有幸为上海炎黄文化研究会的一员，见证了她发展成为当代海派儒学的发祥地之一。我有幸为上海炎黄文化研究会的一员，参与了研究会组织的一系列学术研讨活动。30年间，我先后撰写了18篇有关儒学研究的论文，其中有阐发儒学与中华民族精神以及儒家的敬畏意识、和谐思维以及义利、诚信等价值观念的。如发表了《儒家和谐思想的现代价值》《孔子的义利观与当代文化建设》等。为破解现代人因“社会公正”等问题而生的焦虑、烦恼，我曾通过比较儒墨、儒佛，撰写了《两千年前儒墨之争的启示》和《仁者不忧——破解现代人“烦恼”的大智慧》。有些文章看似与儒学无关，实质有关。譬如，在蔡元培先生诞辰150周年期间，我撰写的纪念文章，着重肯定蔡先生当年提出民族复兴的核心价值观念的培育。这不仅体现了蔡先生融会中西的不朽精神，也启示了我们建立民族复兴的新文化，不仅要弘扬儒家思想中优秀部分，还要吸取外来文化中的先进成分。

我要感谢30年来上海炎黄文化研究会为我们提供传统文化研究、交流的平台。上述一些文章，大部分是我退休以后所写。虽然谈不上有何建树，但是敝帚自珍，我还把它们看作是自己晚年精神生命的一部分。特别是2018年，时任研究会会长的杨益萍同志向我颁发“儒学促进奖”，我感到十分激动！

（原载上海炎黄文化研究会《炎黄子孙》2024年第2期）

说说我们的会长和副会长

——上海炎黄文化研究会三十年记忆片段

邓伟志

上海炎黄文化研究会是最早成立的省市级炎黄文化研究会。1994 年成立时，我任副会长，后来为研究会顾问。三十年来，我抱着薪火相传的态度，始终把参加研究会的活动视为进修。我在此进修炎帝史，进修黄帝史，进修华夏统一史，进修中华民族团结史。我学习《神农书》，懂得炎帝主张"民本、贵均、贵齐"等；读《管子》，知道黄帝代代主张"得六相而天地治"。

在进修过程中，谁是我的辅导老师呢？那就是历届会长、副会长、秘书长和很多会员。他们以和谐、均等、"得六相"的精神治会。他们既言传于我，又身教示范于我。三十年来，我没听到过会内有龃龉，没见过谁吵架。彼此不是没有不同意见，而是通过讨论、协商很快达成一致。炎帝、黄帝之间时隔几百年，他们也有不同的地方，后人不是也把炎与黄融合为"一"了吗？我们研究会是一家充满炎黄精神和新时代核心价值观的研究会。

第一届上海炎黄文化研究会会长是时任中共上海市委副书记陈沂。他曾当过六家报社的社长，当过五个地方的党委宣传部部长。高玉宝的故事，我 1954 年高中时才读到的。陈沂说，他们早在 1948 年就宣传高玉宝了。大家赞扬陈沂很会协调。他说，他是向罗荣桓元帅学的。他还说，罗荣桓待人宽厚。罗荣桓部下有一位司令员，对他很不礼貌，他却丝毫不计较。罗荣桓的无声教育，让这位司令员深受教育，非常感动，自觉改正。他讲三大战役，国民党部队是"1＋1＝0"，解放军是"1＋1＝3"。他紧接着说：我们上海炎黄文化研究会要注意形成合力。

庄晓天会长原来担任上海市副市长，他特别亲民。说起上海市民的民情，他了如指掌；说起郊区农民的民情，他一清二楚，头头是道。有一次，我们一起去青浦。他见农民踏水车累得满头大汗，便拉着我一起上去踏水车，让农民休息一会儿。这时有人抢着为我俩拍照，他微笑着讲不要拍，结果他们还是为我们留了影做纪念。

我们研究会还有一位会长，也曾担任过上海市副市长，他叫周慕尧。大家称他“周市长”，我不，我称他“校长”。因为他曾任过上海科技大学校长，我认为称校长更有尊师的味道。正因为他懂科学，所以他堪称“大智”。有一次，他在浦东国际大酒店接待一位邻国的元首。他看出那元首有点不快。经了解，这位元首似乎嫌接待规格偏低，误认为只有住锦江饭店才是高规格。周慕尧上前把饭店、菜肴特色介绍了一下，那位元首马上笑逐颜开。

研究会有一位副会长是陈正兴，他原是上海市政协副主席。不过，我对他最敬佩的是，在电视里看到他在上海马路积水时冒着大雨淌水了解灾情、民情的镜头。后来彼此熟悉了，我又知道他在支援巴基斯坦工程时，也曾下到深水抢救。他们夫妻俩衣着极为朴素，夸张点说，还不如普通市民。

研究会还有一位副会长是李伦新。他长我四岁，著作等身。他的小说在报上连载后大受欢迎。我平常称呼他“李大哥”，可他给我打电话都自称“小李”，让我无地自容。有一次，他把他的书稿寄给我，要我提意见。我看了十分钦佩，情不自禁地提笔写了篇读后感，因为正合他的心意，便作了书的序言，真是“心有灵犀一点通”。他当过南市区区长、区委书记。他人好朋友多。在他当副会长期间，研究会与好多区政府合办研讨会，扩大了影响。

我还要说一下丁锡满副会长。他是历届副会长中知名度最高的。我早在20世纪的50年代末60年代初，就知道解放日报社的这位“萧丁”。他曾赠送我一本他的自传。我老婆抢先阅读，不一会儿眼睛里泛出泪花。她说：“老丁太苦了！”我看妻子那副难过的样子，劝她休息一下再看。我看过后也才知他出身贫寒。老丁不仅会写杂文、评论，他还会写对联。有一年他送我一副春联，笔酣墨饱，我特喜欢。

研究会还有一位副会长徐友才。他本是上海行政学院副院长。研究会集体决定的事，大多都由他去落实。为了推动两岸统一，我们去台湾大谈两岸的炎黄子孙一家亲。徐副会长请台胞放了部张学良释放后的纪录片。98岁的张学良为了逗小朋友一起玩耍，竟然在地上爬行，并允许小朋友拿着绳子当鞭子象征性抽打。看到这里，徐副会长拉着我的手说：“玩耍无龄，老有所乐，少有所乐，老少共乐。”

市文联老书记杨益萍当会长时，我因年老体弱参加的活动就比较少了。

但我知道，他处处坚守黄帝的那个“敬”字，对同事、对会员十分尊敬，没半点儿架子。有一次研究会开大会，吸引了不是会员的海军少将苏容主动来到会场，坐在会场后面听发言。我认识苏将军，便低声对主持会议的杨会长说：“来了位将军听会。”杨会长立即走下台去，请苏将军到前面就座。

我在研究会进修时的辅导老师，远不止上述几位。受篇幅限制，恕不一一道来。研究会是所大学校，研究会是个知识谷。秉承祖志，续写华章。我已86岁，炎帝、黄帝已在陵中向我招手。但是只要一息尚存，我仍将为普天下炎黄子孙的大团结、大联合、大统一，尤其是台湾省的回归祖国，尽自己的一份力量！

（原载上海炎黄文化研究会《炎黄子孙》2024年第1期）

那两朵交织的浪花

甘建华

生活中，常有文人相“亲”的风景，温暖着我们的视野。在我熟悉的炎黄研究会老领导当中，李伦新和丁锡满二老间真挚、高洁的文友谊、兄弟情，给我留下了深刻印象。

曾在上海当过区长、区委书记和市文联党组书记的李伦新，还是一位酷爱写作，在散文、小说、杂文诸领域均有建树的知名作家。新中国成立之初，年轻而意气风发的他，满腔热忱投身于祖国建设，却因文惹祸，经历了一段漫长的坎坷、苦难人生。盼得云开日出后，受到的不公正对待终于结束，从遥远异乡重回上海工作后，他上班之余重拾旧爱，在文学写作的道路上继续前行时，遇到了慧眼识珠的丁锡满。这时是20世纪的70年代末，他俩一个是写作园地里的默默耕耘者，一个是《解放日报》颇有影响的编辑。

缘分这东西，除了机缘，便是人与人之间心灵的契合。当时，国家刚走出特殊历史时期，社会设施方面欠“债”多多。下雨天，李伦新走进南市的一个图书馆，发现这地方设施破旧，多处漏水，既影响读者看书，又造成了书籍的损坏。百业方兴的年代，人人懂得了知识就是力量，读书成风，再穷再难，也不能苦了读书人啊！李伦新心里放不下此事，随即做了一番调研，写成一篇纪实带呼吁的批评稿件，直送《解放日报》。稿件到了丁锡满手里，他像捏了一只烫手山芋，但又觉得这是作者那颗情系苍生的滚烫的心啊！稍作处理，丁锡满毅然签发了这篇批评稿件，登出后引起反响，触动相关部门采取了修缮措施。

丁锡满的理解和担当，令李伦新暗自佩服。其实，他对丁锡满早年就有较深的印象。20世纪60年代，丁锡满（萧丁）的国际讽刺诗配以张乐平的漫画，成为《解放日报》的品牌栏目，颇具影响，李伦新每每见到，都要细读玩味。通过这次批评稿的事，丁锡满与李伦新增加了联系和交流，一来二往，两人成了意气相投、志趣相同的朋友。

话说李伦新重回上海后，曾在南市区政府文化科工作，兼任上海滑稽剧团党支部副书记。有天他接待了一位来自安徽“小三线”工厂的陌生来访者，交谈中得知，那里有许多响应毛主席号召，为了战备需要，从上海迁徙到山区“小三线”工作的上海人，盼望着能在那里看到家乡的戏曲。不久，老李促成了滑稽剧团赴皖南山区的慰问演出之行，丁锡满兴致勃勃随队采访，与李伦新一个锅里抡马勺，一间屋里睡觉。很快，《解放日报》刊发了一篇题为《把笑声撒满山谷》的通讯，署名丁锡满、李伦新，通篇文采飞扬，充满人文关怀，标题尤其欢快、形象和大气，充满诗意。

“标题是老丁起的”，李伦新眼镜玻璃后的双眼放射光彩，“他可是个诗人呛！”

李伦新与丁锡满相互欣赏，在往日的交往中留下了太多的记忆。

君子之交，不沾酒肉声色，他俩多的是聊时事，谈文化，品人生，一聊就上瘾，常常刹不住车。只要有机会一同外出，他们会在灯下闲聊到半夜，丁锡满回到自己房间后，依旧不睡，喜欢就着交谈产生的灵感，奋笔疾书，第二天笃定拿出一篇好文章来。这种常人难以想象的勤奋和毅力，一直保持到他沉疴不治的晚年。

李伦新每每提起这些，除了夸赞，还包含着对老友“不爱惜生命”的深深抱怨和痛惜！然而，在痴情于文化，酷爱写作上，李伦新自身又何曾不是如此！他与老丁，在这方面其实是“一只坯子”，半斤八两！

在他俩的人生道路上，除了李伦新经历了更多的曲折与苦难，两人在志趣爱好和仕途上有着许多类同之处。老丁的职业生涯同样多姿多彩，担任过《解放日报》编辑、文艺部副主任、上海市委宣传部副部长、上海市文化局局长、《解放日报》总编辑等职。此外，他还曾是上海市新闻工作者协会主席、全国新闻工作者协会副主席、上海炎黄文化研究会执行副会长和上海楹联学会会长。繁忙工作之余，他还是才华横溢、云霞满纸的知名诗人、散文家和评论家。他与李伦新同年出生，年轻时一样风华正茂，中年后一样担当较多的社会责任，晚年后一样沉疴在身，但依然都是爬起格子来不要命！

李伦新如今早已到了耄耋之年，却仍没有“搁”笔的意思，动不动还走火入魔般，爱人喊吃饭听不见，钻在“格子”里就是不出来，惹烦了还抱怨被打断了思路！为此，丁锡满生前常为“弟妹”抱不平的。

作为上海文化界的老领导，圈内德高望重的人物，他们是社会主义文化事业志同道合的建设者，上海文坛惺惺相惜的俩知音，海派文化大潮中的两朵如影随形的海浪花。

退休后，丁锡满和李伦新在较长时间内分别忙于上海的炎黄文化、海派文化研究工作，相互支持、合作，你中有我，我中有你。在优秀传统文化和地域文化资源的挖掘、保护与弘扬方面合力做了大量开拓性、奠基性的工作。

他们长期工作、生活在上海，上海需要他们，也成就了他们。他们与上海血肉相连，对城区和社区充满了情感，对地方文化事业尤其上心。他们常常结伴而行，脚步踏遍了上海市所有区县和数不清的社区，哪里有需要，他们的身影往往就会出现在哪里，热心参与并指导基层文化工作。

在丁锡满、李伦新居住的长宁区，他们曾是图书馆不挂名的顾问，社区文化活动经常性的牵头人或参与者。闻名遐迩，受到中宣部肯定的周家桥会所群众文化，他们一起参与了策划、组织与活动。新华社区"法华镇历史文化"的发掘中有他们的思路和建议，新泾镇虞姬墩民间文化挖掘研讨中有他们的想法和见地……长宁人提起他们，常习惯性地将他们的名字联系在一起。

20 世纪 90 年代，上海各地兴办起区县报，最多时达到 18 家。退休后的丁锡满和李伦新，成为区县报顾问团的成立发起人和成员，以丰富的经验为区县报的运作，特别是副刊功能的发挥、作者群的建立和可读性的提高方面，提供指导与建议，并为每年好稿件好版面的评选工作费心出力。一起担任顾问 10 多年，他们礼贤下士，尽心尽力，在区县报的成长、发展中做出了很大贡献，也结交了很多朋友。

笔者在皖、苏等地工作时，从报刊上时常读到丁锡满、李伦新的文章。调回上海后，与他们同住在长宁区，因参加一些活动的缘故，与这二位大名鼎鼎的文化人逐渐熟识。当时他们已从领导岗位退休，但仍为文化事业奔波忙碌，且平易近人，毫无架子，包括对我这样一个普通的写作爱好者也十分关心，给我的帮助是多方面的。作为一名"爬格"爱好者，我有幸在报刊上发表了一些通讯、特写和随笔散文，听从他们的建议，收集汇编成书。在他俩的安排下，由丁锡满和他们的朋友、著名报业巨擘丁法章老师，分别为我前两本书作了序。像我这样一个在写作方面才情不足、痴情有余的平庸之辈，能够在个人爱好方面取得一丁点进步，与丁锡满、李伦新等师长、朋友的影响和经常性的鼓励、督促分不开。

有一次，区委宣传部派我筹划出一本宣传长宁区的书《印象大虹桥》。正值炎炎夏日，那天气温高达 41 摄氏度，我邀李伦新、丁锡满讨教商聊出书一事。一时找不到合适的茶馆或阴凉的场所，两位老领导毫不在乎，钻进我那辆空调磨洋工的桑塔纳采访车里，一边抹汗一边聊事情。出书计划和内容提纲出来后，他俩仔细斟酌，帮我邀请来二三十位知名作家，分头采访写作。选题环节，作家们纷纷到场后，丁锡满、李伦新一直等候到别人都“对号入座”了，才领受了“剩余”的两篇采写任务。除了《印象大虹桥》，长宁区反映凝聚力工程的报告文学集《天地人心》一书，同样凝结着他们的心血。

除了志同道合，惺惺相惜，丁锡满、李伦新在长期的“共事”和了解中，结下了真纯而深厚的朋友情谊，恰如一对情同手足的亲兄弟。

丁锡满和老伴都是忙人，家里经常凉锅冷灶。有时，丁锡满在外面肚子咕咕叫了，就径直跑到李伦新家，不管饭烧没烧好，进门就喊肚子饿！

那一年，李伦新回南京江宁县湖熟镇老家省亲，丁锡满陪伴同行。李伦新给父母扫墓，丁锡满也要去。

“侬去做啥？”

“侬格娘不是我娘？”

他俩沿着山路，翻过了山岗。到得父母坟前，李伦新磕完了头刚起身，只听扑通一声，丁锡满也双膝着地，连磕了三个头。

李伦新揉了揉眼睛。

又一年，丁锡满回老家浙江天台，探望病榻上的老母亲，李伦新陪伴同行。母子相拥时，母亲耳边响起了另一声亲热的“妈妈”，原来儿子还带回来一个情同手足的好兄弟！

不久，丁母驾鹤西去，李伦新又陪伴丁锡满回家乡。新垒的坟前，他俩一起给老人家磕头。

2015 年末，丁锡满因患直肠癌，躺在上海华东医院的病榻上。生命的气息，如窗外树叶上慢慢消失的白霜，从他插满管子的身体里渐渐散去。在丁锡满的“本家”、朋友丁法章的记忆中，有一次，李伦新来探望老丁，见正在输液的老友已经睡着，很安详，便不忍心叫醒，默默地守在病榻旁，忆及多年来彼此肝胆相照、互相关爱的种种往事，李伦新不禁潸然泪下，不断轻声叨念：“人生得一知己足矣！”

在生命将到达终点的日子里，李伦新的每次到来，带给丁锡满特别的喜悦，黯淡的双眼倏忽变得明亮，话语也多了。有一次，医院院长俞卓伟推开门，见李伦新正坐在老丁床旁，便轻轻退了出去，合上房门，嘱咐护士长："不要去打扰他们。"2015 年 12 月 24 日晚，丁锡满驾鹤西去，到诗仙李太白的白玉堂"上班"去了。

上海炎黄文化研究会的追思会上，李伦新恪守着与老友之间的默契：诗文为魂，精神长在，笑看生死！他以"天堂里的笑声"为题做发言，用以排遣无尽的悲伤。他又忆起了皖南山区那撒满山谷的笑声，想起了老友神往白玉堂时的最后的幽默，想起……泪水终是流出来了，一滴，两滴，顷刻汇成了心中的汪洋。恍惚中，他觉得与老丁化作了海浪花，在滚滚波涛中如影相随……

（原载上海炎黄文化研究会《炎黄子孙》2024 年第 1 期）

李伦新:为海派文化执着耕耘

朱少伟

近些年,上海炎黄文化研究会海派文化专委会和《海派文化》报的同志勤奋工作,在弘扬海派文化精髓方面搞得有声有色。申城海派文化研究的持续推进,与研究会老领导李伦新先生的长期努力也密不可分。

早在20世纪80年代后期,李伦新先生担任上海南市区区长、区委书记期间,就很重视文化事业。记得,我初次到区政府机关拜访时,双方稍作寒暄,便有了投缘的话题——海派文化。中共十一届三中全会以后,随着改革开放以磅礴气势席卷全国,精神文明建设受到高度重视,申城作为近代文明兴起比较早的国际大都市,理应回眸人文底蕴,凭借传统资源重塑城市形象。他公务繁忙,却仍利用各种机会和场合为重振海派文化鼓呼,并颇有远见地指出:“上海这样一座城市,应有专门的海派文化研究机构和团体!”

1993年3月,李伦新先生调任上海市文联党组书记,当选常务副主席,从而对海派文化研究的关切更甚于前。不久,他联络一批知名文化人士,呼吁加强海派文化研究;而且,又身体力行,不断推出海派文化特色鲜明的小说、散文、评论。他曾在电话中向我披露:“上海炎黄文化研究会已在筹建,这将助力海派文化研究。你以后也应多参加活动。”当我赴市文联机关打搅,求教如何理解上海文化与海派文化的关系,他马上辩证地回答:“上海文化中包含海派文化,而海派文化则是上海文化的重要组成部分。”这番话至今仍被一些学者引用。

2002年5月,我应邀登门,李伦新先生已是上海炎黄文化研究会副会长。我饶有兴趣地参观他的书斋“乐耕堂”,发现内有各种牛玩意儿,顿时悟透其笔名“耕夫”之含义。他那坚韧不拔的“牛劲儿”,不仅体现于文学创作,同样也体现于对海派文化研究的可贵坚持。那天,他兴奋地告知:在相关部门关心下,决定在以咱们这座城市名称命名的上海大学设立海派文化研究中心!随即,鉴于我熟悉上海史，他叮嘱："请尽快写一篇文章，对海派文化的来龙去脉进行一下综述。待举行首届研讨会时，做一次演讲。"在交谈中，他还说："海派文化姓海，海纳百川，熔铸中西，为我所用，化腐朽为神奇，开风气之先。"这番论述令我记忆深刻。

6月，上海大学海派文化研究中心筹备会议在新校区举行。上海大学方明伦、李友梅等领导出席，李伦新先生作为上海大学文学院顾问、教授主持会议。上海市委宣传部原副部长、上海炎黄文化研究会领导丁锡满先生莅临并讲话，十余位热心于海派文化研究的专家踊跃建言。我有幸与会，同大家一道见证了上海大学海派文化研究中心的组建。会后，李伦新先生开心地赋诗一首："海风多潇洒，海浪美如花，海纳无限量，海派有文化。"

从此，在李伦新先生主持下，上海大学海派文化研究中心每年举办研讨会、出版论文集，并陆续推出一套三十三本的"海派文化丛书"，使申城海派文化研究取得丰硕成果。其间，上海炎黄文化研究会杨益萍先生等领导多次莅临研讨会，研究会不少骨干积极参与学术活动。

2017年1月，《李伦新文集》由上海文艺出版社出版。这套三百七十余万字的丛书，既有长篇小说，也有中短篇小说，还有散文随笔。文字生动活泼，内容丰富多彩，时代特征鲜明，清晰展现了一位海派文化研究领军人物的不凡履痕。诚若李友梅教授在文集代序中所说："上海大学海派文化研究中心成立至今已有十四年，在中心主任李伦新同志的领导和推动下，中心立足上海大学，整合社会力量，不断发展壮大，成为拥有十二位特邀研究员和一百余人研究队伍的海派文化研究基地，是目前沪上最具权威的海派文化学术研究、文化传播平台"，"李伦新十多年全情投入海派文化的普及、教育、传承，是沪上海派文化传承的旗帜性人物"，"文集承载着李伦新老师认识文化和海派文化的思想成果，这些思想成果使我们看到了李伦新老师研究文化和海派文化的高境界和大胸怀"。至11月，由李伦新先生命名、中国作协副主席叶辛先生题写会标的"海浪花"讲坛应运而生。

2018年5月，经李伦新先生建议，在时任会长杨益萍先生热忱支持下，上海炎黄文化研究会海派文化专委会成立，接着，有十余年历史的《海派文化》报由研究会主办、编印，"海浪花讲坛"也归入研究会宣讲团。于是，申城海派文化研究又跃上了一个新的台阶。

如今，李伦新先生虽已高龄，但他作为上海大学海派文化研究中心名誉主任、上海炎黄文化研究会海派文化专委会顾问，仍壮心不已：“我要永做一头勤于拉车犁地的老牛，与研究会同仁携手续写海派文化研究新篇章。”李老的这种执着，正是咱们研究会一直传承的闪光精神！

（原载上海炎黄文化研究会《海派文化》2023 年 12 月 15 日第 6 期）

追忆丁锡满老师

王佩玲

丁锡满老师，我叫惯了丁部长，因为他曾担任过上海市委宣传部副部长。丁部长于我，不仅是一位恩师，引路人，而且在他身上，我能够感觉到一点我父亲的影子。认识丁部长，是2005年我被他考试开始的。

那年秋天，我怀揣着上海文史研究馆老馆长王国忠先生的便条，战战兢兢找到新华路上的小楼，对号找到丁部长的办公室。办公室里没人，我只能站在那里欣赏墙上的对子。有两副书法风格别具特色，似乎透露着活泼的肌体、纯真的微笑，署名是“萧丁”，似曾相识却记不得哪里见到过。门外的脚步声近了，猜想大概是丁部长回来了，我立马收敛气息，侧立恭候：进来的丁部长个子虽不高，气场却很大，很有风度。

“你是王佩玲吧！王国忠介绍你来，你有什么想法？”我一时语塞，低着头说：“我非常感谢他，”又急忙补充一句，“想法就是能够参加炎黄研究会可以多多学习。”

丁部长呵呵一笑：“好啊，年轻人要学习是好事，现在年轻人对传统文化都没兴趣了，你能够感兴趣学习，我们欢迎啊，坐、坐！”

“我们是研究会，你对传统文化有什么研究吗？”

“……”我回答不出。

“你最喜欢的书是哪些？”我的话一下子就蹦出来了：“《古文观止》《古代书信选》！”

“哦，《古文观止》里哪一篇你印象最深？”

“《进学解》，那篇文章读起来铿锵有力，内容非常有趣有味，正反两个方面都有很深刻的内涵。”

“你能背几句吗？”

“业精于勤荒于嬉，行成于思毁于随；口不绝吟于六艺之文，手不停披于百家之编；纪事者必提其要，纂言者必钩其玄……”

“你父亲是文史馆的‘台柱子’，看起来你是传承了家学啊！”他从书堆里抽出一本《炎黄子孙》杂志示我：“这个看到过吗？”

我摇摇头。丁部长似乎有点儿失望，把话题一转说：“你能写文章的话，就投稿到《炎黄子孙》吧！以后多多发挥年轻人的作用。”我知道被“录取”了，非常开心，这个开心是丁部长给的。

自此以后，我成了上海炎黄文化研究会的“年轻人”。起先丁部长似乎已经把我撂在了一边，但是我对研究会是认真的，只要有通知，必然准时参加活动，表现积极。终于有一天，在上海炎黄文化研究会的年会上，我有了上台谈感想的机会。会场设在一个不算大的学术会堂里，出席者多为风度翩翩的教授、学者，让人倍觉端庄。我在忐忑中等到上台，意气昂扬地尖着嗓子阔论了一番，原本端坐着的耄耋老者们，一时交头接耳笑哈哈的，我更惴惴不安了。

丁部长在总结中提到：传承中华优秀文化，要吸引更多的年轻人，我会要逐步发展年轻会员，要给予他们机会，传承优秀中华文化的重担要他们接班来挑。

我知道，这是丁部长对我，以及其他年轻会员的勉励和希望。我想，丁部长给我发言机会，是个“革新”的决定吧？优秀的中华文化，有的如山间清泉，清莹澄澈；有的泥沙俱下，汇成大河；有的水土流失，如沙化荒地；……我辈应该是在沙地上植树的人啊！是丁部长引领我下定决心做这个植树人，一种使命感油然而生，一颗心就像水中的涟漪，一波一波绽开来。这个开心，又是丁部长给的。

后来在一次小型理事会上，丁部长不经意地把我介绍给学会新人，“这是王佩玲，她蛮努力的，文章写得还行，人也谦虚的……”这样一句轻描淡写的陈述，与别人无关紧要，但我的心花，一下子完全开放了，一朵花开在心田里，再也没有衰败。由此，我对丁部长的敬仰里面又多出了一份亲切。

有次偶尔的机会，我和研究会的同仁来到丁部长家中。丁香花园附近的房子，想象中一定非常高端大气上档次，可是丁部长的家却并不很大，看陈设犹如普通的工人家庭，特别的是，书很多。丁部长亲自去厨房为我们倒茶，他告诉我们，在报社他是“一把手”，在家里做家务他也是“一把手”。看着餐桌没有仔细打理的状态，让我想起父亲不得不做家务时候的着急样子。

2013 年，我邀请研究会的同事到我家去玩。丁部长坐在沙发上，把我家小狗刚生不久的三条小狗，一一放在自己的膝盖上，用手摩挲着，他那神情，让我想起我很小的时候，父亲微笑着和我讲故事的情形，那美好的场景，像再现了一般。当时，王退斋纪念馆正在筹备中，何不请丁部长题写馆名呢？于是，我向丁部长提出了请求，丁部长欣然答应，并说道："王（退斋）老在世时，他的传统文化才学没有机会被重视，现在我们要通过纪念王老，进一步弘扬优秀的传统文化！"丁部长写就的墨宝，字迹端庄淳朴、刚柔并济，内含着一种生机勃勃的生命力。他不但分文不取，而且送礼品也坚决不要。

2014年，丁部长的手迹被镌刻制成匾额，悬挂在"王退斋纪念馆"的门楣上。我想，这块匾额将是丁部长对传承弘扬中华优秀文化的一个永久纪念。

（原载上海炎黄文化研究会《炎黄子孙》2024年第1期）

老领导陈正兴是怎样修改发言稿的

王俊敏

2021年4月1日傍晚，司徒伟智将3月24日上海炎黄文化研究会秘书处会议纪要精神向我做了转达：上海市社联主办的跨学会论坛将于当年10月联合举办“党建百年和百年上海”研讨活动，上海炎黄文化研究会想请名誉会长陈正兴同志在这次年会上做个主题发言，要求9月15日前将发言稿提交给研究会秘书处。时间蛮急的。司徒伟智还告诉我，他们与陈正兴已经沟通，希望我能够协助陈正兴完成发言稿，就用陈正兴自己讲的“共产党能够解放上海，也一定能够建设好上海”这句话，作为发言主旨。

当晚，我就与陈正兴进行了联系。陈正兴知道这次会议的分量，很重视这份发言稿。但他担心许多数据自己身边没有了，有些难办。经过商定，我们决定先聊起来再说，看看重点需要什么材料，由我到有关单位去“摘”。

4月15日下午一点半，当时因人民大道200号的陈正兴办公室正在装修，我们就趁市政大厦二楼食堂的空余时间，找了一个角落坐下聊起来。

按照陈正兴框定的大致范围，我们越聊越多，故事确实感人。比如说，老港废弃物处置场的兴建工程，从20世纪80年代初的踏勘选址到破土动工，一直得到市委、市政府的高度重视，1986年8月，一个大热天，时任上海市长江泽民同志脚穿长筒胶鞋，冒着酷暑在成堆垃圾的工地视察。每每聊到类似这类故事的时候，陈正兴对每个细节的回忆都充满感情，非常真切，随口说出来的数字基本与后来在文件上查到的八九不离十。再比如，20世纪80年代后期，上海每天的污水排放量有500万立方米，黄浦江的黑臭天数每年已达200多天，苏州河黑臭情况更为严重，实在难闻，沿河两岸建筑平时关着窗都有黑臭味钻进来。那时，不少外宾对上海的自来水水质不放心，就自带饮用水。每每聊到这类往事时，他的声调也变得坚定起来，像仍然身负着重任似的告诉我，当时市政府采取了什么措施，怎么解决的。时间节点、前后工程衔接讲得煞煞清。我印象深的就有一件。例如，汪道涵市长对当时澳大利亚环保专家住进上海大厦时碰到的棘手问题，亲自出面连夜帮助解决。我一边听陈正兴说往事，一边心中感慨，当时陈正兴都是全身心地投入，真正用心在做事。所以，他做了这么多大工程，时间又过了这么久，还能复述出这么多具体动人的故事。我联想起，工委领导曾经传达过黄菊同志的一句话："文章不是秀才关门写出来的，而是干部群众做出来的。"陈正兴他们那一代领导带领全市干部群众，在黄浦江两岸写下了上海城市现代化建设的宏伟篇章。

话说回来，这么多年，数据哪能还留存在头脑里？陈正兴告诉我，可以找上海市建委研究室一位同志了解。于是我找还在职的工委王红部长帮助找了市统计局。4 月 21 日，王红就发给我一些数据。例如：1980 年上海人均居住面积 4.4 平方米（为与国家统计口径一致，2016 年改为人均住房建筑面积），2019 年估算已达 37.2 平方米（根据市住建委《上海市建筑行业发展报告》2020 年），还查到 1980、2020 年，上海营运（包括后来的轨交）的公交数量及服务人次，1980、2020 年，人均绿地面积等数据。我们的文章由此就更具说服力，也更具价值。数据虽然不会开口，但其中包含的内容却有着强有力的说服力。

我将这些数据当作宝贝，当晚发给陈正兴。他首先感谢王红部长的帮助，但作风严谨、责任心极强的他告诉我："这些数据作为我们议论的定性论据尚不够。"他决定自己去找盛道钧要资料，但可惜，已经退休的盛道钧同志也没有保存资料。

我在打了第二针疫苗后，两腿有点水肿，并犯困，几天没有和陈正兴联系。但我自己还是边找数据，边学习，边拟起稿来。4 月 29 日晚上，他来电话询问，我说争取早点拿出初稿。我们再在初稿的基础上有的放矢地修改。我告诉他自己的情况。陈正兴很关心我，还发来科学看待新冠肺炎的科学小知识，慰问我。我很感动，当时我已知道他老伴患病卧床，需他照顾。我把文章进展的情况向他汇报以后，他叫我慢慢来。但是，我哪敢慢慢来呢，抓紧吧！

5 月 10 日，初稿拟就。与陈正兴联系，陈正兴告诉我他不在家，但他关照我务必要将稿件亲手交给大楼物业转交给他，非常慎重。一时我心头竟涌起一股自己的劳动受到尊重的感觉。晚上他告诉我，老伴昏迷住院，自己正等着老伴苏醒。第二天，11 日下午，应该是他老伴病情缓和一点了，陈正兴回家取了稿件，晚上即发微信给我，说待老伴病情稳定后就静心拜读。用了"静心""拜读"的字眼，我真是不胜惶恐。后来才知道那几天他老伴正病危，光输血就几千毫升。一个85岁的耄耋老人在这种时候哪能心定得下来呢！但陈正兴就是不一样！

5月下旬我去了一次北京。那天，我正在国家博物馆观看“复兴之路展览”，接到陈正兴的电话。听得出，陈正兴阅后还是比较满意的。我估计，他在年会讲话应该没问题了。但他还是提出了两条修改意见，即前面部分可以压缩，后面部分加上他本人在实际工作中的案例，以及他自己的一些富有特色的话。因为我曾三次写过陈正兴的事迹，还是比较熟悉的，怕用多了反而会使文章松散，故想听听陈正兴的意见。

6月14日下午，陈正兴告诉我，老伴6月11日已经出院，人是回家了，但医生要求一定要按他们开出的营养菜单，用电子秤计量，制作伙食给老伴吃。他告诉我，他必须全力以赴，自己试行午晚餐一起做，争取下午有时间干些别的事，还表示将在那一周择日约我再商谈一次。我想陈正兴一定是在陪护老伴时读了初稿，真难为他老人家了。

6月我从北京回来后，思路一下子开阔好多，对照学习了《朱镕基上海讲话实录》、黄菊《在探索中前进》、中共上海市委党史研究室《中国共产党上海史(1920—1949)》《上海社会主义建设五十年》等著作，反复查找和核对了王红替我们借来的上海市统计局和国家统计局上海调查总队编的《砥砺前行40年——上海改革开放以来经济社会民生发展资料汇编》。然后，照陈正兴的电话意见又修改了一稿。

6月27日晚，他又电话告知：稿件已读完，并告诉我，我们文章的中心思想要明确中国共产党成立后不仅能领导中国人民推翻三座大山、建立新中国，更能领导翻身的中国人民建设繁荣富强的新中国，并且能通过不断的自我完善，改革创新，使中国共产党永葆青春。其中我们亲历上海城市建设中的辉煌成就，就可以作为见证内容。这些内容最好再充实些。他如数家珍，把历经的上海变化对我又说了一遍。最后，陈正兴又补充说了一句：“讲讲容易，写出来很难。您真辛苦，真不容易。”听得我心里暖暖的。

一直忙到7月，其间，他每改一遍，送回的打印稿字里行间有夹批眉批不算，还有干脆另外用纸写上几大段话的。这些话，他都是用削尖的铅笔端端正正写的，看得出有橡皮擦拭过的痕迹，但整个稿纸始终干干净净。

那一段时间，我们三天两头电话联系，还在微信上不断讨论稿件的修改。7月13日晚上已经过九点半了，陈正兴打电话来，约我15日下午到机关老地方再逐字逐句、一段段完善、优化一遍稿子。想不到的是，那天工作完毕，他竟说请我吃晚饭，还说吃完饭，邀我一起去上海大剧院观看向建党100周年献礼的话剧《前哨》。当然，我没有要他请客，那晚我在机关食堂吃了晚饭，但是，到大剧院观剧我早早就去了。

炎炎夏日里，我不断地查书查资料，与陈正兴沟通，对照第一稿改动了很多，并根据他的意见，调整和增加了解决交通、污染两大块内容后，顿时感觉文章把上海在那些年里发生的巨大变化清晰地表达出来了。24日下午，我将打印好的发言稿，亲手交给了陈正兴。

9月13日，两人又约定读了一遍稿子。

最后一稿，我们是隔空在电脑上完成的。那天我们通过屏幕把一张张打印稿翻看过去，即时又改动了几个字。我真是佩服陈正兴精益求精的行事风格。我们在研究会要求的时间节点完成了交稿任务。

交稿以后，陈正兴还几次对我说，文章是两个人共同起稿的，一定要把我的名字也列在作者里面。为此，他还建议把文章中写他人生经历的一段删去，有一处，他还连用了三个删字。我坚持没删，我以为中国的巨大发展，原动力来自中国人民的翻身解放，能够在党的领导下为自己的幸福生活而努力奋斗。上海人民当然也不例外，陈正兴的这段人生经历也妥妥地体现了这一点。

我的名字当然没列进去。实际上，文章自我们两个人起草以来，一稿一稿都得到研究会会长杨益萍、秘书长潘为民和司徒伟智的鼓励和帮助。9月18日，司徒伟智来微信对我这样说："陈老文章很好。杨、潘和我都看了，一致高度赞同！"他还转来杨益萍会长的评价："观点正确，感情真挚，以事实说话，用数据说话，唱响了社会主义好、改革开放好的赞歌，是一堂生动的党课，一堂生动的'四史'教育课。"

（原载上海炎黄文化研究会《炎黄子孙》2024年第1期）

上海炎黄文化研究会孔子文化专业委员会十年成长之路

皇甫秋实

孔子文化专业委员会(以下简称孔专委)是上海炎黄文化研究会的下属专业委员会,以推广儒学和弘扬中华优秀传统文化为宗旨,体现了研究会对儒家文化的高度重视。值上海炎黄文化研究会成立三十周年暨孔专委成立十二周年之际,特撰文回顾其在上海炎黄文化研究会的大力支持下成立、成长、日臻成熟的历程。

上海孔子后裔,为上海炎黄文化研究会成立孔专委奠定了基础。2012 年,上海炎黄文化研究会孔专委开始筹建。2012 年 9 月 21 日,第四届上海炎黄文化研究会召开常务理事会,讨论通过成立孔子文化专业委员会。同年 9 月 28 日,纪念孔子诞辰 2 563 年庆典活动在嘉定孔庙隆重举行,时任研究会常务副会长杨益萍在大典上郑重宣布,研究会下属孔子文化专业委员会正式成立。

炎黄孔专委的领导成员历任三届,人事安排上既注重传承赓续,又不断培养新人,并且体现了炎黄文化研究会对孔专委的关怀与指导。第一届领导班子于 2014 年 3 月 6 日上任,由孔良任主任,孔庆然、孔繁郙、孔庆健、孔海珠、潘为民任副主任,孔剑翔任秘书长,孔众任名誉主任。第二届领导班子于 2018 年 4 月 27 日就职,主任为孔庆然,常务副主任兼秘书长由孔剑翔担任,副主任由孔繁郙、孔庆健、曾亦、刘社建、孟云灿出任。另外,由上海炎黄文化研究会副会长陈卫平分管孔专委工作。第三届领导班子于 2023 年 5 月 5 日履新,由孔剑翔任主任、孔飞任秘书长,孔繁郙、孔庆健、曾亦、孔宪亮、曾金荣、李志茗、皇甫秋实任副主任。

在三届领导班子和广大会员的共同努力下,炎黄孔专委致力于以下四方面的工作,推广儒学和弘扬中华优秀传统文化卓见成效。

第一,炎黄孔专委积极举办和参与孔子祭祀活动。孔专委坚持每年在嘉定孔庙开展纪念孔子诞辰和清明祭祀活动，同时开展以弘扬儒学家谱、家风、家训等儒学学术活动，成为嘉定区孔子文化节的核心组成部分。此外，孔专委每年都派员参与中华孔子学会孔子后裔儒学促进会曲阜总会举办的秋祭活动，并积极参与世界孔子后裔联谊会各省市分会祭祀活动和学术研讨会。

第二，孔专委重视宗亲联谊，不仅积极参与本地的宗亲联谊活动，而且本着“天下孔家一家亲”的原则，采取“走出去、请进来”的方式，与中华孔子学会孔子后裔儒学促进会的外地分会建立了良好的合作关系。此外，孔专委还经常与孟子后裔、颜子后裔互动联谊，发挥孔子、颜子、曾子、孟子宗亲的优势，广聚人才。

第三，孔专委与院校合作推行儒学教育。孔专委与上海市嘉定职业科技学院签订儒学推广合作协议，共同普及六佾舞。根据合作协议，嘉定职业科技学院将六佾舞学习计入学生成绩，由炎黄孔专委对学生学习进行考评鉴定，列入学生档案。在嘉定孔庙的春秋两季祭祀活动中，嘉定职业科技学院师生的六佾舞演出庄重大气、符合祭祀礼仪规范，广受社会好评。

第四，孔专委打造长三角儒商论坛品牌，加强与企业联系。2018 年 6 月 30 日，在上海炎黄文化研究会孔专委二届一次会议上，副会长陈卫平代表研究会讲话，建议孔专委开办儒商论坛，将儒学推广到企业，以优秀的传统文化丰富企业管理内涵，为新时代企业家提供精神滋养。2018 年、2019 年、2023 年和 2024 年，炎黄孔专委成功举办“儒家文化与现代企业——守信立德、履责创新、共建和谐”“新时代、新上海、新儒商——新发展格局下的再出发”“以建设中华民族现代文明为使命”为主题的四届“上海孔子文化节儒商论坛”，为长三角地区儒学儒商研究者和企业家搭建了交流平台，为上海经济发展和城市建设贡献了一份力量。炎黄孔专委在儒商论坛的组织上不断创新，2018 年设立“儒学促进奖”，2023 年增设特聘高级专家机制。2024 年，儒商论坛荣获“上海市社会科学特色活动”称号。如今，儒商论坛已经成为炎黄孔专委的特色活动以及上海炎黄文化研究会的名片之一。

创办十二年来，孔子文化专委会坚守中华优秀传统文化的根脉，探索推广儒学和弘扬传统文化的路径，塑造具有地域特色和时代特色的儒商精神。在上海炎黄文化研究会的大力支持下，孔专委将满怀信心地迎接下一个金色十年！

（原载上海炎黄文化研究会《海派文化》2024 年 8 月 15 日第 4 期）

践行初心使命　讲好庄子故事

严国兴

2024年3月16日，作为上海炎黄文化研究会成立三十周年的庆贺项目，《听庄子讲故事》一书首发式于庄子诞辰2 393周年前夕，在上海长宁天山街道市民文化活动中心举行。出席本次活动的除了庄子文化专业委员会（以下简称庄专委）的主任、副主任，庄专委首席顾问、原东海舰队副司令严跃进将军和炎黄会副会长刘平教授也位列其中。会上，我作为该书主要编撰者汇报了故事形成、书籍编撰、印刷成册的过程，与会成员为庄专委五年多来不忘初心、努力践行弘扬和普及以庄子为代表的我国优秀传统文化，再次矗立起一座里程碑而齐声鼓掌致贺。

我们上海炎黄文化研究会庄子文化专业委员会在老会长杨益萍、老领导陈正兴等领导的关心下，成立于2018年6月30日。我由于退休后一直在行业协会担任秘书长，有一定从事社团的工作经验，被大家推荐担任副主任兼秘书长的职务。但我也深知与炎黄会众多的学者、教授相比，自己仅是自学的大专学历，在学术研究方面的能力是弱项。如何扬长避短，是我任职后经常思考的问题。

2018年9月30日，在庄专委一届二次会议上，大家重点讨论按照各自的分工提出工作规划。我提出了开设“上海庄子研究”微信公众号和编写源自《庄子》的成语故事，作为弘扬庄子思想、普及中华优秀传统文化的工具和载体。这一设想获得大家的一致认可，尤其获得分工负责宣传的副主任冯绍霆研究员的全力支持。

不久，在庄兆祥主任的努力下，申请开通了“上海庄子研究”微信公众号，我负责编写“成语故事”的工作也随即启动：我首先购买了《庄子》原著、带有译文的《庄子》普及版和《实用汉语成语词典》等书籍，抓紧学习、储备。我列出了源自《庄子》的近百个成语，再从中筛选出五十六个目前仍为人们熟知的成语，着手编写故事。这些故事大部分可以在书籍或网络上找到相对应的内容，随后进行适度的改写，有的则需要根据成语的原意，寻找合适的历史故事与之相匹配。在那些日子里，我就像一个小学生，时而兴奋，时而沉思，时而纳闷，在家有空余的时间就坐在电脑前，学习着、思考着、编写着。

每当有十个左右的故事初稿形成后，为保证故事质量，我就通过邮箱发送给冯绍霆教授，先请他审核、把关。冯教授十分敬业，他一般都会在一两天内审核、修改完成，通过邮箱发还给我，从而保证了微信公众号每周一次发布《听庄子讲故事》供社会公众选读。渐渐地，我们的庄子成语故事在社会上有了一定的影响力，阅读量先后突破 1 000 人次、2 000 人次、3 000 人次，并在"上海炎黄文化研究会"和"深圳庄子文化研究会"微信公众号、"安徽省庄子研究会"网站上转发，进一步扩大了影响力。

在深入学习《庄子》一书的过程中，我觉得书中的寓言故事，比成语故事来得更有价值。寓言故事都是书中直接讲述的，更能够体现庄子的哲学思想，于是我就萌发了继续编写庄子寓言故事的念头，这一想法立即得到冯教授的首肯和大家的支持。于是，56 个寓言故事应运而生了。

这 112 个源自《庄子》的成语、寓言故事，在"上海庄子研究"微信公众号上陆续发布，时间约两年半。因为在成语故事和寓言故事的发布之间，穿插了 28 个源自《道德经》、有关老子的成语故事，为我们普及庄子文化思想树立了第一个里程碑。下一步如何走？问题摆在我和庄专委同事们的面前。当时，有两个选择：一是制作有声的庄子故事在微信公众号上发布，一是将编好的庄子故事印刷成册。最终，大家选择了第二项。

其实，此间我们专委会发表的一批论文，被上海炎黄研究会的《炎黄子孙》、安徽省庄子文化研究会的《庄学研究》杂志采纳；我编撰的《庄子后裔名人传》等文章，被录用在深圳庄子文化研究会编撰的《庄子智慧闪闪亮》册子上。这使我们感觉到，书籍这一传统载体，易于收藏、保存，供随时阅读，仍有旺盛的生命力，于是我们就选择了出书。这一选项同样获得上海炎黄会汪澜会长的肯定和支持。

机缘巧合，在 2023 年末上海炎黄会一次会议上，大家在商议设定庆贺上海炎黄会成立三十周年的项目时，我提出了把《听庄子讲故事》印刷成书作为庄专委庆贺项目，获得上海炎黄会领导的认可和支持。

我义不容辞地担起书的编辑责任，我用了十天时间，汇编成 260 页的电子文稿。其中有个有趣的小插曲：文稿有了，书的封面怎么办？我毕竟年长，不善于电子软件的使用。这事让我尚在中学就读的小外孙林祥昀知道后，他立即打开电脑，根据我的大致要求，仅用了20分钟，就制成了该书的封面电子版，帮我解了燃眉之急。

接下来就是走审核程序，因考虑到冯教授毕竟比我还年长，此事时间紧、工作量大，只能另选他人。于是，我就与新入会的李晓栋联系，没想到这位平时工作挺忙的年轻文创工作者一口答应了。春节期间，李晓栋埋头在电脑前完成了任务，并将文稿转换成印刷厂要求的PDF版。为了保证书的质量，尽可能减少缺憾，我又将文稿发送给庄兆祥主任和庄苑副主任审核，他们也在百忙之中认真审阅，并提出了修改意见。最后，我把庄苑副主任请到家来，在我的电脑前最终定稿。

在编审的同时，我又在市内外积极寻找合适的印刷厂家，主要考量的是：质量、时效和成本。最终在炎黄会秘书处王源康老师的帮助下如愿以偿，厂家承诺在收到电子版PDF文稿后一周内交书。

在《听庄子讲故事》首发式上，与会人员手捧该书合影留念。庄兆祥主任又提出了设立"名师品庄子故事"项目。接下来，我们会继续努力，再树一座里程碑。

（原载上海炎黄文化研究会《海派文化》2024年12月15日第6期）

青少年成长岂止是提分

王志方　陈忠伟

一、服务青少年的初心使命

上海炎黄文化研究会青少年教育专业委员会(以下简称“炎黄青少委”)在大型公益活动中诞生。2005 年,上海新知文化发展有限公司(以下简称“新知公司”)与上海炎黄文化研究会共同策划举办了上海中学生纪念抗日战争暨反法西斯战争胜利 60 周年万人歌咏比赛。来自 100 多所中学的万名中学生,在学校音乐老师的指挥下,激昂高歌!这是当时上海规模盛大、极其有影响的中学生活动。上海炎黄文化研究会副会长丁锡满拍板,我们的炎黄文化需要传承,新知公司就可担当向青少年宣传优秀传统文化的重任。2006 年,炎黄青少委成立。

新知公司成立于 2002 年,是一家集教育、文化、传媒为一体,致力于服务青少年学生的非公有制文化企业。新知公司热情向青少年宣传推荐优秀报刊等精神食粮,举办各类寓教于乐的公益活动,助力青少年健康成长。公司奋斗 20 多年,始终坚守初心,栉风沐雨,矢志不渝,深耕教育热土,取得了显著的教育成果和社会影响,以自己的良好形象获得社会各界较好的口碑。

20 年相对人的一生来说,至多不过五分之一,但这 20 年如果从出生始计,那是太关键了。它为人的一生奠定了基础,并决定了大半人生的指向,无论是知识的吸取、人格的铸就,还是品行的养成,都与这 20 年密切相关。新知公司于 22 年前诞生时就确定了自己的使命:为教育服务、为青少年健康成长服务。希望以微薄的力量让青少年在文化浸润中有所启迪、有处倾诉、有所成长。“启智润心、培根铸魂”,这也正是炎黄青少委的初心和使命。

二、教育领域中存在的问题

近年来,我国的教育事业取得了长足的发展,但不可否认的是,相当长一段时间以来，教育大环境中存在着诸多问题和挑战:学校教育以提高分数作为学习任务，以考取好学校作为学生考试目标，学生为提高分数而学习等。实现德智体美劳五育并举，让青少年全面发展还有很长一段路要走……

第一，教育过分依赖分数。

分数固然可以用来衡量学生在学业上的表现，但过分依赖分数可能导致一些问题，比如:应试教育倾向，学习焦虑，评估的单一性等。孩子是千姿百态的，每个个体都是独一无二的，过分追求分数，可能会导致学生个性的缺失，使其在独立思考能力、创新精神、沟通能力、实践能力等方面出现短板。教育的本质是育人而非育分。单一的评价体系使得教学过程变得功利化，偏离了教育的初衷。

第二，教育培养急功近利。

教育培养急功近利，学校首当其冲，社会推波助澜，家庭焦虑不安。究其原因，还是目前的教育体系过分注重考试成绩，教育评价体系主要以考试成绩为核心，忽视了学生综合素质和长期发展。社会竞争日益激烈，学生要想在学习、将来的就业中脱颖而出，可能会以短期目标为导向，忽视学习的深度和广度。在“内卷”的教育大环境下，家长对孩子的学业表现、未来发展等愈发焦虑。

第三，人才培养难以普惠。

目前，由于政策执行不到位、教育资源不足或分配不均、缺乏监督和评估机制等原因，德智体美劳“五育并举”教育方针难以落到实处，人才培养难以普惠所有人。教育体系要想朝着更加公平、高效和可持续的方向发展，需要学校、社会、家庭等多方的不懈努力。

三、搭建平台拓宽成长天地

正因对教育的满腔热情，对教育现状的深刻认识，炎黄青少委更加坚定了为教育事业尽一份绵薄之力的信念，十多年来，一路孜孜以求，在逆行中挣扎，在风浪中前行，为青少年搭建平台，拓宽其成长天地。

第一，办刊志为学子倾诉心声。

十多年来，新知公司面向上海市中小学校推荐、发行优秀精神食粮——《中学生学习报》《中学生导报·文萃》《学习周报》等报纸，还有《中学生优秀作文选刊》等杂志，帮助中小学生增长知识，激发学习兴趣，提高学习能力，提升综合素质。

《中学生优秀作文选刊》是帮助中学生提升阅读能力和写作水平的良师益友，深受青少年读者的喜爱。该刊从 2007 年开始发行至今，刊登了一届又一届莘莘学子的所见所思所想，为他们倾诉心声、展现自我搭建了平台。

《中学生优秀作文选刊》总顾问——首届全国教书育人楷模、“人民教育家”国家荣誉称号获得者于漪老师曾来信表示：“在成长的中学生心中播撒热爱祖国语言文字、吮吸中华优秀传统文化精髓的良种，引领他们正确地观察社会、认识人生，学会用文字畅达地表达自己的所思所想、理想追求，是功德无量的事情。”

第二，办赛志为学子追逐光亮。

炎黄青少委、新知公司携手坚持举办了各类有益于青少年身心健康的公益活动：上海中小学书法、绘画比赛，古诗文才艺大赛，以及至今已连续举办了 19 届的“恒源祥文学之星”中国中学生作文大赛，为发现、培养各类人才竭尽努力，受到广大师生的欢迎。

“恒源祥文学之星”中国中学生作文大赛，是由全国 40 多家中学报刊承办、恒源祥(集团)有限公司协办的纯公益赛事，至今已举办了 19 届，是中国目前最具影响力的作文大赛。每年全国参赛学生 2 000 万左右，大赛已载入上海大世界基尼斯“中国之最”纪录。

作文大赛上海赛区组委会设在新知公司。在前 18 届大赛中，上海赛区有 60 多名同学摘得“文学之星”及“文学之星”提名奖，几百篇获奖佳作曾在《中学生优秀作文选刊》刊登。

“要有一颗红亮的心”“让青春绽放真善美”“为祖国喝彩 · 为和谐放歌”“用爱点亮人生”“为了美好的明天”“绿色梦想 · 文明生活”“向着太阳奔跑”“播种习惯 · 收获命运”“美丽中国 · 青春梦想”“我的未来我的路”“我成长我担当”“创新世界，我来啦”“感恩，与青春同行”“观乎人文，以化成天下”“想象力，我们的宇宙无边无际”“生命的底色”“追寻那一束光”“倾听世界的声音”“对话”……回溯时光的河流，一届又一届大赛总主题紧扣时代脉搏，带着满满正能量，引导青少年在书写中追逐光亮！

2023 年 7 月，在第 18 届中国中学生作文大赛“恒源祥文学之星”总决赛暨颁奖典礼上，大赛上海赛区组委会总顾问于漪老师发来视频祝贺，她说：“20 年来，大赛的组织者、评选者做了大量的艰苦卓绝的工作，特别是疫情肆虐时期，仍然坚持给学生搭建竞赛的平台，让参赛者享受到人间的温暖，享受到写作的快乐。这种无私奉献的精神，对学生的挚爱深情，值得赞颂，值得弘扬。”“‘恒源祥文学之星’大赛，一直以中华优秀传统文化为引领，以提升学生的人文素养为引领，启发学生阅读经典，阅读优秀读物，启发学生热爱生活，仔细观察，深刻体悟。这就让学生的乡情、赤子情，到具体的亲情、友情等都在不知不觉中获得了熏陶、感染……因此这一种引领学生在阅读实践中、写作实践中、生活实践中去获得健康的正能量，使得孩子们德智体美劳都获得了全面的发展。”

第三，“传统文化进校园”为教育追寻不该失去的种种。

党的二十大报告指出：“中华优秀传统文化源远流长、博大精深，是中华文明的智慧结晶。”“中华优秀传统文化教育抓早抓小、久久为功、潜移默化、耳濡目染”，“每一种文明都延续着一个国家和民族的精神血脉，既需要薪火相传、代代守护，更需要与时俱进、勇于创新。”……习近平总书记高度重视在孩子们心中播下文化自信的种子，强调“夯实传承中华优秀传统文化的根基”。

如何把中华优秀传统文化传承好、发扬好？推动中华优秀传统文化进校园，是一条重要路径。传统文化进校园，让传统文化和现实生活贯通、与成长过程对接，让青少年进一步感受中华民族几千年来沉淀下来的思想理念、人文精神、传统美德、文学艺术，让中华民族的文化基因在广大青少年心中生根发芽，永续中华民族的根与魂，真正把文化自信融入青少年乃至全民族的精神气质和文化品格中。

2022 年 10 月 26 日，一群甘为学子奉献的著名演员、专家、教授等聚集在炎黄文化研究会会议室，在畅所欲言的氛围中接受了炎黄青少委颁发的“传统文化进校园”讲师聘书，其中有钱程、陈卫平、马军、张伯安等 10 余人，后来又加入了过传忠、陈勤建、王群等几位。自此，由这些名家组成的“炎黄讲师团”队伍时时听从学子的呼唤，不顾年龄，不顾路途遥远，不顾家事和公务，及时到校，讲述传统。

2023 年开春，讲师团迎来了各校学子的邀请，先后有田林三中、田园高级中学、洋泾中学、迅行中学、市四中学等校的上万名学生聆听了精彩纷呈的讲座。讲座内容涉及传统文化、红色文化以及海派文化等。每次课时虽有限，但对学子来说，却是他们青少年时代难以忘却的记忆，是对学校教育不足的弥补。

“传统文化进校园”受到了学校师生的喜爱，很多同学表示受益匪浅。一位高一学生在听了钱程老师的讲座后这样写道：“讲座中，钱程老师展示了不同时期的上海。那一张张旧照，仿佛把大家拉回了那个年代，也从侧面展示了上海这座现代化都市的演变过程以及它所经历的沧海桑田。通过这次讲座，我们深刻了解了上海这些年间的飞速发展以及上海闲话所蕴含的文化底蕴及内涵，更是对钱程老师致力于传播上海文化及规范上海闲话发音的精神钦佩不已，也更加热爱上海这座城市了。”

2024 年新春前，又有上海市田林中学向炎黄青少委预约了一学期六场讲座，教师与学生各三场，讲座内容有传统文化（“中国传统节庆的由来”）、红色文化（“清明节与缅怀革命先烈”）、美的教育（“建筑是可以阅读的”）以及传统中医文化等。这些讲座将会给校园师生带去丰富的文化盛宴，开拓青少年的视野。

“传统文化进校园”既是对文化传承的担当，也是对文化自信的增强。相信通过和名家面对面，会进一步增进青少年对传统文化的认知与情感，使民族优秀传统文化薪火相传、永葆生机。

（原载上海炎黄文化研究会《炎黄子孙》2024 年第 2 期）

我编《炎黄子孙》杂志十三年

倪家荣

有人问我，你编《炎黄子孙》杂志十三年，有何感想、收获？我答：风雨兼程十余春，执行主编了五十多期杂志，结识了一批上海滩上勤于笔耕的文坛宿将和新秀，初涉了厚重如山、深如海洋的博大精深的炎黄文化，一路看云卷云舒，花开花落，怡然自得。

一

2004 年夏，一天近午，家里的电话突然响起："你是倪家荣同志吗？"

"您是哪一位？"

"我是丁锡满。你退下来了？"

"您怎么知道？"

"你是市记协理事，我是记协主席，怎么会不知道？"

一口浓浓的宁波天台乡音和上海方言混杂一起的普通话，来电者正是丁锡满，上海市委宣传部原副部长、《解放日报》总编，他要我去帮忙编一本《炎黄子孙》杂志。该杂志是上海炎黄文化研究会会刊，是对外展示研究会形象的一个窗口、一张名片，责任自然不轻。那么他怎么会想到让我来执行主编这本杂志呢？我揣摩大概两条：一是我在企业办报时采写过不少新闻，《解放日报》等很多主流媒体都采用过我的稿件，并于 1995 年荣获过上海第五届新闻韬奋奖提名奖，可能给他留下印象；二是他曾为我出的两本书写过序，一本是我的第一本诗集《晨歌》，一本是我主编的新闻选粹《翰墨钢花》，也算是对我有了更深入的了解。

丁部长亲自来电邀我编杂志，受宠若惊，虽然有些诚惶诚恐，但还是当即答应下来，走马上任。

二

古人言，其始也简，其毕也巨。其实不然，否则怎么会有“万事开头难”此言呢？

在我接手办刊前，即2004年至2005年期间，由丁部长任主编、曹章为副主编的编委们，已出过四五期《炎黄子孙》了。我辅助做一些编辑校勘之类的工作。当时一个重要的议题，是研究会究竟要办一份怎样的杂志。有的主张办一份政治类刊物，有的主张办一份政论性、哲学类刊物，还有的主张办一份史志类刊物，为研究会存档。经多次磋商，最后确定办一份有时代特征、炎黄文化特色、上海地域特点的文史类刊物，这是非常契合炎黄文化研究会办会宗旨和研究会人才队伍实际的。

中华文化是一座开掘不竭、取之不尽的文化宝藏，弘扬炎黄文化，古为今用，取其精髓，弃其糟粕，推陈出新，这是以研究炎黄文化为己任的炎黄文化研究会的立会根本。但由于思维惯性，在开设栏目等具体操作上，常有争论。如封面、封二、封三、封底，用什么图饰？为活跃版面，张扬个性，当时作为执行副主编（后为执行主编）的我，封面封底逐渐采用名胜风光照，通栏布局。万里长城、南国椰林、布达拉宫、茫茫大漠、五彩丹霞、壮丽山河、巍巍雪山、莽莽草原……神州美景一一展现，让读者从摄影作品中领略中华文化。

办刊方向确定后，就开设什么栏目、匹配什么内容，丁部长邀我拿出设计方案。后来就如2006年第一期展示的那样，我们开设了《卷首语》《炎黄动态》《儒学研究》《炎黄论坛》《中华儿女》《往事钩沉》《收藏与鉴赏》《采诗踏歌》《小荷露角》《养生之道》《老黄历》等十多个栏目。如《小荷露角》栏目，采用的稿件都是研究会下属的青少年教育委员会举办的中学生作文大赛获奖作品中精选出来的。该栏目是我根据青少年教育委领导梁妙珍的建议开设的，旨在引导青少年从小热爱炎黄文化，有很强的针对性和教育意义。《养生之道》栏目是鉴于中国老龄化社会加速到来和研究会会员中老同志居多的特点开设的，对养老、保健都有借鉴意义。2016年第一期上，刊用了本人（笔名稼穑）采写的三位长寿老人的养生访谈。为采访此类稿件，我也是颇费周折。因崇明岛是长寿之乡，故我先回老家拜访县（现改为区）民政局，了解掌握长寿老人的分布情况，然后拟定采访计划。每采访一位老人，都要先到乡镇、村，拐弯抹角找到采访对象。因为路途遥远，采访一次都要花上一天。有一次采访，还是请了小学里的徐志祥老师做导游。早上出发，傍晚回家，没顾上吃午饭，我前后采访了二十多位长寿老人，半个崇明岛留下了我采访的足迹。

改版后的2006年第一期，在《炎黄论坛》上刊载了本刊特约的方令子先生撰写的文章，批驳沪上某知名大学知名教授的历史虚无主义观点：有史可考只有两千年，其余都是推论和神话传说。方令子的文章显示了本刊犀利的文风，引起了不小反响。

尽管栏目后来随着时间推移及办刊需要有了新变化，但细细咀嚼，其基本内涵和框架大体如此，不出其右。

三

巧妇难为无米之炊。办报办刊就怕缺稿，尤其是缺少扛鼎压轴之作。开头几期，每次编稿，心里发慌，因为缺少有分量、有导向、能代表本刊学术水平的力作。每编完一期，就愁下一期稿源。为此，我动用了一些文友，按栏目需求约稿、催稿。丁部长及几位编委，或亲自撰稿，或帮忙约稿，或向我推荐撰稿人。办报办刊要有一支高水平的撰稿人队伍，这样才能办出特色、办出水平，这根弦不能松下来。

办好一份刊物，有几个要素谁也绕不过：一是选好主编，责任心强，能慧眼识珠，以质论稿，把好稿件质量关。二是编织一张庞大的撰稿人网络。三是做好发行工作。

四

2015年12月24日，丁锡满部长因病去世。从我接触《炎黄子孙》到执行主编该杂志，在丁部长指导下前后相处了十二年。丁部长主持研究会期间，上海市原副市长庄晓天、周慕尧先后担任会长。作为常务副会长的丁部长对工作很认真，要求我们每周参加工作例会，研究和商量工作、布置任务，抓得很实、很细。

丁部长去世后，我想趁机脱手，让更年轻更有能力和才华的人接手编杂志。另外，我这辈子一直做“裁缝”，乡里办广播，企业办报办电视，几无空闲，自身一路走来,坎坎坷坷,生活有些积累,想退下来搞些创作,于是正式向当时接任研究会会长的杨益萍请辞,未获批准。他恳切地希望我再坚持几年。直到2018年,我已踏进古稀门槛,再次向杨会长请辞,终获批准。我心里十分感激,如释重负。

五

此生能与炎黄文化研究会相识,与《炎黄子孙》杂志相交,也是有幸:有幸结识了那么多文化战线上的领导,那么多的专家学者、教授、同仁,时常萦绕心间,挥之不去。刘惠恕、邓牛顿、楚紫、周山、卞权、夏乃儒、祝瑞开……他们给杂志写了那么多美文力作,美轮美奂。楚紫先生原名刘庭桂,安徽滁州人,安徽省中小学语文教育培训组组长,诗人、文学评论家,他来稿特多,质量高,文学功底深厚,我一直把他的稿件作为压轴之作。我与楚紫先生从未谋面,以文相识相交。前几年我与他通了电话,知悉他已是九十多岁高龄,身体健朗。在此祝他寿比南山。

最大的幸运,是让我结识了炎黄文化。她之崇高深厚、辽阔悠久辉煌,只有中华龙脉昆仑圣山与之比肩。她绵延五千余里,正好与中华文化绵延五千余年同一吉祥数字。昆仑雪山,云雾缭绕,封顶若隐若现,宛若天宫仙境,她与中华创世神话西王母文化关联。她孕育了昆仑文化、昆仑丝路古道,成为中华文明的精神标识。淌下来的琼浆玉液,孕育了大江大河,在中华大地上奔腾不息。

在我卸任后,先后接手的几位主编尽心尽责,使杂志面貌焕然一新,封面光鲜夺目,内容厚重充实。编辑队伍兵强马壮,撰稿人高手如云,专家教授、学者名家接踵,杂志未来可期。

岁月如流,匆匆而过,我怀念难忘的编纂岁月,怀念难忘的同仁文友,思念至极时,就看天上的月亮。

(原载上海炎黄文化研究会《炎黄子孙》2024年第2期)

为读者留下活生生的社科大师

——我会刊会报学习宣传沪上已故“68 位社科大师”侧记*

司徒伟智

从 2018 年市社联公布了首批“上海社科大师”人选名单，开始礼赞 68 位已故的上海社科大师活动后，我会迅即积极行动。会刊会报，首先响应。编辑部同仁感到这是个精彩抓手、系统工程，容量巨大，责任亦大。

怎样来宣传众多大师？编辑部同仁都有新闻从业背景，深知读者心理，简单化、概念化、模式化可不宜。切忌一篇篇都弄得像人物生平流水账，甲乙丙丁，平铺直叙，没有特色，没有波澜。需要生动活泼，百花齐放，需要作者深入进去，还原历史，还原一位位活生生的“社科大师”才是。

编辑同仁齐心合力，会员作者携手配合。瞄准目标，我们迈开了步伐，取得了成效。

生活多情趣

“稿件作者说有一次去复旦中文系，在会议室聊往事，讲故事。文学批评史家，也是 68 位社科大师之一的郭绍虞，一起来参与，还在听完后兴致勃勃发表议论，高度评价清代宝山一位县令胡仁济，为‘华夏第一县令’。这不属郭先生的专业。只是他兴之所至，随便讲的。这篇稿行吗?”有一次编前会，一位编辑发问。

主编答曰：“行呀。大师也是凡人，也爱讲故事、听故事，关注民间流传的、与本专业无关的分外事。让介绍大师的文章，多点生活内容生活情趣，才生

---

* 本文系作者敬录诸位作者老师的文章汇编而成。

动呢。”

尊重历史，关注生活，大师情趣，尽可纪实。采访后人，接触下来，作者感觉若干有趣细部值得描述，以期与主旨交相辉映，相辅相成，可乎？大伙意见，一切听便，无所不可。

于是，就给大师录下系列小情趣——

就有1978年的本科生迎新典礼，因患脑血栓尚未完全恢复的历史系主任谭其骧院士（以人文学者评选为中科院院士，堪谓唯一），却坚持亲临欢聚。他鼓动副手黄世晔“来一段”。黄就清唱了一段老生，“谭在一旁击节扣掌、怡然自得的神情，我至今难忘”。（据读史老张文）

就有每一回内侄女来做客，临走总要借几本古典小说，蒋孔阳教授必会叮咛：“记得书要还我哟。”（据濮洪康文）

就有贺绿汀院长，经常为隔楼邻居钱仁康教授做义务电话传呼员：“钱老师电话，钱仁康来我家接电话！”（据丁旭光文）

就有陈旭麓教授在家烦蚊子咬，令孩子们扑打，打中有奖。结果有孩子到河边去打，容易多打，希图多奖，却被他发现：“家里怎么也没这许多蚊子嘛?!”（据陈辛文）

就有王元化约见北京的刘曾复老教授。刘曾复早年毕业于清华大学，元化先生对我说：“我和曾复先生初见时会有一种礼节，这是当年清华园老人之间的规矩。”那天他穿戴舒齐，在寓所端坐着等候。刘先生来了，开门之后，元化先生站起身来，对客人毕恭毕敬地鞠了一躬，曾复先生照样还了一礼。就这样，一位在门里一位在门外，互相“对拜”了三次。（据翁思再文）

……

真挚的友情

写社科大师，当然三句不离本行，要深入细致采写他们的当行本色，凸显其专业成就和治学经验。会刊先行，首篇瞄准冯契的哲学思想，由老编委夏乃儒亲自出马采写，很成功。继而是陈昌来写张斌的现代汉语与语言学，也很好。会报，则是丁凤麟开篇，写陈旭麓，汪义生接踵，写郭绍虞，皆精彩。

写专业，也不忘留住情感性、生活化，能够将学术味与人情味交融最好了。比如说社科大师，以学术为生命，以求真为天职。烟酒麻将、吹拍拉扯，离他们不亦远乎。然而友情，五伦之一，毕竟人生不可缺。大师，多的也是性情中人，也有至爱亲朋，生死挚友。大师间的友情，记录下来，格外纯粹、深沉。

譬如邹韬奋和潘序伦。九一八事变后，邹韬奋主编的《生活》周刊募得读者捐款十二万元送交前方，并将捐款者的姓名、钱款全数公布，接受监督。但有人散布谣言，说前方抗日部队没有收到全部捐款，甚至有人怀疑邹韬奋出国考察挪用了捐款。此时，潘序伦挺身而出，组织他所创立的立信会计师事务所的同仁，核查了全部捐款账目，并将证明书昭告天下，维护了《生活》周刊的信誉。（据汪澜文）

再如宁树藩和王中。王中先生因“党报也有两重属性——工具性和商品性”“满足人民需要是办好报纸的根本”等学术思想在 1957 年“反右”中遭到批判。宁先生对王中先生坚持学术真理的勇气非常敬佩，对其晚年境遇亦十分同情。从我到复旦念书直至王中先生离世，我记忆里宁先生几乎每周都会从他政肃路复旦第七宿舍，走去国顺路第九宿舍王中先生家，常常一去就是一整个下午。（据陆晔文）

又如束纫秋和王元化。束纫秋早年同王元化一起在上海的地下文委，同属一个支部，战友情深。20 世纪 80 年代中期，元化先生提前从中共上海市委宣传部部长任上退了下来，在家赋闲。于是老束把我带到元化先生家里，让我去聊戏，陪他解闷。我就把余叔岩唱片录入卡式录音机的磁带送给先生，陪他午睡后在小区花园里散步，唱戏给他听。90 年代初，元化先生夫妇去珠海疗养之前，嘱我再录一些京戏的老唱片给他带去。几个月后疗养结束回沪，师母告诉我说：元化全靠这些录音在珠海“过日子”啦。此前老束还曾嘱咐我，如果能够引动元化先生对京剧的学术兴趣，那就是京剧事业的福音。（据翁思再文）

纯正赤子心

王元化多次说过，希望我们都能保持独立见解，“为学不作媚时语”。无论是搞艺术、搞理论、搞实际工作的，都要有独立人格，不媚权势，不媚平庸的多数，也不趋附自己并不赞成的一时潮流。

这是一种崇高风格。可惜，事实上，并不是所有文化人都能达到如此自觉自律的标准。

然而，经过广泛而严格评选的诸多社科大师堪称“德学双馨”，不仅提供了高质量的学术著作，而且具备独立品格、赤子之心。这是很值得记述的。

譬如周谷城，独创“历史完形论”，源于博大精深的历史洞察力和人生主动性。1939 年，周谷城近百万字的《中国通史》问世，独树一帜，特色鲜明。开明书店在重印这部著作的广告中说：“书中有任何其他中国通史著作未曾运用过的理论，未曾采录过的新鲜材料，未曾使用过的编制方法。”而这一未曾运用过的史学理论，便是周谷城以马克思的唯物史观为指导，所独创的史学理论“历史完形论”。这是指引他写作《中国通史》的灵魂，也一以贯之在他后来的著述中。1949 年，周谷城的三卷本《世界通史》由商务印书馆出版，这是中国人自己撰著的第一部世界通史著作。周谷城在编撰时，除参考中文资料外，直接参考的外文文献就达 100 余种。从体系构成到具体论断，都表现了周谷城的鲜明个性与独到见解。（据张颖文）

再如蒋孔阳，尽管曾经遭遇坎坷，但是他坚守的文学创作理念不变。他说，文学创作是一种精神劳动，有特殊规律，不能强迫，只能创造条件等待它提高。要出好作品，一定要坚持“双百方针”。因为创作这个东西很脆弱，一有干涉，就会萎缩，或者退下来。（据濮洪康文）

又如宁树藩，所写文章总是依材料运笔、据事实说话，而非追风之作。由汕头大学出版社 2003 年出版的《宁树藩文集》收入《严复的政论、办报和译书活动》一文，虽是“尊法批儒”的特定历史时期的报纸约稿，但仍依托于丰富的史料而成，多年后选入文集时仅有几处文字删改，内容完全经得起历史检验。（据陆晔文）

尤其如陈从周，为了“不媚权势，不媚平庸的多数”，经常要当面抵制，毫不容情。保护海盐南北湖风景区，就是他的一个杰作。当听闻南北湖一带办起了采石场，山体千疮百孔，同时一些人又在山上四处张网捉鸟，陈从周夜不成寐，前去阻止。果然，车刚进海盐境内，就传来隆隆的炸山炮声，南北湖周围满目疮痍。在向当地领导提出制止这种疯狂破坏后，陈从周心情十分郁闷。海盐县的有关领导请陈从周一行吃完饭再走。上菜时，他发现竟有野味黄鹂。这下陈从周怒不可遏，大声斥责，拂袖而去。嗣后，他锲而不舍，继续奔走、上书、联络，坚持数次往返南北湖，给当地各级领导提出了一系列整体规划方案建议。经过一再努力，多年打造，南北湖已成为省级风景区。（据李禾禾文）

社会评价高

68 位社科大师，是上海评选出来的，却具有全国意义，学术影响力历久而绵长不息。譬如陈旭麓，是享誉海内外的中国近代史研究专家，虽然已弃世三十余年，但他的论著，至今仍为人们所关注。据丁凤麟文章回忆，即使两三年前，赴广州出席孙中山思想研讨会，得知中山大学至今仍将陈先生的《近代中国社会的新陈代谢》一书，列为培养研究生的必读参考书。

68 位大师，还获得过国内诸多大师的高度推崇。这都值得记载，不可遗忘。譬如说到古籍、古文字与马克思主义的结合，马军在回忆李亚农学部委员（相当于院士）的文章中引用过顾颉刚先生的一番评语："做到了古籍、古文字与马克思主义的结合……在这一学科上，郭老有开山之功，李氏有精密研究之力。"与郭沫若相提并论，一个开山，一个深化，可见上海历史研究所首任所长李亚农学术功绩之巨。

又如江曾培的回忆文章，记录了王元化的一本《思辨随笔》，在第二届国家图书奖评委中的反响。当江曾培介绍到"元化同志是当前上海最著名、最具实力、最富影响的一位学者"，话音刚落，翻译家柳鸣九就补正："王元化的影响不止在上海，就全国来说，他也是当前最著名的一位学者。"北京大学教授袁行霈随即讲了一件事：在全国文学学科规划中，王瑶先生生前曾有一个重点选题，就是把中国现代最有成就的 15 位古典文学研究者的成果分别进行总结，按照时间序列，其中打头的是王国维，结尾的就是王元化。

王国维居首，王元化殿后，又是一番相提并论，都是不得了！

持续不放松

多年来，我们会刊会报从各个层面、角度，推出一系列介绍中华优秀传统文化的文章，形成诸多亮点。其中，较为突出的一个亮点，是不断推介社科大师的业绩，展示弘扬社科大师的精神。自市社联评选出上海市 68 位已故社科大师后，我们迅即跟进，从那时至今，组织作者接续推出回忆学习诸多大师，包括回忆学习周谷城、陈望道、王元化、罗竹风、彭康、李亚农、冯契、陈子展、吴泽、施蛰存、王运熙、张斌、熊佛西、章培恒、陈旭麓、吴蕴瑞、郭绍虞、潘序伦、谭其骧、贾植芳、钱谷融、蒋孔阳、方重、张仲礼、舒新城、周予同、贺绿汀、宁树藩、周原冰、杨宽、蔡尚思、顾廷龙、陈从周、言心哲等大师的文章，起到明显的展示和弘扬效应，获得了社会良好反响。

我们已经采编、刊登了很多推介社科大师的业绩，展示弘扬社科大师的精神的文章。但是，应当看到，上海市68位已故社科大师中，仍有相当部分社科大师的光辉历史，有待我们采写、刊登。我们要继续努力，毫不放松。而且采编要深入，内容要生动，文风要活泼，要为读者留下一系列活生生的“社科大师”。

（原载上海炎黄文化研究会《炎黄子孙》2024年第2期）

《海派文化》报与海派文化专委会

王晓君

2002年,由我倡议并得到同济大学施建伟、海外华文文学作家汪义生、文化活动策划人赵宏等的支持,《海派文化》报于同年8月15日面世。它虽只是份民间小报,但却得到了中纪委老领导赵毅敏、强晓初,以及开国中将孙毅等的支持并分别题字。其间,上海的老领导杨堤、叶尚志也题字祝贺。在施建伟教授的努力下,《海派文化》报挂靠在同济大学海外华文文学研究所名下,时任同济大学校长吴启迪也题写了"海派文化,有容乃大,祝《海派文化》报根深叶茂"。

《海派文化》报编委办报方向十分明确:"遵照党的办报方针,走维护国家稳定之路,力求发表原创作品,挖掘史料,拾遗补阙,使报纸办得更有可读性、前瞻性、学术性。"

我们的作者以教授、学者为主,不少文章被主流媒体如《人民日报·海外版》《新民晚报》《解放日报》《上海滩》《档案春秋》等报刊转载,因而也获得了读者喜欢。

除此,我们也策划了不少在社会上有影响的活动,如曾与高校及研究机构合作,举办海派文化传承发展的学术研讨会;举办笛王陆春龄笛子演奏专场音乐会;制作过"笛王壶""马相伯壶""巴金壶"。其中"巴金壶"被中国博物馆学会、故宫博物院评为2005年中国十大名壶之一。我们还在上海图书馆庆贺罗洪先生、徐中玉先生百岁华诞讲座,在上海戏剧学院佛西楼举办"上海老洋房的历史发展和保护研究会"。在中华人民共和国成立60周年大庆之际,我们组织了学者、画家座谈会暨向上海图书馆捐书赠画仪式……

因为同仁们的努力,《海派文化》报得到了许多领导及有识之士的点赞。上海市人大常委会原副主任施平说:"你们的报纸办得很好,从内容上讲是多方面的,也是比较新的。"上海文联原党组书记李伦新称:"《海派文化》报是中国唯一以‘海派’命名的报纸，它对人们了解和研究上海起了很大的作用。”《解放日报》原总编丁锡满说：“这份小报既无经济来源也无人员编制，全靠业余时间奉献社会，不易……它的内容有深度，作者有高度，读者有广度，许多文化界、学术界的名家巨匠聚在《海派文化》报的旗下，更不易……”著名画家程十发赞：《海派文化》报“好看，有滋有味，有嚼头”。

2017年始，《海派文化》由李伦新书记牵线，加入上海炎黄文化研究会，成为研究会主管主办的内部报纸。在此期间，我们正式向研究会书面报告：以《海派文化》报为基础，组建海派文化专业委员会，以便更广泛地宣传海派文化。此举得到了研究会的批准。

2018年4月27日，经上海炎黄文化研究会五届一次常务理事会会议研究决定，成立上海炎黄文化研究会海派文化专业委员会（以下简称“海专委”）。海派文化专委会首届班子由徐培华任主任，朱少伟、王晓君任副主任，赵宏任秘书长。

记得5月23日，海派文化专委会成立仪式在上海星创汽车销售服务公司进行。星创公司董事长梁立军乃我好友，他十分支持《海派文化》报。同济大学资深教授施建伟发言说：“海派文化既有海纳百川的博大精深，又有国际视野的高瞻远瞩，如今落地上海炎黄文化研究会，这是对王晓君为首的原创团队奉献精神的认同，对他们17年来从业精神的肯定。”炎黄文化研究会副会长杨剑龙代表研究会讲话，他强调在继续办好《海派文化》报的基础上，拓展和深化海派文化的研究，并且更要注重海派文化的现实的研究……在揭牌仪式上，上海市政协原副主席陈正兴、研究会会长杨益萍共同为“专委会”揭幕。

海专委成立之后，在赵宏等的努力下，至今举办讲座27场，展览14场，研讨会3场，其他活动8场，挖掘了许多鲜为人知的上海历史资料，大大拓宽了《海派文化》报的影响力。

记得第一场讲座是在思博学院进行，请朱惜珍女士谈《阅读海派——永不拓宽的上海马路》，她对上海64条马路进行了由点到面的讲解和剖析。之后海专委还请来中国茅盾研究会会长杨扬教授，为其恩师钱谷融先生的“人学”在上海图书馆开展了专题讲座，邀请著名社会学家邓伟志做了做学问要“上下求索、博览群书、大胆质疑、多方求教、善用逻辑思维、敢于写作、勇于创新、不怕挫折、学会合作、正确动机”的求学十部曲讲座，请朱少伟先生做了“申城红色记忆和海派文化”的演讲，著名作家宋路霞做了“上海名媛海派生活”的讲座，研究会常务副会长杨剑龙做了“江南文化与上海文化的关系”讲座。这期间，我们还邀请到上海市委宣传部原副部长陈东、上海博物馆原馆长陈燮君等名家做了讲座。

我们与中共“四大”纪念馆合作举办了将军书法展。展览会上，童世平上将致辞，徐建中中将、相守荣少将、二军大田仕明少将……均有作品参展。我们还举办了“辉煌的历程——纪念改革开放40周年将军与教师书法展”。特别令人难忘的是，为了庆祝中华人民共和国成立70周年，海专委在上海大世界举办了“红星耀东方”将军书法展，挥毫参展者有抗战老兵，有参加解放上海战役的老将军，有抗美援朝击落5架敌机的战斗英雄韩德彩等。作品有正楷、行草、隶篆、魏碑，其内容主要是讴歌中国特色社会主义，歌颂祖国、歌颂党。出席开幕式的有童世平上将、徐建中中将、毕惠义中将等将军。

2019年5月19日，正值笛子演奏家陆春龄逝世一周年，我们随即举办了“清风拂面笛声残”追思会，上海音乐学院相关领导等参加了追思会。

2018年8月上海书展期间，海专委与中国出版集团华文出版社为林语堂研究第一人施建伟教授的著作《近幽者默——林语堂传》举办签售活动。2023年上海书展期间，我们又与华文出版社举办了“假如林语堂还活着——《林语堂传》新书发布会”，会场座无虚席。

2019年8月17日，由《海派文化》报编委会编辑的《海浪花开》新书发布会在上海展览中心友谊会堂举办，该书由上海科技文献出版社出版。我们精选了《海派文化》报近百期中的佳作汇成一册，共36万字。首发仪式上，童世平上将和杨益萍会长为新书揭幕。中宣部原常务副部长龚心瀚热情洋溢地致辞：“《海浪花开》这本书，提升的是上海文化的精气神，是一本留得下来、经得起读的精英之作。《海浪花开》的书名即为长年担任上海大学海派文化研究中心主任的李伦新所起。希望热爱上海的人们都能从这本难得的书中感受到海浪美如花，馨香且宜人的文化魅力。”上海市委宣传部原副部长陈东在讲话中强调：习近平总书记对上海文化的包容性、形象性、创造性的高度概括，对海派文化研究提出新的希望。他们的发言，引起了与会者的强烈共鸣。首发式上，购者踊跃。

海派文化专委会还对刺杀大汉奸丁默邨的历史做了探讨和研究。2007年电影《色戒》问世后，引发社会上对相关史实的一些议论。我们海专委利用专家资源，找到了刺杀丁默邨的组织者陈彬的女儿、“76号”牢房唯一幸存者陈维莉，使80年前“刺丁案”的指挥者陈彬走出了尘封。原来，陈彬将军乃《海派文化》报发起人之一施建伟的岳父，陈维莉也是上海炎黄会老会员。

海派文化专委会与上海戏剧学院围绕“还原历史真相，奏响爱国主义赞歌”这一主题，举办了座谈会。我们特邀陈彬将军女儿陈维莉参加。会上，施建伟做了主旨发言，介绍了陈彬将军与日寇、汪伪斗智斗勇，最后壮烈殉国的故事。上海戏剧学院戏文系主任代表黄昌勇院长发言，他强调“还原历史的同时，更弘扬了爱国主义精神”。《上海滩》原执行副主编葛昆元介绍说：《上海滩》从1989年开始报道“刺丁案”，经过十多年的跟踪报道，终于挖掘出指挥“刺丁案”的策划者陈彬将军的故事，感觉是很震撼的。作为主持人的我也反复强调：“还原历史真相，不要忘记‘刺丁案’的主轴和价值取向，更不能忘记陈彬及郑苹如杀身求仁的英雄事迹，千万不能沉湎于《色戒》中的床戏而忽视了他们当年活跃在谍战一线的特殊贡献。”

为了使郑苹如和陈彬的后人相逢，2017年7月9日，我们特地在恒丰路238号茶室组织了施建伟、陈伟莉一家与郑苹如烈士的侄子郑国基一家会晤。

2020年11月5日，由海派文化专委会策划的“海派商业文化与品牌创新研讨会”在上海商学院徐汇校区召开。上海商学院副院长贺瑛、上海商学院海派商业文化研究院张建华院长、复旦大学华商研究中心主任徐培华教授、华东师范大学施炎平教授、上海市民俗文化学会会长仲富兰教授、复旦大学施忠连教授、上海社会科学院钟祥财研究员、上海历史博物馆胡宝芳研究员等出席会议。此次会议基于2020年初的“海派商业文化与品牌创新征文”活动，经专家评审及筛选，最终选入18篇高质量文章刊印成《海派商业文化与品牌创新论文集》，供学习交流，其中14位作者到场交流。本次研讨会旨在从人们记忆中的老上海海派文化作为切入点，探讨在经典的老上海品牌中提炼和凝结海派文化的精髓，从而触动大众对于老上海记忆的集体情感共鸣，进而促进消费，促进销售市场正循环。

海派文化专委会一直想成立一个研究儒商的相关学术机构，但因人手不足、精力有限，一直未成。徐培华教授曾组织相关教授在上海文庙儒学署参加“百年海派儒商与反思”学术研讨，华东师范大学施炎平、复旦大学施忠连、上海社会科学院钟祥财等教授对海派儒商做了定义，并对荣氏家族等海派企业的经营理念做了论述。海专委副主任王晓君就以前组织多次儒商学术研讨会的经验教训交流了心得。徐培华和我都觉得，海派文化专委会要坚持挖掘“海派儒商”的潜力，为我国的经济发展做出贡献。

2021年7月1日，为隆重庆祝中国共产党成立100周年，传承弘扬革命精神，让老城厢的红色基因代代相传，呈现辖区内七处革命历史遗迹背后的红色故事，充分发挥老城厢革命遗址遗存的宣传教育功能，海专委与老城厢街道合作拍摄的七集《烽火老城厢》系列短片正式推出，并出版《烽火老城厢》连环画一册，文字来源于讲述者的原稿。

《海派文化》报创办已有22个年头了，海派文化专委会挂牌也有6年了，一路风风雨雨，坎坎坷坷，虽苦犹甜。我们坚信，在上海炎黄文化研究会各级领导的关怀下，在党的文艺方针的指引下，新一届海派文化专委会将一如既往、更有亮点。

（原载上海炎黄文化研究会《海派文化》2024年12月15日第6期）

生活是艺术创作的唯一源泉

——上海炎黄书画院主题绘画创作纪实

陈志强

今年是上海炎黄文化研究会成立三十周年和上海炎黄书画院恢复活动十周年的喜庆之年。

十年来，上海炎黄书画院在周慕尧、杨益萍和汪澜三任上海炎黄文化研究会会长的关心支持下，在吴孟庆、洪纽一、朱新昌三任书画院院长的带领下，坚持习近平新时代中国特色社会主义文化思想，在艺术创作中始终把弘扬社会主义核心价值观放在首位，取得了一定的成效。

我们以毛泽东《在延安文艺座谈会上的讲话》为指导，坚持“生活是文艺创作唯一源泉”的创作思想，连续举办了八届“源于生活 · 五月画展”。此展览已成为书画院的品牌展，还被市社联评为“上海市社会科学特色活动”。

十年来，我们围绕新时期主旋律，还策划了多个主题创作活动。

改革开放 40 多年来，在社会主义现代化建设迅猛发展的同时，党和政府高度重视城市环境的保护和改善，上海的城市面貌发生了翻天覆地的变化。中心城区大片绿地已经落成或正在进一步拓展，浦江两岸 45 公里的滨江岸线全线开通，全市城市公园总数达到了 300 余座，人均绿地面积也已达到了 8.1 平方米。“城市，让生活更美好”不再是挂在墙上的标语，而已经成为每一个上海市民正在享受着的“改革红利”。为了全面反映上海城市绿化和环境建设的成果，2018 年我们策划举办了“绿色申城——上海城市公园绿地撷萃”主题展。展览汇集了我们书画院和上海画坛众多知名艺术家创作的精品力作 129 幅，以风景画这一人民群众喜闻乐见的艺术形式，多角度、全方位地展现了上海城市公园绿地的历史变迁和发展现状，展现上海城市新貌，向中华人民共和国成立 70 周年献礼。同时，这一展览被上海文化发展基金会确定为“2018 年上海市重大文艺创作资助项目”，得到了上海美术界和社会公众的欢迎和肯定。

2021年7月1日是中国共产党的百年华诞。一百年来，我们党就像大海中的航标和灯塔，在茫茫黑夜中为革命航船指明了前进的方向。今天，习近平新时代中国特色社会主义思想，又一次引领着中华民族伟大复兴这一巨轮，走向更加辉煌的明天。为此，我们早在2019年就开始策划以“灯塔”为主题的创作活动，以大海岛礁上巍然矗立的灯塔形象，歌颂一代代共产党人为革命事业前赴后继、赴汤蹈火，以及“牺牲自己、照亮别人”的“灯塔精神”。为了收集创作素材，我们组织艺术家参观了东海航保中心上海航标处、上海打捞局和中国灯塔博物馆，并组织部分艺术家登上海岛，实地考察和体验灯塔守护者的工作和生活，收集创作素材。在书画院广大艺术家的共同努力下，2021年5月12日“灯塔——庆祝中国共产党成立100周年作品展”在刘海粟美术馆分馆隆重开幕，展出了98位艺术家的104幅作品。这个展览是上海最早一批庆祝中国共产党百年华诞的美术作品展。

2022年初，在上海炎黄文化研究会汪澜会长的亲自带领下，我们走访了普陀区文旅局，就共同举办“画说苏州河”创作活动达成了共识。为了进一步了解和熟悉苏州河的历史和现状，我们在2月、3月两次组织部分艺术家参观沪西工人半日学校陈列馆、顾正红纪念馆、上海纺织博物馆等革命纪念地，并沿着苏州河岸线考察、写生工业历史遗存和普陀新景，加深对苏河两岸在上海解放后，特别是改革开放以来天地翻覆、旧貌变新颜的理解。

经过艺术家们一年多的努力，“画(话)说苏州河——‘半马苏河’的前世今生”主题展于2023年9月20日在普陀区美术馆隆重揭幕。参与创作的65位艺术家，献出了76件绘画作品，主题涵盖我国早期民族工业发展、党领导下的工人运动，以及苏河沿岸的历史文化、旧貌新颜。作品形式多样、内容丰富，表现出较高的艺术水准。在展陈形式上，展览不仅展出新创作的绘画作品，还结合上海炎黄文化研究会宣讲团在普陀区图书馆同时举办的“话说苏州河”系列讲座，把讲座的内容浓缩到图板上，以图文并茂的新颖形式向社会公众亮相，取得了良好的社会效果。

“雄关漫道真如铁，而今迈步从头越。”上海炎黄书画院的艺术家们，在新的一年里，坚持“源于生活”的创作理念，一如既往、团结奋进，创作出更多更好的绘画新作，为新时代中国特色社会主义文化建设做出应有的贡献！

（原载上海炎黄文化研究会《海派文化》2024年6月15日第3期）

牢记宗旨　普及弘扬中华优秀传统文化

——上海炎黄文化宣讲团工作回顾

陈勤建

在上海炎黄文化研究会成立30周年之际，回想起我任研究会副会长期间，曾一度分工承接宣讲团的工作并兼任团长，颇有感触。

我们上海炎黄文化研究会1994年成立的宗旨是：高举马列主义、毛泽东思想、邓小平理论伟大旗帜，坚持党的基本路线，坚持四项基本原则，研究和弘扬中华优秀传统文化、振奋民族精神，为上海的现代化建设、浦东开发和祖国统一大业服务。其中，研究和弘扬中华优秀传统文化、振奋民族精神，是研究会宗旨的主要目标。如何实现这一目标？历届研究会做了大量的工作，2014年我会成立了上海炎黄文化宣讲团，在专家学者理论研究基础上，走进基层民众开展普及教育，开拓了我研究会弘扬中华优秀传统文化的新路。

党的十八大以来，以习近平同志为核心的党中央把弘扬中华优秀的传统文化，摆在全局工作的重要位置，提出了中国特色社会主义的发展要与中华优秀传统文化相结合的新思想。中华优秀传统文化，是中华民族的文化根脉，涵养社会主义核心价值观的重要源泉，其蕴含的思想观念、人文精神、道德规范，不仅是我们中国人思想和精神的内核，而且对解决人类问题也有重要价值。为此，我们宣讲团的任务更加明确，在我参与宣讲团工作的5年中，宣讲团紧紧围绕传承、推广中华优秀传统文化这一核心思想，展开自己的工作。

每年，在研究会的统一部署下，宣讲团都要遵照弘扬中华优秀传统文化的宗旨，确定一个主题，展开宣讲活动。然而，事情也不那么简单。

其一，我会是独立的专业学术研究会。没有下属实体单位，没有专门的宣讲团经费，到哪里去普及？又如何筹措讲师出场讲课的基本费用？令人感动是，负责具体工作的副团长王佩玲和赵宏等，明知困难，仍勇往直前，自掏腰包车马费，主动积极地四处联络，联系市社联、市文联、市科协、东方大讲堂，以及各社区街道、各机关企业、各级院校、各级部队和公安等单位。为了让对方更好地了解研究会和宣讲团，他们让每位讲师撰写了个人简介、专业特长、教授课程、讲座选题等，并制作了宣传册。同时根据任务需要，每年修订一次。每到一处，分发介绍，热忱推介。在确定宣讲意向之后，还要落实基本费用。功夫不负有心人，在他们的努力下，宣讲对象与费用一一落实。我们宣讲团的阵地，越来越广阔，宣讲活动受到了上海市各界的广泛欢迎。平均每年赴上海市各界讲座 30 余场。

其二，宣讲，是一种普及性的宣教活动。宣讲的内容，宣讲师自身必须有研究，有个人心得主见，但它又是一次性的口头表达，必须深入浅出，让听众一听就懂。我会宣讲团的学者专家，大多是学术研究者出身，日常面对的是高校学生、各类研究生；而宣讲时，面对的大多是非专业的普通民众。初期，也有阳春白雪、居高不下之感。为此，在会长杨益萍、常务副会长洪纽一、秘书长潘为民、副秘书长王源康和巢卫群等研究会和部门领导的主持、协助下，召开了多次专题研讨会，研析宣讲团在讲座活动中的成功经验与存在的问题，商讨不足之处的改进办法。每年的宣讲主题，也是在此层面讨论确定，由宣讲团具体执行。研讨后，宣讲团的专家，注意研究每一场授课对象的特点和需求，并据此设计课程。在中小学的讲座中，宣讲团的一些大学教授、博士生导师针对学生特点，彻底放下身段，将宣讲的内容化为故事，宣讲获得成功。

其三，中华优秀传统文化，博大精深。宣讲，也不是简单的介绍。如习近平总书记所指出的：需要薪火相传、代代守护，也需要与时俱进、推陈出新。要加强对中华优秀传统文化的挖掘和阐发，使中华民族最基本的文化基因与当代文化相适应、与现代社会相协调，把跨越时空、超越国界、富有永恒魅力、具有当代价值的文化精神弘扬起来。激活其生命力，推动中华优秀传统文化创造性转化、创新性发展，继承革命文化，发展社会主义先进文化，不断铸就中华文化新辉煌，建设社会主义文化强国。我们宣讲团以此精神为指导，宣讲活动，注意与当代社会的政治经济、文化艺术、人文思想、道德法治等发展需要结合。

为了宣讲好中华优秀传统文化，我们在实践中不断摸索，将选题细化为五个方面。

第一，传统价值观的当代应用。如陈卫平谈传统道德文化的“让礼仪回归家教”，胡申生谈家训礼仪的“中国家训家风中的文化传承”，周山谈道德修养的“传统文化中的德育智慧”，王佩玲的“知书识礼与现代生活”“君子自强与当代竞争”等。

第二，传统文化的当代价值。如陈勤建谈传统节日文化的“纪念传统民族文化节日的意义”，朱荫贵谈企业文化的“中华民族企业文化精髓”，张冰隅谈健康养生的“古代养生文化”等。

第三，优秀传统文化的艺术欣赏。如韩志强的“从甲骨文看中国人的文化思维”，瞿志豪的“中国书法、绘画、篆刻艺术欣赏”，王桂兰的“玉石文化古今谈”，方云的“浏览古玉历史”，宣家鑫的“海派书画艺术与投资”等。

第四，传统文化经典品读。如苏兴良的“话说苏轼”，潘颂德的“论鲁迅对中华民族的伟大贡献”“讲解弟子规”等。

第五，传统艺术的推陈出新。如周红谈评弹艺术的“从懵懂到痴迷”，陆澄谈诗歌创作的“现代诗歌创作漫谈”，钱程谈上海地方文化沿革发展的“闲谈上海话”“沪语文化如何传承”，徐惠新的宣讲则结合修改长篇评弹“秋海棠”二十年的艺术历程，与观众分享了如何将传统艺术形式推陈出新的实践和感悟。

由于主题鲜明、内容扎实，同时富有时代感和上海特色，讲座因此受到各界的热烈欢迎。

为了扩大宣讲阵地，宣讲团在与上海市社联科普平台、上海市文联宣讲平台合作的同时，不断加强并扩展了深入图书馆、街道、学校的宣讲场次。宣讲团的足迹遍及嘉定、金山、崇明、徐汇、虹口、青浦、浦东新区等地，讲师们凭借扎实的理论基础，层层递进的专业逻辑，深入浅出的生动语言，并辅之以生动活泼的多媒体画面效果，体现出深厚的学术功底和综合素养，因而不论哪里，无论面对怎样的听众对象，都受到了欢迎和好评。

2021 年，为庆祝中国共产党成立 100 周年，上海炎黄文化宣讲团与浦东新区周浦镇党群办公室(宣传)、周浦镇文化服务中心合作举办了“浦江红韵——中国共产党百年奋斗史”系列讲座。本次系列讲座历时半年，共计 25 场。参加这一系列讲座的 18 位主讲老师都是来自社会各界的专家学者、艺术家、知名人士，演讲内容涵盖党史、艺术、民俗、礼仪等方面。他们先后走进周浦九所学校(11 个校区)，一家图书馆，一个社区，线上线下听众达到 14 329 人次。学校普遍反映专家层次高，讲座精彩生动，讲解深入浅出，非常接地气，通过故事启发教育孩子，深受孩子们喜欢，小朋友们参与度很高，受益匪浅。不少校长和书记，对讲座内容都很有共鸣，大家都很有触动。让党史走进校园、走进社区，旨在学党史，感党恩，跟党走，汲取奋进力量，践悟初心使命，传承红色精神，砥砺奋进。

如宣讲团在育才学校先后做了3场讲座，一场小学656人，一场中学357人，一场全校1 013人，共2 026人次。校方的回馈意见如下：

> 宣讲内容赞！朱子彦教授讲座很精彩，谈古论今，通过故事启发教育孩子，深受孩子们喜欢，非常感谢朱教授。我们对老先生不辞辛劳，舟车劳顿来到我校，对农村孩子传播中华文化大爱情怀表示深深的敬意。

在周浦实验学校的讲座有250名左右七年级学生听讲。该校在回馈意见中写道：

> 我们学生们对传统文化的兴趣还是很高的，尤其是陈勤建教授以传统节庆为抓手，所选择的内容也是同学们感兴趣的。学校每年也都有传统文化节，我们本次还将传统节日融入其中，学生们的参与度很高。

在凯慧中学，宣讲团安排二军大田仕明将军做了题为“中国共产党成立及其伟大意义”的讲座，全校近700名师生听讲。该校在反馈意见中写道：全校师生从讲座中“感受到了老将军的一身正气，对党的忠诚、对人民的热爱，以及对孩子们殷切的希望”。

在向化镇，秦来来老师做了“闻道上海城，起步石库门——中共建党时期的故事”的主题宣讲，镇党政、人大班子成员，镇机关、事业单位全体人员，各基层党组织书记，村居党（总）支部委员和向化镇党史学习教育“田间小喇叭”宣讲团成员等120余人听讲。听众反映，讲座详述了从屈辱到崛起的百年中华民族奋斗史，“用一件件历史事件、一个个红色故事带领大家共同回顾了建党初期那段艰苦卓绝的岁月，使大家再次坚定了共产党人的初心与使命”。

2024年全国两会调查中，“中华优秀传统文化”入选十大热词。此时重温过去几年宣讲团的工作，深感到：我会成立宣讲团及其工作，是十分有意义的。它贯彻我炎黄研究会宗旨，充分发挥我会骨干力量，践行党中央弘扬中华优秀传统文化的精神，利党利国利民。中华优秀传统文化是中华文明的智慧结晶和精华所在，是中华民族的根和魂，延续着我们国家和民族的精神血脉，也是我们屹立在世界文化激荡中的根基。需要薪火相传、代代守护，也需要与时俱进、推陈出新。我们宣讲团正肩负着这一光荣的使命。愿大家继续努力，争取更大的胜利。

（原载上海炎黄文化研究会《炎黄子孙》2024 年第 2 期）

意惹情牵宣讲团

王佩玲

2014 年 11 月 17 日，像往年一样，上海炎黄文化研究会正举办年会。这天位于徐家汇的上海科学会堂内气氛热烈，杨益萍会长宣布：上海炎黄文化宣讲团正式成立！紧接着向首批 20 位宣讲师颁发证书。

宣讲师们都是研究会的老会员，他们学有所长，在各自学科领域具有很大影响力。

我手捧证书站在台上，不禁感慨万千：是研究会给了我与学界大师为伍的机会，是研究会给了我践行传承家风的机会。作为总干事，我要踏踏实实为社会干事，为宣讲团干事，也为自己实现新的人生价值干事！

一

2006 年，我手攥上海市文史研究馆老馆长的短信，来到位于新华路上老会长丁锡满的办公室。丁会长看过信，乐呵呵地对我说："好啊，现在关注传统文化的年轻人不多，我们特别欢迎年轻人。你对传统文化有哪方面的研究呢？"我告诉丁会长，父亲王退斋原是文史馆员，我从小受书香熏陶，也喜欢传统文化，但因"文化大革命"中断了学习，所以基本功差，我非常希望能够进入研究会学习。

丁会长认真听着，还提了一些问题考我。他那渊博的学识，就像一抹阳光温暖我的心底；他的幽默风趣，让我轻松下来。

研究会从此成了我的学堂，但凡有活动我都认真参加。研究会里白发苍苍的学者占多数，参加研讨会时我有点不敢发言，丁会长就点我名。以后，为显示自己还是个"孺子可教"的"年轻人"，我就主动争取发言机会。我还积极写稿，投到研究会《炎黄子孙》会刊，文章一经发表，我非常开心，那是对我的鼓励啊！

学会换届了，新会长杨益萍来了。丁会长把我介绍给他，我和杨会长握了手，他的手格外宽厚，透出一种刚柔并济感。后来得知杨会长曾任出版局局长，我就请他看一本奇特的家祖遗著。那本子开本小而特别厚，纸薄字密，像是手写但似乎书写难度太大。难道是印刷品？杨会长过目后不动声色，后来写下一篇文章记叙了所见。

在杨会长的领导下，学会与殷行街道新建合作关系，我受托为殷行街道编写一本《古代清廉小故事》，列举了从春秋到清末 25 位清廉官员的小故事，也算为社区宣传清风廉政出了力。

2013 年 9 月 7 日，受学会委托我赴青浦杨家庄主讲“传统文化对现代家庭的影响”，两小时的讲座，200 多村民听得很专注。年底，学会领导和我谈关于成立宣讲团的事，我内心激动又惶恐：宣讲团是学会的一张亮丽名片、一个重要窗口，我的资质远远不够。这个任务我能完成吗？但我又很想做。我祖父“先天下之忧而忧”，他为研究全国方言的注音而鞠躬尽瘁，我父亲“后天下之乐而乐”，民国时期放弃厚禄机会研究民众教育，一辈子为中华优秀文化的古为今用而呕心沥血，而今我为炎黄文化宣讲团干点事，正是传承家风啊！

二

宣讲团让我很寄情，而我必须对各位宣讲师有所了解，工作才可能做好。我先收集宣讲师们发表的文章，再搜索相关资料浏览，接着按内容分门别类：哲学、文史、艺术等，编成一份宣讲目录。然后我一一电话采访，或走访，在与他们的交流中暗暗核对自己编写的目录是否合理，同时设计了格式化文档。“千淘万漉虽辛苦，吹尽狂沙始到金”，宣讲师们的“金子”被我发现了：

陈卫平教授对中西文化的发展和对比很有研究，他最关注的是传统与现代互补的后现代文明。他的思考客观而深邃，充满思辨的智慧，他直言道：“五四以后，传统礼仪不再成为家庭教育和学校教育的组成部分，因此中国作为礼仪之邦已经出现了名存实亡的危机。克服这一危机的起点是，继承以礼仪为家教的传统，让礼仪回归家教。”深刻的思路导出了一个朴素通俗的讲座课题：“让礼仪回归家教”。

陈勤建教授是关注非物质文化遗产的元老级专家，他能够从细微的文化现象中发现民俗的社会意义，把几乎被淹没的文化遗产抢救出来。他的办公室有一种特殊的通天达地的气息，让我感到“天地人”三才的并列。他的讲座，图片丰富又生动，透出人间烟火味，他在亲切而温柔的论述中，常常提出令人反思的问题。

周山老师是上海社会科学院终身研究员，对中华传统经典研究至深，诸子百家的核心观点在他的笔下形成棋逢对手般的犀利文章，他写中国黄河文化到长江文化的重心转移，气势磅礴一泻千里，把“自强不息，厚德载物”的内涵展现成波涛汹涌的雄篇，他的讲座也总在跌宕起伏中展开画面。

胡申生老师有点硬汉派的形象，他把儒家的核心思想与当代应用相结合，组成不同的课题分别探究。讲座脱口成章一气呵成，声波传到会场的每一个角落，催人奋进。的确他自己就是奋进的，他家书橱里有一排都是他的著作。稀奇的是，他的著作题材涉猎非常广泛：儒家思想研究、戏剧研究、红色档案研究等。是否跨度太大？但我知道他的思路洞穿而敏捷，这对他而言并不难。

朱荫贵老师是从北京转到上海的高级人才，他从历史、商业、经济三个视角分别剖析社会的发展内因，又将三个视角聚焦到一个点上，研究中国的商业发展与世界商业发展的对比，继而推出对中国儒商精神的审视与赞扬。他的儒雅风采和睿智的时代感，令人感觉他似乎是从古代走来的儒商，又华丽转身变成了当下的金融能人。

瞿志豪老师是著名书画家来楚生的入室弟子，第一次看到他的画作，会以为就是来楚生的作品，但来楚生的画似乎更加枯槁一点，折射出那个时代的悲怆感。而瞿志豪老师的作品，是继承了来楚生那抽象简约老到的风骨，却增强了一点水墨分层，温润了时代的丰裕。听他的讲座完全是一种艺术享受，带你了解中华传统文人的全方位艺术修养。

宣家鑫老师是一个收藏鉴定家，中国收藏的历史之悠久、品种之丰富、藏富之广泛、行当之复杂，在世界上绝对占据称霸级别，要能够在这个领域站住脚绝非易事，可见宣家鑫老师做的功课一点不会比学者少。除此之外，他专攻书法，乐意普及书法讲座，讲座比一般的书法家更多对碑帖来龙去脉的解读，他深入浅出的语言让听众学得很轻松。

初见钱程老师让我大吃一惊，他是上海滑稽戏的台柱，还是第十五届市人大代表。听起来滑稽戏似乎不太严谨，而钱程老师却是一个不仅对事业严谨，连为人也非常严谨的人，讲话言辞精准，穿戴特别得体而自然，讲座在一片笑声中让人获得对语言艺术和舞台艺术的许多认知，他赢得了更多听众的敬佩和喜欢。

周红老师是评弹界的“当家牡丹”，我与她通电话，她的声音非常甜美，语言爽朗明快，如欢快的清泉。我知道评弹这一传统的、独到的、优秀的说唱艺术，曾经遭遇空前的破坏，很多演员改行另起炉灶。而从周红老师的眼睛里，完全看不到一丝惆怅之意，她是评弹的天使，那是一种凤凰涅槃后的炉火纯青，听她的讲座就像清泉流过心田。

……

宣讲师们都是业界翘楚，每一位的故事都能独立成书，哪里是我用几行字就可以写全的？他们虽然地位高、工作忙、兼职多、任务重，但他们对宣讲团的工作都十分支持，无论安排讲座地点远或近、听众层次高或低、会场人数多或寡，他们的言行态度都一以贯之：在高高的头衔下，是坦然的平静；在讲座进行时，是专注的神态；在普通的听众前，是真情的交流；在等身的著作旁，在鲜花和掌声中，是谦虚的微笑。尤其是其中有些场次宣讲点路途远、条件差、听众也不多，我真心感到很抱歉，就只能自己驾车接送一下略表心意（可惜我路不熟被罚款几次不敢了）。他们的讲座引经据典深入浅出，有教无类收放自如，我想，那都是他们长期安心定志、谦虚谨慎、百折不挠的治学精神垒起的高度啊！

在他们面前，对比自己走过的几十年，从国内到国外，转行业变职位，这山望着那山高，结果看不到什么价值。我不断提醒自己做好宣讲团工作是为自己的人生注入新价值。从 2015 年起，在学会领导的指导帮助下，宣讲团开进了一些基层单位，不久与上海市社联的科普处建立了合作关系，创建了系列讲座，介入了“东方讲坛”。《解放日报》、社联特刊、社联公众号都有相关报道，2016 年与上海人民广播电台交通台建立合作，以采访、互动、问答的多种播音形式，播出了一系列关于弘扬优秀传统文化的节目；2017 年又开辟了与上海市文联的合作平台，随着文联的对外窗口，宣讲团的讲座开进了部队、机关、大学等场所；2018 年，宣讲团走进街道、中小学校，还深入农村乡镇，并与傅雷故居建立了合作关系。

宣讲团因此被市社联评为优秀团队。从表面上看，这些都是成绩，但是我知道，这点活动数量远远没能够展示宣讲团的雄厚实力，得继续开拓！我关注了全市的宣讲平台，发现 2018 年后原有的一些讲坛渐渐淡出，各大单位的自主宣讲相对减少，官方举办的大型讲座都在线上吸引着大量听众，而民间的小型书院非常红火，后起之秀活动能力非常强，我们这个以“老”为特色的宣讲团，重点应该让更多的年轻人知道！

我想为宣讲师们做一份精美的彩印介绍资料，再做一份系列影像资料，最好再出一套讲座丛书……想起来容易做起来难，自己年龄上去了，有点力不从心。一转眼2020年迎来了紧张的抗疫，这时候研究会领导班子增加了新人，开辟出线上宣讲活动，取得良好战绩。后来研究会又迎来新一届领导班子，宣讲团的工作由新任的副秘书长分管，我配合做好工作。在研究会的推动下，副秘书长尽心尽责，创建新思路、开拓新平台、招募志愿者，宣讲团的发展令人振奋。不仅如此，研究会了解到这些年我一直坚持在为父亲整理遗稿、出版遗稿，也给予了深切的关注和鼓励，并同时寄予一份希望，希望能够为宣讲团弘扬优秀传统文化再出一份力，这也正是我的一份意愿啊！

（原载上海炎黄文化研究会《炎黄子孙》2023年第3期）

让炎黄之声唱响申城

赵　宏

上海炎黄文化研究会除了开展学术研究之外，还肩负着运用宣讲的形式普及传承我国优秀传统文化的重任，上一届会长杨益萍、秘书长潘为民为此倾注了大量的精力。我于 2019 年经两位领导安排，有幸参与了炎黄文化宣讲团工作，见证了宣讲团近年快速发展的历程。

研究会精英荟萃，人才济济，宣讲团依托研究会专家学者及各界名家的资源，在成立之初聘请了 20 位宣讲师。随着社会需求不断扩大，又陆续聘请了几十位特邀讲师，他们奔赴学校、图书馆、街道社区、企事业单位，参与了数百场讲座，足迹遍布了全市每一个行政区域。在宣讲团成长壮大的历程中，申城不仅留下了他们的足迹，也留下了许多感人的故事。

令我印象最深的，是 2021 年宣讲团与周浦镇文化服务中心签约，为周浦地区的中小学配送文化套餐，所举办的 25 场讲座。周浦远离市区，又是为学生举办讲座，这对宣讲团和讲师来说，都是挑战。

大教授给小学生授课是一道难题，但这难不倒陈勤建教授。为了了解特定的演讲对象，他向正在念小学的孙子借来课本，还跟小孙子聊天，捕捉这个年龄段孩子的兴趣点。他将自己置身于孩子的世界里，运用小学生的思维方式和他们听得懂的语言一次次改写课件。在讲座现场，他从孩子们读过的古诗词说起，不断与学生互动，用讲故事的方式，将深奥的历史文化知识解说得深入浅出，通俗易懂，极大地提高了学生的听讲兴趣。陈教授在周浦镇先后做了四场讲座，场场气氛活跃，同学们听得津津有味，还主动发言参与互动。陈教授是我国民俗学领域的著名学者，平时的学术活动很多，有一次他正在外地开会，为不影响宣讲，特意提前一天赶回。作为当时的宣讲团团长，陈教授总是身先士卒，在宣讲团的工作中起到了表率作用。

在具有百年历史的周浦育才学校，朱子彦教授是站着宣讲的，加上路上单程两个多小时，又遇上大雨，而回程又遇上堵车，来回近六小时，故极度疲劳。但他感到给小学生上课累是累了些，却是蛮有趣的。他说:“我就是想尝试给各种不同类型的人上课，孔子说因材施教，这才是合格的教师。”育才学校的唐老师动情地说:“朱教授讲座很精彩，谈古论今，通过故事启发教育孩子，深受孩子们喜欢，非常感谢朱教授。我对老先生不辞辛劳，舟车劳顿来到我校，向农村孩子传播中华文化的大爱情怀表示深深的敬意。”

澧溪中学是周浦校区的重点学校，课余活动非常丰富。书画家吴越先生是吴昌硕曾孙，由他来谈海派书画巨擘吴昌硕的艺术人生最恰当不过了。他对学生和蔼可亲，侃侃而谈，语言朴素，亲切感人。他说书画家心中不仅要装着艺术，更要有人民。他是这么想的，也是这样做的。那是一个深秋季节，他怕迟到，驾车早早赶到澧溪中学，因时间还早，就在校门外冷风中等待。而宣讲结束，离开学校时已近晚上六点了，虽然耽搁了晚餐时间，但他感到非常值得。因为孩子是未来的希望，文化传承的重点是在下一代。

《长河短汲——中国现代文学暨海外华文文学新论》一书，是葛乃福教授几十年来从事中国现当代文学、海外华文文学教学和研究成果的结集。宣讲团邀请他到凯慧中学做一场关于这本新书的讲座，葛教授得知是为初中生演讲，先表态不要报酬，继而又放弃了宣传自己新作的机会，改讲语文主题。他事先向该校借阅了八册初中语文教材，花了一个月逐一翻阅，结合课本写了提纲，又为学生开了份长长的课外阅读目录，真正做到了有的放矢，这种认真执着的态度，让该校校长深受感动。讲师的事迹举不胜举，在这些讲师身上体现了人性的光辉，教书育人德为先，他们本身就是最值得尊敬的人。

要想做成品牌，就要留下有价值的东西，这也是研究会领导多次强调的。2013年研究会在上海戏剧学院举办“炎黄论坛:追寻上海历史文脉”系列讲座，由阮仪三、熊月之等教授担纲主讲，论坛曾被纳入上海市社联的“东方讲坛”系列讲座。宣讲团经常在研究会的组织下策划选题，形成系列讲座。近年来，宣讲团秉承“炎黄特点、时代特征、上海特色”的宗旨，以线上线下结合的方法举办宣讲活动。同时不断拓宽合作渠道，丰富选题内容，陆续推出多个讲座系列。

2022年，宣讲团与长宁区图书馆签订共建协议，由此，以宣讲海派文化为特色的“海浪花”系列讲座的主讲坛得以落户长宁区图书馆。海浪花讲坛创办于2017年，由我会顾问、市文联原党组书记李伦新命名，之前曾由《海派文化》、上海炎黄会海派文化专委会主办，2022年正式并入宣讲团。“海浪花”落户长宁区图书馆，标志着宣讲团对外合作迈出了重要一步。2022—2023年，“海浪花”以“海派文化的前世今生”为题，举办了12场讲座，陈东、祝君波、王汝刚等先后走上讲坛，奉献了高质量的精彩演讲。2024年，“海浪花”又启动了“沪语大讲堂”和“海派文学”两个系列。其中“沪语大讲堂”邀请沪上名家，用沪语讲述上海方言、海派文艺、海派建筑、海派非遗等。第一讲“标准上海闲话”由著名滑稽表演艺术家钱程老师开讲。常务副会长、宣讲团团长杨剑龙在致辞中表示，系列讲座对发掘原汁原味海派文化的魅力，推动传承上海文脉，具有十分重要的意义。这天讲座现场已经准备了220个座位，但仍有部分听众只能在后排临时加座。

苏州河岸线的整治贯通是上海“一江一河”发展的重要组成部分，作为上海的“母亲河”，她承载着众多的历史文化印记，拥有靓丽的人文景观。研究会紧扣上海城市发展的时代热点，于2022年与普陀区文旅局共同策划了“画(话)说苏州河”大型美术创作和宣讲系列活动，后因疫情延迟到2023年实施。活动期间，宣讲团在普陀区图书馆举办了十场讲座，陈燮君及本会多位专家先后走上讲台，向市民讲述苏州河普陀段沿岸的历史遗存、文化积淀和沧桑巨变。宣讲团与炎黄书画院还联合举办了“‘画(话)说苏州河——“半马苏河”的前世今生’绘画作品及宣讲文献展”，展览内容编辑成册，由上海文艺出版社出版。讲座、展览、出版物，都给公众留下深刻印象。这次活动也开创了宣讲团与炎黄书画院联手办展的新模式。

2023年是宣讲团的丰收之年，宣讲团与上海新华传媒联合创办了“1925红色经典阅读沙龙”，第一期15场。该系列意在借助1925书局作为红色主题书店的优势宣扬红色文化，副会长兼秘书长马军与上海新华传媒连锁有限公司党委书记、董事长钮也仿共同揭牌。首场讲座邀请到了齐路通将军，参与讲座的还有作家、党史研究者等。对于这一系列活动，上观新闻、文汇App、东方网、澎湃新闻、《青年报》等纷纷报道，扩大了宣讲团的知名度。

2024年宣讲团与徐汇区图书馆等单位联合举办“东西互见：中法文化交流”系列讲座，9位对中法交流史素有钻研的中青年学者参与，内容涵盖教育、外交、汉学、旅游、工艺、民俗等。

随着宣讲团的不断壮大，内部管理的节奏也在跟上。2020年袁筱英分管宣讲团后，事无巨细，严格把关，制定了工作规则。经过几年实践，我们的工作开始规范化。首次制定了讲座细则，确定了工作流程，使各个环节的工作有章可循。首先要与邀请方沟通，了解对方需求，然后确定合适的讲师。人选一旦定下来，再要设计讲座方案，收集主讲人简介、近影、内容提要、课件信息。这些基础工作做完了，根据社联要求，每次活动都要填写报备表。在讲座之前要做好微信公众号预告推送，在开场前必须提前到达，与接待人员交接工作。如果直播，请主讲人在授权书上签字，事后要及时撰写新闻稿，在微信公众号上推送。最后还要总结讲座效果，填写信息反馈表，所有资料统一归档。

资料的保存至关重要，2024 年初，我们完成了档案整理，梳理了现有的实物与电子版资料。自 2020 年以来的会议纪要、总结、文案、报备表、现场照片、反馈信息表、报道文字、大事记都完整无缺。其他如讲座安排表、协议书、授权书、课件、录像、录音、讲稿等能留则留。

宣讲团工作量大，活动多，需要专属于自己的宣传平台。于是，我们陆续开通了宣讲团专用微信公众号和视频号，用以发布讲座信息，传播讲座内容。工作人员花了半年时间，将以往宣讲团讲座链接复制到新的公众号里分门别类保存。宣讲团微信视频号也即将上线，以便利用自己的网络渠道传播宣讲团活动信息，更好地为社会服务。

宣讲团工作的模式也在不断调整，实行了讲座项目负责制。经过尝试与摸索，根据条线分工，一人负责，互相配合。实践证明这种方式效果明显，调动了团队成员的积极性，发挥了各自的潜能。

五年来，宣讲团坚持每场活动都有工作人员全程陪同，了解动态，协调难题。2023 年同步推出四个主题系列，2024 年创纪录地一年宣讲 42 场，大家克服重重困难，无一缺席。由此，宣讲团与讲师、合作方建立了良好的关系，加深了彼此的情感交流，工作也更加顺畅。

宣讲团的发展离不开大家的支持。感谢所有的讲师尽心尽责，感谢所有的合作单位默契配合，感谢所有关心炎黄宣讲团的领导和同仁指导点拨，更应感谢广大社会读者和学校师生的信任厚爱。宣讲团因有你们的加持而熠熠生辉。

2024 年，值此炎黄会成立 30 周年、宣讲团创办 10 周年之际，研究会正组织选编、出版历年讲座选集，这既是对会庆 30 周年的献礼，也是宣讲团 10 年历程的回顾与总结，更昭示着新征程的开启。不忘初心，方得始终。相信在研究会的领导下，在社会各界的关爱中，宣讲团一定能迈向一个新的台阶，向社会交出更好的答卷。

（原载上海炎黄文化研究会《海派文化》2024 年 6 月 15 日第 3 期）

屡易会址的上海炎黄文化研究会

马　军

1994 年 4 月 14 日下午，上海炎黄文化研究会在锦江饭店小礼堂成立。按照首任秘书长张军的回忆："上海炎黄文化研究会成立时，没有经费，开会研究问题都是在锦江饭店西楼张世珠同志的办公室或作协会议室里进行。"①所谓的"作协"即上海市作家协会，位于巨鹿路 675 号。之后，由于从有关部门获得了一笔办公费，遂于 1995 年 4 月将会址定在淮海中路 622 弄 7 号市社联业务楼 607 室（电话：3728185，3728588 转 3607）。②根据《简报》第 10 期（1996 年 9 月 20 日）的记载，炎黄会办公地点又于是年迁至华山路 1945 号交通大学青铜公司院内（电话：62812225，邮编：200030）。1998 年 4 月 1 日则移到建国西路 218 弄 4 号（邮编：200031，电话：64747001，电传：64746017）。③两年后的 2000 年 3 月 1 日又迁至本市静安区安远路 187 号九龙花苑（玉佛寺对面）5 楼 C 座（电话：62994632，邮编：200040）。④再过了 5 年，到 2005 年初，上海炎黄会的新会址为新华路 345 弄 3 号 3 楼 A 座（电话 62808721，传真：62817437，秘书、财务：62808571）。⑤一年之后的 2006 年初，则搬至漕溪北路 28 号实业公司 17 楼 C 座（电话：54240782、54243978，传真：54243968，邮编：200030，电邮：Shyh_1994@sina.com）⑥，时光荏苒，在该地共待了 12 年。直至 2018 年初乔迁到上海长宁路 969 号（兆丰花园）3407 室（电话：54240782、54243978，邮政编码：200050，电邮：yhzs2018@

---

① 张军：《我所亲历的上海炎黄文化研究会创办》，《海派文化》2024 年 4 月 15 日，第 1 版。

② 上海炎黄文化研究会编：《简报》第 3 期，1995 年 9 月。

③ 上海炎黄文化研究会编：《简报》第 18 期，1998 年 3 月 20 日。

④ 上海炎黄文化研究会编：《简报》第 23 期，2000 年 1 月 20 日。

⑤ 上海炎黄文化研究会编：《简报》第 55 期，2005 年 1 月 31 日。

⑥ 上海炎黄文化研究会编：《简报》第 60 期，2006 年 1 月 16 日。

sina.com)。[1]

2023 年 10 月底，上海炎黄文化研究会办公室始抵今地，即漕溪北路 41 号(汇嘉大厦)1406 室(电话:54243978，邮政编码:200030)。

① 上海炎黄文化研究会编:《炎黄子孙》2018 年第 1 期。

高歌在希望的田野上
——上海炎黄诗友社成长记

倪家荣

一生能与诗歌结缘并长相守，实在是一件快事、一件幸事。

灿烂的五千年炎黄文明史，毫不夸张地说，很大程度上就是一部诗史。诗经、乐府、唐诗宋词、元曲，以至近现代海量的诗歌，就是明证。每一代诗歌巨著，无不带着那个时代的烙印，一路绵延流淌而来，那就是历史。何况，还有直接以诗歌形式记史的巨著，如《格萨尔王传》。

一

2018 年初夏，获准辞去《炎黄子孙》杂志执行主编后，我真诚地向时任上海炎黄文化研究会会长杨益萍提出，想成立一个炎黄诗友社，团结研究会内的诗人、诗歌爱好者，一起写诗、论诗，切磋诗艺，并且我仍可留在炎黄文化这个圈子里。杨会长当场拍板："好，由你当社长，人数不要太多。"

于是我赶紧招兵买马。一是研究会里的诗歌爱好者；二是宝钢宝山这块土地上的诗歌爱好者；三是崇明以中心镇、向化镇为基点的诗歌爱好者。这样考虑，是与本人工作经历交集等有关。如宝山宝钢，那是我工作生活了三十多年的地方，有些人脉。崇明向化这一块因镇里的灶文化经我牵线与上海炎黄文化研究会建立了学术指导关系，我还为他们写过《看灶花到向化》，后题目成了镇里宣传灶文化的广告语。而镇原党委书记、人大主任何妙祥，副镇长汤进达是熟悉的老朋友，并且何妙祥下面有一个"乡愁诗苑"，有一批诗人、诗歌爱好者，所以很快就聚拢了一支有四十来位诗人的队伍。而入社的条件，我拟了三条：一是国家、市、区级作协会员，出过诗集；二是在报刊上发表过诗作；三是有作品证明达到公开发表水准。

经紧张筹备，于2018年8月12日，借座位于水产路、同济路边的原《宝钢日报》活动室，举办了一个热烈简短的“上海炎黄诗友社成立仪式”。时任会长杨益萍、秘书长潘为民、副秘书长王源康、《炎黄子孙》杂志执行主编甘建华、办公室巢卫群等到场祝贺。潘为民代表研究会宣读了诗社班子名单：倪家荣任社长，何妙祥为副社长，汤进达为秘书长。副秘书长人选由诗社自己确定。经磋商，曹爱红、崔天一、陈进超为副秘书长。

我在成立仪式上做了简短的工作汇报，要点如下：诗社宗旨，团结诗社社员，继承炎黄文化传统，坚持“百花齐放，百家争鸣”文艺方针，新诗体与格律新体并存，为时代、为人民讴歌。工作目标，每年出好两本诗集，一是采风诗集，二是诗友自选集。多写诗，写好诗，为扩大诗社和上海炎黄文化研究会影响添彩。

二

我本人一直认为，一个社团、艺术沙龙，如没有活动支撑，即使形似宝塔，内里一盘散沙。活动呀活动，只有动起来、转起来，才能生存发展。

在诗社成立之初，我多次强调，上海炎黄诗友社不是一个聚在亭台楼阁，前俯后仰，摇头晃脑，平平仄仄，谈笑放歌的芸芸诗社，而是要有所为，尽一己之长，喷涌诗情，吟诵中华，吟诵土地，吟诵母亲，有责任有担当的诗社。

而组团采风，是增强诗社凝聚力，提升锤炼诗友技艺、扩大诗社影响的最佳抓手和推手。诗社成立后的第一个活动，就是组织诗友到崇明去采风。那里有地理优势、人脉优势，但诗社成员大多家住市区，交通不便，没有两三天的实地采风踏访，对于人生地不熟的大多数诗友来说，要想拿出点像样的有质量的作品，自然困难不小。而且诗社没有分文补贴，吃住是大问题，对方能否接纳，这是采风能否成行的关键。但诗社也有优势，四十余位诗人中，有两位是全国作协会员，四位上海市作协会员，多位中国散文诗协会会员，近二十位是区级作协会员，并且有六位诗人入选由孙琴安先生主编的《上海诗歌四十年(1978—2018)》一书。孙琴安是上海社会科学院文学研究所研究员、教授，古代文学教研室主任，著名作家、诗评家，长期从事中国古代文学研究，学识渊博，学著等身。书中对四十年间活跃在上海滩的百余位知名、著名诗人进行了客观点评，在上海文学界影响很大。本诗社入选的六位诗人是倪家荣、陈曦浩、肖伟民、曹爱红、韩剑刚、吉雅泰。

上海炎黄文化研究会这面旗帜，加上本诗社的人才优势、影响力就是诗社对外自我推介的一张名片。

经何妙祥等与采风点多次磋商，最后敲定了崇明中兴镇作为本诗社其后的首选采风点。

崇明中兴镇，位于崇明东部，东临陈家镇，西接向山镇，五十多平方公里，三万多人口，近年来经济、民生、文化、生态等方面发展很快，都有亮点值得一书。

2019 年 4 月，正是岛上最美丽，最宜踏春的季节。岛上蓝天白云，滋润的微风中夹带着花香草香，河水轻轻地漾动，两岸的田园风光如诗如画。四十余位诗友，分三批，像四十余只伸颈翱翔的丹顶鹤，踏波过江，聚集到中兴镇。为节约经费，规定每批来去两天，每人采风诗自由体新诗不少于两篇，格律诗三至四篇，上不设限。主题不能偏离中兴镇的两个文明建设成果，半月拿出作品。后根据实际情况，采风区域适当拓宽至向化镇部分地区。

采风文学作品，要求既要有新闻的真实性，又要有文学性，虚实结合。过于虚化、飘逸，作品就会像绣花枕头，面子华丽，里子空空。而过于写实化，又体现不出文学的独特魅力。各位诗友经努力，凭借十年、几十年的写作经验积累，都交出了一份合格的答卷。自由新诗、格律、词赋各种诗歌样式交相辉映。抒情、叙事、言情糅合，或豪放，或委婉、细腻，各显风姿。不到一个月，就收到诗稿近两百首，经认真筛选，最后选定一百六十七首，另三篇抒情散文，汇编成采风诗集《美丽的七滧河》。

作为社长的我，自应做出表率，我写下了《美丽的七滧河》（歌词）《我在七滧河边等你》《我要抓一把七滧河边的土》《看灶花到向化》等几首诗作。七滧河是中兴镇的母亲河，贯通南北，长十余公里，故以我那首《美丽的七滧河》作为诗集书名。

为庆贺此次采风成功，我特请中宣部原常务副部长龚心瀚为诗集题词："泼墨精彩诗歌抒豪情　吟唱美丽乡村新面貌"。龚部长的题词，不但是对这次诗社活动的肯定，对诗人们诗作的认可，还指出了活动的意义所在。这对诗人们是巨大的鼓舞。

而孙琴安教授热情洋溢、高屋建瓴的序，岛上屈指可数的书法家陆祖尧笔力雄浑、苍劲有力的书名题签，都为诗集添色增彩。

2019年8月,《美丽的七滧河》正式出版。10月,我们在中兴镇举办了首发式。龚心瀚部长出席并致词祝贺。崇明区作协主席刘锦涛,中心镇有关领导、本社诗友及当地文学爱好者百余人出席。崇明区电视台对首发式进行了全程报道,还采访了龚部长及本人。

本次采风活动圆满落幕。真诚感谢崇明区文广局、崇明区作协、中兴镇党委宣传部等有关领导的支持。

三

天有不测风云,正当诗社踌躇满志,像一只羽翼渐丰的鸥鸟振翅欲飞时,2020年,一场疫情突然降临。所有的计划、设想均化为泡影。当诗社首次采风还未结束时,我就在盘算下一步去哪里。不久,经友人牵线,准备到岛上某镇采风,结果成为难忘的遗憾。

为了弥补其间诗社活动的空白,本诗社还是克服困难,于2020年10月出版了炎黄诗友自选诗集《红太阳升起的地方》。2021年10月,又出版了第二本自选诗集《把心交给春天》。其中的意义在于不管风云变幻,诗社队伍不散,诗魂不散,诗友们炽热的心永远连接在一根红线上。

天不转地转,山不转水转,只要有恒心,前面没路也要踩出一条道来。

转机出现在2023年初夏。经杨日春诗友牵线,诗社决定去山西大同市广盛原中药制药公司采风,并出一本诗集。

得到对方确认,喜忧参半。喜的是,能走出上海,得到外地对诗社的认可,有里程碑式的意义;忧的是,外地人生地不熟,又是一个企业,还不知规模大小,题材和写作范畴均受到约束。搞文学创作的都知道,工业题材作品最难写。但机会难得,必须抓住时机全力以赴。经综合各方因素,最后确定派一支由八位诗人组成的小分队。他们是:倪家荣、杨日春、易元清、高彦杰、陈曦浩、肖伟民、李敬华、宋品娥。采风时间来去五天,除去车程两天,时间非常紧迫。

9月15日,8位诗友迎着飒飒金风,坐上绿皮火车从上海出发。向西向北,再向西向北,驱车赶马一千五百余公里,来到古城大同市。一下火车,就受到广盛原公司文化研究会秘书长武耀和当地文友陈文彪等热情接待。当我们随主人来到广盛原博物馆三进后院歇脚地时,二楼扶栏上那条红色大横幅"热烈欢迎上海炎黄诗友采风"使人眼前一亮。我们热血涌动,深感此次责任重大。

日程安排马不停蹄，刚放下行李就去用餐。用餐时也边吃边问，主人热情介绍。翌日上午，主人还安排大同市文艺界与我们座谈，介绍大同人文历史。广盛原公司董事长徐胜从武汉出差回来，立马接见我们并介绍企业情况，午餐时还来看望我们，并将我们送上车挥手作别。参观工业园区、企业车间生产流程、企业文化长廊，还不时掌插参观大同及周边名胜古迹，每日早七点出发，晚九时多归舍，满满当当。

主人越是热情，我们肩上的担子越感沉重。尽管白天参观交流时，诗友们都在用心听，并不时思考，寻找下笔的切入口，但到大同的第二个晚上，写什么，怎么写，仍是不见头绪。到第三个晚上，即次日下午要返程了，心里仍没底，我也不免焦灼起来。晚上十点多了，虽十分疲倦，但想一定要先试一下笔，于是泡了杯浓茶，点上烟，一支又一支，终于写出了第一首采风诗《百年芪王》，心里总算有了点底。但此次我给诗友定了个指标，自由诗每人不少于六篇，格律诗八首，上不封顶。任重道远呐！而且还得有一组能总体反映企业的诗作，诗集才能立得住脚，我想这个任务理当落在我的肩上。这样想着迷迷糊糊躺在床上，半醒半眠，直至天亮，真正入眠不足三小时。其实，其他诗友和我一样，都在鏖战，有个诗友写了个通宵。

大同，这座有着悠久历史的北方古城，孕育了多少名人名胜古迹。昭君出塞、穆桂英挂帅抗辽、近代中国军民抗倭血战雁门关，如歌如泣，厚重的历史像桑干河流淌不息。

而广盛原制药公司，这颗镶嵌在恒山之侧、大同金盆福地上的明珠，以其产品的知名度，以其重视企业文化建设、两个文明一起抓的辉煌业绩而熠熠闪光。

经一个多月的打磨，八位诗友拿出了五十五首诗赋曲，加上诗友崔天一、郭永忠、武耀、白玉贤的铿锵唱和，总计六十八首诗作，一并汇集成《走进广盛原——上海炎黄诗友采风诗集》。上海炎黄文化研究会常务副会长、诗人杨剑龙教授和孙琴安教授分别作序。诗集现已付梓，于2024年与读者见面。

诗社成立至今已有六年余，诗友们笔耕不辍，在各地报刊发表了数以千计的诗作，扩大了诗社影响。

我最大的收获，就是在上海炎黄文化研究会的旗帜下，白手起家，组建了一支有活力、有张力的诗人队伍。孙琴安教授曾点评："我分明看到，在上海东北地区崛起的这支诗人队伍，正在不断地成长壮大，并在时代的感召下，进一步走向成熟。”

神州大地，是块神奇的土地，一块炽热的土地，一块充满希望的土地。我们诗友理应和着时代的节拍，醮三江之水，展万丈锦帛，为她高歌不息！

（原载上海炎黄文化研究会《海派文化》2024 年 12 月 15 日第 6 期）

汉字“书同文”的民间学术之路

潘颂德　蔡永清

1997年12月25日，原上钢五厂培训部高级讲师周胜鸿先生在台北学者黄作宏先生府上，共同起草了《汉字书同文研究会筹备简章》。次年8月，在上海邢家桥南路成立上海汉字研究史料馆，并召开了汉字书同文研究会筹备会暨第一次汉字书同文学术研讨会，与会学者有上海周胜鸿、俞步凡、温应时，安徽倪永宏，山东孙剑艺，汕头朱永铠，陈慨丽等七人（发起人台北学者黄作宏因故未能到会）。

由此而始，我国民间“汉字书同文研究”的首个学术团体迄今已走过二十多年筚路蓝缕的历程。我们先后举办了21次汉字书同文（国际）学术研讨会，参加研讨会的有来自我国海峡两岸20余个省、自治区、直辖市的专家学者，也有韩国、日本、美国、加拿大、澳大利亚、新加坡、瑞典、南非等地华人专家学者，累计达千人（次）以上，足迹遍及中国上海、丹东、秦皇岛、西安、成都、长沙和韩国首尔等地。

2012年9月我们在市有关方面的支持关心下，成为上海炎黄文化研究会旗下名正言顺的“汉字书同文研究专业委员会”，民间书同文研究进入了一个全新的发展阶段。如同曾任中共上海市委宣传部副部长、上海炎黄文化研究会常务副会长的老领导丁锡满所言，书同文团体加入炎黄会，“组织上有了依靠，工作上有了支持，情况才有所改善，社会影响随之扩大”（《汉字书同文研究》第11辑序言）。此后一年一度的汉字书同文学术研讨会都以上海炎黄文化研究会名义主办，每次研讨会都有研究会主要领导参加并发表讲话。尤其令人难忘的是，在上海浦东新区举办第13次汉字书同文研讨会时，丁锡满常务副会长从浙江的一个会议上专程赶回上海参加书同文研究会闭幕会，发表了他对汉字书同文研究的首个重要讲话。他指出：“现在是信息化时代，汉字书同文是十分紧迫的事。它关系着中国的对外交流，关系着祖国的统一大业。

书同文研究不仅仅是一个学术问题，不仅仅是文字工作者的任务，它是沟通海峡两岸的一座桥，是中国走向世界的推进器……”他铿锵有力的话语深深打动了在座所有书同文研究者，增强了我们前进的勇气和信心！

记得第14次汉字书同文学术研讨会暨“中华汉字节”筹备工作会议是在陕西西安和白水县举行的。丁锡满常务副会长代表上海炎黄文化研究会领导全程参加了这次隆重的会议和文祖仓颉祭拜活动，在这里他发表了关于汉字和书同文的又一个重要讲话(全文见《汉字书同文研究》第10辑)。

第16次汉字书同文国际学术大会于2013年6月在韩国首尔举行，由上海市对外文化交流协会、上海炎黄文化研究会和韩国全国汉字教育推进总联合会共同主办。丁锡满常务副会长代表上海两协会参加并致闭幕词。来自上海、香港、台湾等地区和美国、日本等国家的汉字文化专家、学者，以及韩国全国汉字教育推进总联合会的专家、学者和韩国各地的汉字文化学者、爱好者，济济两千余人齐聚首尔国立中央博物馆，参加这次中韩联办的中国汉字书同文研究和韩国全国汉字教育推进行动的国际学术大会。宏大的会议大厅座无虚席，连走廊过道都坐满了听众。这是何其壮观，何等激动人心的场面啊！

本次汉字书同文国际学术大会的学术论文(除韩国学者的以外)，后来被收入了《汉字书同文研究》第11辑上册。其中有：俞步凡的《简化字总表的重新审视和修正意见》，中国香港胡百华的《“大韩文字”对中文应有的启示》，新西兰王和的《造字与简化》，南非黄樑轩的《第二次书同文运动何去何从?》，美国李公燕、汤启明的《美国中文学生眼中的简繁体字之感想》，加拿大吴小燕的《从新旧字形对照表分析大陆繁体字与台湾正体字的差异》，蔡永清的《试论新世纪汉字书同文的目标和途径》，日本张绍妤的《日本的汉字》等。这些论文由来自新西兰、南非、美国、加拿大、日本等国家从事外国人学习汉语文教学的专家学者撰写，给我们带来了域外动态、新鲜经验，拓展了我们的视野，非常有利于我们的汉字书同文研究。

2014年，上海韬图动漫科技有限公司于小央董事长接替离任的周胜鸿先生成为书同文专业委员会主任，书同文研究的天地就更为宽阔了。于女士是有识之士，能商能文，亦商亦文，热心书同文研究，使这两年的汉字书同文研究更有起色。书同文研究的队伍还在不断壮大，成果更为丰硕。

2015年6月，第17次汉字书同文国际学术研讨会在上海举行。上海炎黄文化研究会新任常务副会长杨益萍出席并致开幕词、闭幕词。国家语言文字政策研究中心主任江彦桥、中国语文现代化学会副会长马秋武等嘉宾应邀到会并发表讲话，新任汉字书同文专委会主任、上海韬图动漫科技有限公司董事长于小央致辞，著名中国语文学家费锦昌、潘悟云等嘉宾发表学术演讲。周胜鸿、胡百华、陈明然、蔡永清、潘颂德、李禄兴、李树德、姜敬槐、刘良鹏、王贵生、李春生、杨耀邦等专家学者以及日本张绍好，美国李公燕、汤启明，加拿大吴小燕，新西兰王和，南非黄樑轩等专家学者都在会上发表了汉字书同文研究的学术论文。

国际学术研讨会的举办，使“汉字书同文”命题的社会影响力更为深远，从海峡两岸、韩国、日本、东南亚、澳大利亚到南北美洲这一环太平洋圈，都可以听到汉字书同文的呼声。

可喜的是，从 2014 年第 17 次汉字书同文研讨会开始，国家教育部门和语言文字研究机构派专家参加了研讨会。记得老领导丁锡满曾说：“过去只是一些秀才坐而论道，纸上谈兵，空自长叹，无人理会，而教育部门和语言文字研究学术机构的专家是我们的沟通管道，我们的研究如能引起他们的关注，吸收他们参与，让高校专家成为书同文研究的主导力量，那就有机会上达天听，为文字改革的决策者提供参考。”（《汉字书同文研究》第 11 辑序言）

20 多年来，为了向研究界及社会展示书同文研究的成果，我们陆续编辑出版了《汉字书同文研究》丛书第 1—14 辑 17 册（第 9、11、12 辑各含上下两册），共收论文 340 余篇（不含第 13、14 辑），汉字研究史料馆周胜鸿、夏恩英编的《汉字书同文研究简报汇总》（2018），内收 1997—2017 年汉字书同文研究简报 62 期，陈明然主编的《民间汉字书同文研究十周年纪念文集》（2017），有周胜鸿著《为汉字书同文而鞠躬尽瘁》（2009）、《探索汉字书同文之路》（2011）、《汉字简化字总表简体繁体对照讲析》（2013 年台湾出版）等。另有各类图书、教材等出版物，未作统计。

这些出版物多方面呈现了书同文的研究进展，如第 11 辑下册是“一简对多繁”研究专辑，分为两部分，第一部分是《研究、调整 96 个“对应多个繁体字的简化字”课题组（简称“096 课题组”）实施计划及课题组成员论文选》，第二部分收入了第五次汉字书同文学术研讨会课题组《关于部分繁简字、异体字和新旧字形的规范化整理的建议》《关于继续进行“中华汉字和谐体”实验的建议》等文。这一辑内容丰富，颇富学理价值和实用价值。而第 12 辑分上下两册收入了第 17 次、第 18 次国际学术研讨会的论文，重点探讨了关于“一简对一繁”

关系并提出“简化字的完善化的建议”，收入了美国、澳大利亚、加拿大、南非及我国研究者的文章，开创性地讨论了拟议中的《华语简繁实用字典》的编写问题，既具有开创性、探索性，又具有一定的可操作性。

这期间，书同文事业有了进一步发展。2017 年 6 月间上海炎黄研究会、上海韬图动漫科技公司、湖南教育出版社等共同主办的第 20 次汉字书同文学术研讨会在湖南长沙召开，与会学者除了来自祖国各地外，也有来自韩国、美国、加拿大、澳大利亚等国的研究书同文的学者，研讨了汉字字源、词源的教学，进行了书同文学术交流并纪念了民间汉字书同文研究 20 周年，还举办了表彰与颁奖仪式。2018 年 6 月，《汉字书同文研究》第 14 辑刊发了周胜鸿先生的长文《民间二三十年的书同文研究实践》，回顾总结了书同文的学术道路和九大学术成果。

经过 20 多年的发展，民间书同文研究已成为当代中国汉字研究界一个重要的文化现象。

2018 年，书同文研究会根据市炎黄文化研究会的指示与上海韬图动漫科技有限公司商定，合作开展汉字研究与汉字书同文研究，实行“科技公司与学术社团互哺，产业开发与科技研究融合，推进汉字书同文事业”。

近年来，上海与各地的“书同文”研究学者，正深入研究“书同文”学术问题。放眼神州大地，环视宇内，举凡运用汉字者，无论是专家学者还是普通民众，每天都在与汉字打交道。因此“书同文研究”事关中华民族每一个人，“书同文研究”正方兴未艾，前程远大！我们民间“书同文”研究团队责任重大，愿将人民、民族、时代交付我们的“书同文”文化任务，百尺竿头，更进一步，更上一层楼！

（原载上海炎黄文化研究会《炎黄子孙》2024 年第 3 期）

谷雨润疆

——“书同文”韬图团队十二年援疆纪实

于小央

东海浪涌昆仑云，西域沙融谷雨霖；
祥岚蔼蔼育绿洲，冰泉汨汨绩江河。
一纪沪疆千人耘，万里虹桥百业兴；
欢语从此无屏障，同文相亲一家人。

鸣谢与感恩

2010—2022年，上海炎黄文化研究会书同文专业委员会（以下简称“书同文”）主任单位上海韬图动漫科技有限公司有幸参与了新一轮援疆的国家通用语言教育普及推广工作。感谢上海市政府合作交流办的鼎力支持，感谢中央新疆办和教育部的信任扶持，感谢南疆广大师生的长期试验共建，感谢各援疆省市和新疆教育厅，感谢教育部语用所汉字专家们的指导合作，感谢上海炎黄文化研究会书同文新老专家们一路相伴扶持，以及踔厉奋发的所有韬图人。

源起于繁简交流

1997年香港回归之际，一批富有远见的知识分子，包括周胜鸿老师、俞步凡老师等十几位学者专家，预见到随着中国的日益强大，香港、澳门将陆续回归祖国，加之国际交流交往融合，无论识繁认简，还是华人华侨子弟和外国人学汉语的情况都将与日俱增，而汉字难学的百年难题，需要一一攻克，以利于打造软实力，实现中华民族伟大复兴。在此背景下，发起组建了“汉字书同文研究会”，并在上海市有关领导的关心下，于2012年9月被上海炎黄文化研究会吸纳为下属专业委员会。

在周胜鸿、潘颂德、陈明然、蔡永清等专委会老师们的努力下，汉字书同文专委会坚持团结海内外的汉字专家，先后在我国香港、澳门、台湾地区，以及韩国、日本、澳大利亚等地开展学术研讨，同时保持邮件来往和互相拜访，共同探讨如何解决横亘在繁体字地区和大陆民众之间使用汉字进行交流的障碍，特别针对历史形成的“非对称繁简字”障碍，开展了重点研究探讨，提出系列解决方案。

发轫于国际汉推

进入千禧年后，随着互联网经济、国际贸易、外商投资和来华旅游度假、留学工作的需求发展，海外学中文人群呈上升趋势，中文学校和孔子学院迅猛发展。奈何学习的热情往往被汉字的困难所阻拦，海外中文教学存在着比较严重的半途而废问题。这个问题倘若得不到解决，国际汉语推广便会事倍功半。在国际第二语言学习当中，一直处在最难学的语言排名榜首，平均花费时长2 200小时，几乎需要十年的时间完成，主要体现在发音、识认、书写和应用的复杂性、不确定性和庞大性。传统汉字汉语的教学方法已经不能满足打造国家软实力、实现民族复兴的时代需求了。

它山之石，可以攻玉。在改革开放以后出国留学的人才当中，涌现出学习脑认知神经语言学、视觉传播方法、量化研究方法以及思维导图、知识图谱的高层次人才。而国家以及上海市对文化产业、教育科技的扶持，也推动了脑认知汉字教学软件的试验开发和应用推广。2005年创立于张江高科技园区的韬图科技公司，致力于从根本上解决汉字汉语难学的问题，展开了系统研究、开发试点、应用推广、升级迭代的漫漫征程。

韬图公司在聘请了华东师范大学古代汉字研究应用中心的臧克和教授、刘志基教授带领研究生团队，与海内外脑认知学习技术团队，开展了汉字独体字的系统探源和知识图谱构建，确定了产品标准为快乐学习、快速进阶、持久记忆三大指标（“HaFaLa”——Happy Learning，Fast Forward，Lasting Memory），并在张江文创基金和张江集团的投资下，在科技部创新基金的扶持下，以及与张江动漫和东软软件的合作下，将汉字笔画、发音构成和独体字以动态视觉的方式进行认知记忆演绎，并以互动软件建构知识图谱形成教学和自学的工具平台，同时，聘请了剑桥大学东方学院的教授进行英语版本的校订。

HaFaLa 汉字动漫软件于 2007 年参加德国法兰克福书展时获得人们青睐，同时得到了国家汉办的邀请到世界各国参展并推荐。在 2008 年第一届孔子学院大会获得了 200 多个来自全球孔子学院和孔子课堂学校的需求订单，随后成为全球孔院战略合作伙伴，并在教辅类目录产品连续排名居首，初步实现汉字学习 HaFaLa 指标。直接效果就是学生们的学习兴趣、信心和成就感大大提高，在海外大学选择汉语作为第二语言学习从过去排名第七到排名第三至第二，而课堂的汉字教学时间也缩短了 60%以上。从 2008 年到 2010 年，HaFaLa 汉字产品在海外的销售超过 3 万多套。

科技赋能教育，科技重焕汉字体系的能量。2010 年，HaFaLa 技术被上海世博会遴选为“代表未来学习的技术”，并荣登未来馆展览，引来海内外来宾的盛赞和热购。最为感动的是，来自海外的青少年，指着墙上的 HaFaLa 演示视频说：“那就是我们学校用的教材！”而来自新疆的朋友们，一口气买了十几套“海宝带我学汉字”产品。

受命于教育援疆

在璀璨如虹的世博桥上，韬图接到了上海市的邀请前去新疆喀什援助。从黄浦江两岸如梦如痴的科幻博览奇观，到 5 000 公里外黄土飞扬的戈壁沙滩，我们轻快的心情变得沉重起来。目力所及，皆以本地文字为主，打开电视，多是本地语节目，当地人家里的光碟和书目，也比较少见到汉语版本。

韬图被安排针对当地一年级学生上一堂十分钟汉字课，现场有来自上海和新疆两地的党政代表团 100 多位领导干部。在短短的十几分钟时间，利用快速识认和舞蹈书写的创新形式，娃娃们认得了 11 个汉字，并且会写会念。老师们惊呆了，领导干部们也惊异来自上海世博会未来学习技术的魔力。上海市领导殷切希望，韬图团队能留在南疆进行国家通用语言文字的普及教育技术产品的研究开发和试点，由此，便开始了 HaFaLa 汉字学习技术在民族地区支持语文学习的艰难探索实践。

建功于字慧文化

经过在南疆不断研发试验和扩大试点，学生们平均成绩从十几分逐步进步到七十分以上，局部成绩超过了北疆的平均分数，甚至有的班级达到了小学语文初考八十八分的优异成绩。韬图的汉字动漫研究成果得到了教育部领导的欣赏和支持，并与教育部语用所签订了共同研发《韬图汉语动漫字典》的协议，进一步得到国家级汉字专家的指导，先后获得教育部“推普标兵”和“援疆典范”光荣称号。韬图汉字教育援疆的事迹也收录进上海档案。

2013 年，书同文专委会根据上海炎黄文化研究会的建议与上海韬图动漫科技有限公司商定，合作开展汉字研究与汉字书同文研究，实行“科技公司与学术社团互哺，产业开发与科技研究融合，推进汉字书同文事业”。2014 年，身为上海韬图公司董事长的我，接替离任的周胜鸿先生成为书同文专业委员会主任，我立志将书同文研究的天地拓展得更为宽阔。在上海炎黄文化研究会的支持指导下，汉字书同文研究与社会实践应用结合得更加紧密，团结各方面的专家学者，使书同文研究的队伍不断壮大，成果更为丰硕。

由此，上海炎黄文化研究会书同文专委会和韬图团队，不辱使命，不负嘱托，以小小的汉字力量，助力国家实现民族团结、边疆稳定、脱贫致富、同心筑梦，实现“书同文”的使命担当。这一切得益于中共中央改革开放和文化强国的政策，得益于上海海纳百川和先行先试的气魄，得益于上海炎黄文化研究会的独具慧眼和包容创新，得益于人民对民族团结和共同富裕的美好追求。在这个历程中，书同文不断映射出中华文化的伟大力量，并持续汇聚到这股伟大的力量当中。

2022 年，为了进一步构筑中华文化共同体意识，在市有关部门的支持下，书同文的韬图团队与时俱进，克服全国和上海疫情的重重困难，在喀什泽普县进一步打造“AR 字慧文化中心”，将汉字的文化魅力发扬光大，让汉字从提升课业成绩发展到赋能文化养成，被教育部评为“党的十九大以来我国语言文字生活的重大成果之一”。

面向人工智能的新时代，书同文及韬图团队还将继续拥抱未来！

（原载上海炎黄文化研究会《炎黄子孙》2024 年第 3 期）

上海炎黄文化研究会印象

刘惠恕

上海炎黄文化研究会成立于1994年4月，首任会长是中共上海市委原副书记陈沂将军(1912年12月4日—2002年7月26日)，办公地位于徐家汇漕溪北路28号实业公寓17楼C室。研究会成立的背景是:“文化大革命”结束之后，为了发挥中华优秀传统文化对于建设中国特色社会主义精神文明的价值，1991年5月10日，中华炎黄文化研究会在北京成立，推任当时中共中央政治局常委李瑞环与中顾委副主任薄一波任研究会名誉会长，推任全国人大常委会副委员长周谷城任研究会会长，推任中顾委常委萧克任研究会执行会长。会议通过了《中华炎黄文化研究会章程》，申明研究会成立的宗旨是:“坚持贯彻以人为本、全面协调、可持续的科学发展观，广泛联系和团结海内外炎黄子孙，弘扬中华优秀文化，振奋民族精神，促进中华文化与世界各民族文化的交流、会通与发展，为推进国家现代化建设，完成祖国和平统一，实现中华民族的伟大复兴和世界的和平与发展做贡献。”

应从中华优秀传统文化对于建设中国特色社会主义精神文明重要价值这一历史趋势，上海炎黄文化研究会也于1994年4月成立。除推举陈沂将军为第一任会长外，还推举汪道涵、董寅初、李国豪、王元化、徐中玉、张仲礼、顾传训等人任名誉会长，宗旨是:“高举马列主义、毛泽东思想、邓小平理论伟大旗帜，坚持党的基本路线，坚持四项基本原则，研究和弘扬中华民族优秀传统文化、振奋民族精神，为上海的现代化建设、浦东开发和祖国统一大业服务。她是上海市社会科学界联合会和中华炎黄文化研究会的团体会员。”

我最早是从报纸上得知上海炎黄文化研究会成立信息的。由于作为一位历史教师，我历来对中华优秀传统文化抱有崇仰之心，因此得知上海炎黄文化研究会成立的信息后，立即给陈沂会长写了一封信提出我要求参加研究会的申请，同时附上一篇我写的论文《周恩来青年时代的诗歌与理想人格》，以表示个人的学术水准。不久后我即收到上海炎黄文化研究会办公室主任包惠珍老师的来信，表示陈会长认为我符合参加上海炎黄文化研究会的条件，但必须填写入会申请表。至于所寄论文，以后可以在有关学术研讨会上使用。在填写了申请表后不久，我即收到了会员证。这样我也就成为上海炎黄文化研究会较早的会员。因此从某种意义上说，我得以参加研究会，是首任会长陈沂将军亲自认可的结果，对此，我是心存感谢的。

2003年，上海市原副市长庄晓天任上海炎黄文化研究会的会长，上海市委宣传部副部长丁锡满(1934年2月—2015年12月24日)任常务副会长。其他副会长有陈正兴、王邦佐、严家栋、李伦新、张正奎、徐友才、邓伟志、皋玉凤、孙逊等人，学会的日常工作由丁锡满副会长主持。

丁会长在主持研究会工作期间，学会会刊《炎黄子孙》的学术质量得到了极大的提升。其原因是丁会长长期从事新闻工作，曾任《解放日报》总编辑、上海市新闻工作者协会主席，有着丰富的办刊经验。为了办好《炎黄子孙》杂志，他于2004年特地请出原《宝钢报》主编倪家荣担任杂志执行主编，协助其工作。丁会长的工作作风平易近人，他亲自主持会刊的每一期内容，在他的领导之下，《炎黄子孙》杂志的发行量增大，杂志上发表的一些优秀论文，开始在网络上流传。

丁会长还是知名的诗人、散文家、评论家，有着渊博的文史知识。他曾以“萧丁”的笔名，发表过诸多文论、著作。在丁会长主持学会期间，我被推荐为研究会理事与会刊《炎黄子孙》的编委，在讨论会刊工作中，与丁会长有颇多接触，亦深受教益。记得2010年6月间，丁会长组织部分《炎黄子孙》杂志作者到天台山开座谈会。丁会长是浙江天台县人，熟知天台山的一草一木。有一次他偶然提起：在天台山赤城山某山洞中，立有一块“建文帝度岁处”碑文，这很可能说明建文帝的最终归宿是出家当了和尚。根据明代正史记载，“靖难之役”后，北京宫中火起，建文帝不知所终。一说明成祖朱棣之所以让郑和七下西洋，实为寻找建文帝的下落。听了丁会长的此说后，我产生了很大的兴趣，开始留意考证建文帝的最终下落。而经查，丁会长说法的文献出处，见于清朝谷应泰撰《明史纪事本末》卷十七，文中所记为：“冬十一月游天台。八年春正月，建文帝在赤城。”而此说有无旁证呢？我后来又从杭州净慈寺的有关史料中得知：明惠帝朱允炆削藩未成，燕王朱棣率靖难军进军南京，建文帝不知所终。至永乐四年(1406)，朝廷闻知净慈寺有僧在纂修文典，即征其为“释教总裁”，欲迁住五台，该僧却不知去向，传言此僧即藏于净慈寺内的建文帝。杭州名僧溥洽也因此事涉嫌助建文帝出逃，系狱 15 年。该逃亡僧人是否为建文帝，不得而知，但我确曾在天台山某山洞中见到过一块“建文度岁碑”，或许建文帝自净慈寺出逃后，复隐于天台山某山洞，亦未必无可能。我特地把这一研究心得，写于拙著《神州觅胜录》卷八《重踏西湖群山》一文中。而在本文中提到我这一治学往事，也算是对丁会长对我学术教益的怀记。

丁会长对我的另一学术帮助是：2002 年中国教育界发生了一件影响恶劣的事，即教育主管部门由余桂元主编的《全日制普通高级中学历史教学大纲》（试验修订版）因否定岳飞、文天祥为民族英雄，而引起了国内民众与海外华人社区媒体的抨击，被批评为：“一个对历史都不尊重的民族，会尊重自己吗？”“看来距离给秦桧平反的日子不远了。”[①]对于当时教育主管部门否定岳飞、文天祥为民族英雄的做法，我十分气愤，写了一篇长文《岳飞、文天祥是否为民族英雄？——与国家教育主管部门官员的商榷》加以反驳，但文章一直得不到发表。此后丁会长主持编撰《游赏精神家园——〈炎黄子孙〉论文选》时，我又将此文投稿，尽管当时有人提出文章太长、不宜发表的意见，但丁会长还是将此文全部收录于在编文集之中，仅是修改题名为《岳飞、文天祥民族英雄的历史定论不容篡改》。[②]此事是丁会长对我学术事业的实质性帮助。

而时间很快来到了 2012 年，上海炎黄文化研究会再经换届改选，推举上海市原副市长周慕尧任会长，推举上海市文联原党组书记杨益萍任常务副会长，主持学会工作，时至 2017 年，杨益萍又被推选为研究会会长。

在杨会长主持学会工作期间，有两件事我是非常难忘的。一是支持我在会刊上发文《论评价岳飞的争议》。此文发表的背景是：当时社会上有人为秦桧翻案，否定岳飞为民族英雄，否定岳飞词《满江红》为真作，否定岳飞手书《诸葛亮前后出师表》为真迹。我认为这些做法的实质是否定中国历史上形成的民族精神，因此想写文章反驳。在编委会组稿会议上我谈了自己的想法后，得到了杨会长的支持，文章后发表于会刊《炎黄子孙》2012 年第一期上，不久即有人提出不同意见。此后我又将此文以《论有关岳飞评价的争议》为题，发表在 2012 年中国社会科学网上，被国内多家网站转载，并一度在网上引起讨论。如

---

① 《岳飞文天祥非民族英雄中国新教学大纲掀轩然大波》，新加坡《联合晚报》2002 年 12 月 5 日。

② 见上海炎黄文化研究会主编《游赏精神家园——〈炎黄子孙〉论文选》，上海文化出版社 2014 年版，第 253 页。

今在百度学术网上，仍可查到此文在2012年发表的数据。此外，此文仍在被广东、山东、河南、湖南等一些地方网站转载。我一生中约发表两百篇论文，我始终认为这篇文章是写得最好的，因为该文是出自一个历史工作者的良知，还历史人物以清白。而此文得以写出，我首先应感谢杨会长的支持。

另一件事是拙著《神州觅胜录》(上下册，上海三联书店2022年版)在酝酿出版时，因篇幅庞大(共120万字)，经询在上海人民出版社、上海文艺出版社等大社出版，约需20万元。我作为一位退休人员，有些力不从心。为解决出版费用问题，我曾向上海文化基金会提出经费申请。为了给我以实际帮助，杨会长特向上海文化基金会说明此事，此事最终虽无结果，但是对于杨会长的帮助，我却是不能忘怀的。

杨会长有着良好的文学修养，他的散文集《望湖斋笔记》(上海文艺出版社2021年版)收有93篇散文大作，我有幸获赠一本，书中优美的文笔、睿智的思想使我阅后受益匪浅。

2021年，研究会再度改选，汪澜任会长，杨剑龙任常务副会长，马军任副会长兼秘书长。由于换届改选，我已不再担学会理事与会刊编委。此外，由于我已七十有五，确实已步入人生晚年，我对获取学术荣誉已提不起太大兴趣。但学会领导依然不忘支持我的学术事业。2023年9月间，因学会领导向市社联推荐，我的论文《以习近平新时代中国特色社会主义思想为指导实现第二个百年奋斗目标》，竟然在上海市社联“马克思主义中国化时代化与中国式现代化”理论征文活动中，获得优秀论文奖。

我是2009年6月退休的，在退休之后的十余年间，生活一直过得十分充实，且陆续取得了一些学术成果。这些成绩的取得，离不开上海炎黄文化研究会历届领导与会员同仁们对我学术事业的支持。谨写此文，以表达自己由衷的谢意。此外，此文得以完成，我还得感谢学会办公室主任巢卫群老师，因为她帮我核正了若干已记忆不清的学会往事。

(原载上海炎黄文化研究会《炎黄子孙》2024年第1期)

上海炎黄文化研究会激励我参与人民建议征集

汤啸天

中国早就有“得民心者得天下”之说，“民心”是当今世界不同意识形态社会都一致认同的“最大公约数”。习近平总书记一再强调“民心是最大的政治”，决策既是决定政府工作成败的起点，又是得民心或者失民心的关键环节。我国各级政府的决策并不因为决策机关具有“人民”这个定语，就能够充分体现人民意志。不论哪个国家，不论何种社会制度，执政党要想在政坛立于不败之地，都必须建立在“民心是最大的政治”这一基石之上。

爱民、尊民、倾听民意、为民谋利是中华文化传统的根本点，也是人类文明的共识。我作为上海炎黄文化研究会的一员，多年来在炎黄文化理事会的正确领导和激励下，为探索人民建议征集制度做了一些应当做的事，也从参与人民建议征集工作的过程中，得到了许多新的启发和锻炼。2014 年 3 月，我向研究会领导提出建议，认为我会群英聚集，有许多足智多谋的老教授、老领导、老学者，上海法治完备的国际大都市建设急需炎黄精英的智力参与。为此，一可以向会员介绍在“中国上海”门户网站有“人民建议征集”的专门窗口，请会员直接登录提交意见建议；二可以选择民生热点问题，召开小型专题讨论会，邀请具有相关知识背景的会员献计献策。归纳讨论意见所形成的纪要，直送人民建议工作处。我的建议立即得到老会长杨益萍书记的大力支持，组织潘为民秘书长等同志指导我研究具体实施方案。在学会领导的高度重视之下，向研究会全体成员征集人民建议的通知及时发出，得到会员热烈响应。收到的建议普遍质量较高，经过汇总整理，向市信访办呈报了十六条建议。事后，市信访办还专门给研究会发来了感谢信。

2021 年 10 月，我向研究会秘书长表示，我非常赞成汪澜会长在换届大会上关于“两个结合”理论与炎黄文化未来工作的重要讲话。我认为，“两个结合”是我们炎黄文化研究会下一步学术研究工作的重要切入点。汪澜会长立即回复秘书长:“谢谢你转达汤教授的建议。他的意见很重要,很有见地。我们会结合下一步工作安排作进一步的研究思考。”我在《解放日报》发表《“金点子”如何结出更多“金果子”》等文章之后,又受到汪澜会长及时鼓励:上海政法学院汤老师十余年坚持参与建言献策活动,传递社情民意,推动让“金点子”成为“金钥匙”,结出“金果子”,了不起!2023年10月,我汇集自己三十多年来参与人民建议征集工作所提出的建议,出版了《在路上》一书,再次得到汪澜会长的支持和肯定。她鼓励我说:“建言献策,成果卓著,三十年痴心不变。”

如果说,我参与人民建议征集工作有所收获,那是在上海炎黄文化研究会的激励指导下,不断摸索前行的结果。特别是研究会的各届领导,一直高度重视人民建议征集工作,持续不断地发动会员踊跃提出人民建议,使我深深体会到了研究会深厚的文化积淀和无穷的集体力量。

当前,我们正面临世界百年未有之大变局加速演进,中华民族伟大复兴进入关键时期,战略机遇和风险挑战并存,我们炎黄文化研究会一定要在总结30年发展成长经验的基础上,进一步充实年轻人的力量,承上启下,奋发有为,展现新作为、新气象。

(原载上海炎黄文化研究会《海派文化》2023年10月15日第5期)

让前辈高风亮节代代传

缪　迅

这些年来，每当从信箱取到上海炎黄文化研究会寄送的《炎黄子孙》和《海派文化》，我总是定定心心地坐在书房里，一页页细读。偶尔，发现自己写的某一篇拙作经编辑老师精心修改，居然也忝列其中，身为研究会会员的我，此时真有那么一点“与有荣焉”。

研究会犹如一个老有所学的“加油站”、老有所研的“朋友圈”。进入新世纪以来，国人对传统文化的喜爱与日俱增。在上海，红色文化、江南文化、海派文化更具有其独特的优势。成立至今三十年的上海炎黄文化研究会，聚集起一批学养深厚的老中青学者，躬耕沪上，绵绵用力，久久为功，硕果满园。

多年前的我，就对上海炎黄文化研究会这一个“雅士云集”的学术团体心向往之。退休后，看书学习或做一点学力所能及的“小研究”的时间宽裕了，这一念头也更加迫切了些。当获悉，经过申请、讨论、批准，而终于成为一名新会员时，我心中真有一番“小确幸”。

身为会员，重在参与。怎样参与呢？在职时，我的专业不在学术研究，而是长期从事高校新闻宣传，平时读的学术专著不多，古代典籍更是涉猎甚少。那么是否可以扬长避短，少写书而多写人？就多采写一些健在或已故的文化前辈的高风亮节，面向青少年一代弘扬可敬的优秀传统文化精神，这样来发挥一己之长？说干就干，这些年来，尽我所能，多跑多访多撰写，也做出了一点贡献。最早，我为褚荣昌老师整理的“口述历史”《难忘〈太行山上〉词作者桂涛声：在育才中学当老师》一文，在2019年8月15日的《海派文化》上发表，介绍了曾以创作“红日照遍了东方，自由之神在纵情歌唱”的抗战歌曲鼓舞全民奋起的桂涛声，他在1949年后如何继续贡献，有声有色地开办古文班，培育学子。

接着，又面向我所在的上海外国语大学，采写若干杰出文化人士。记得，我应约撰写市社联评定的沪上已故“68位社科大师”之一的文学大家方重，写他的治学和翻译特色，凸显其爱国主义精神品质，登在2021年第4期《炎黄子孙》上。我还写过解放思想大胆破格用人的革命前辈教育家王季愚，富有传奇色彩的翻译大家钱绍昌，公而忘私的大学者徐瑞华等，很高兴，还都有幸被会刊会报采用了。

不止写稿，我还尽可能在多方面参与活动。比如学术年会，是每年的重头戏。学术是立会之本。我既到会聆听学习，还在老会员同仁鼓励下撰稿投稿。2021年春天，看到我会学术年会“征文启事”，我撰写并投寄《上海教育系统将中华优秀传统文化融入学校教育的实践与启示》一文，荣幸地被录用于论文集。同年11月14日，我会“建党百年与弘扬中华优秀传统文化”学术年会在市社联会堂举行。会上，我聆听学习了九位学者的学术报告，也宣读了自己写的那篇征文。这样规模隆重的研讨会，于退休后的我而言，是比较难得的，获益匪浅。

时光匆匆，自2016年4月退休至今，不觉已七年有余。本人的健康这几年出了点状况，“头童齿豁”的模样连自己也有几分嫌弃，但本人“自我感觉”依然还是可以的，不觉得人到老年后就“无啥奔头了”。从今年开始，我想打起精神恢复写作。作为研究会的会员，继续做一刊一报的好读者，是理所当然的；继续当个投稿者，为文化前贤弘扬高风亮节，也是义不容辞啊。

（原载上海炎黄文化研究会《海派文化》2023年8月15日第4期）

我在“炎黄”这八年

王源康

不经意间，在上海炎黄文化研究会已经工作了八年。甘建华老师嘱我写一篇研究会成立三十周年的纪念文章，一时竟不知如何说起了。如果真的要概括这八年的工作经历，我想这经历是奉献，也是收获。

加入上海炎黄文化研究会，缘于一次和老领导的聚会，当杨益萍局长如数家珍地谈到上海炎黄文化研究会的情况时，我立马被感动了，怦然心动之后，于 2015 年底退休时即成为一个不怎么称职的志愿者。

研究会人才济济，大师云集，但他们都是低调而诚恳，谦逊又和蔼的。给我印象深刻的就有司徒伟智老师，以前读他发表在报刊上的大作，都是当范文来学习的，而在日后的工作中，诚请他斧正豆腐干小文时，他竟然从不推托，还说："学习学习，一起探讨和商议。"真的让人肃然起敬。研究会原常务副会长、著名学者陈卫平教授学富五车，但是从不端架子，非常平易近人，当有问题请教他时，他总是不厌其烦，诲人不倦。研究会老会长杨益萍更是有口皆碑的好领导，不仅德才兼备，而且礼贤下士，特别有亲和力。他言传身教，带出了一支优秀的研究会工作团队。“古之士者，国有道则尽忠辅之。”老会长的工作作风让我们心悦诚服。

如今这支换届后的团队，在汪澜会长的带领下，把炎黄文化研究会的好传统发扬光大，充满生机和活力，仅 2023 年主办的各具特色的活动就有十一场之多。更可喜的是 2022 年到 2023 年 10 月，又吸引了五十位年富力强的青年学者加入炎黄文化研究会队伍，可谓传统文化研究后继有人。

研究会的工作既是严谨有序的，也是活泼轻松的。这几年中，我有幸陪同几位领导外出参加相关活动。第一次是陪同时任常务副会长洪纽一去安徽绩溪参加中部六省炎黄文化传承的学术会议，一路上聆听洪书记丰富的人生经历，受益匪浅；第二次是偕同时任副会长吴孟庆到湖南长沙参加文化传承的论坛，会前会后吴老几乎给我系统地上了一堂“中西宗教文化的差异、现状和发展”的课程；第三次是跟现任副会长马军到江西鹰潭出席中部六省的炎黄文化学术年会，马老师侃侃而谈，海上近代史、工运史、军事史，以及他“信手拈来”的电影故事。每一次跟随，都有满满的收获，不仅有学术上的启蒙，更有胜读十年书的感触。

如果说我们研究会是一个温馨的大家庭，那么，在这个家庭中，每个人都有合宜的位置，我以为角色的定位、嵌入和投身一定是水到渠成的。我在上海炎黄文化研究会这八年编简报、发公号、做会务、理杂事，琐碎而忙碌，但真的是松弛的、自然的、开心的，自觉而不带丝毫勉强的，做潘为民、巢卫群助手的感觉很棒。奉献着，收获着，不亦乐乎。

（原载上海炎黄文化研究会《炎黄子孙》2023 年第 4 期）

来到“炎黄”领教多

——高人、贵人和诤友

司徒伟智

话说前些时朋友聚会，一位刚退休的，总结说难忘几种同事：“一是高人指路，好；二是贵人相助，更好；就怕小人监督，老是提意见，还写举报信！”旁边有人持异议了，敬重前两者，对；挖苦后者，不对。某些场合，当局者迷，旁观者清，有人帮着扯袖子，照镜子，不好吗？这不叫小人，该叫诤友或叫诤人……

你一定会说：“请你写征文，怎么远开八只脚，讲段子争议去了？”

嘿，这叫“你不懂我的心”。我是迂回一下，再奔向主题。

来到“炎黄”领教多；高人、贵人和诤人，周边围绕，有的是。你说是吗？

先说一位高人。

高人不少，最敬重一位老领导。十余年前，我刚入门不久，受命替他代拟一篇书画展序言。我写了，千字不足，结尾处是一句话，向两家领导机关表示感谢。老领导审稿宽容，一路绿灯，却是到末尾，说了一句，两家单位分属上下级，最好分为两句来感谢。嗨，对哩，公务行文，上下有别，尊卑有序。他这一提醒，我记了十余年。

他懂办文，更懂办事。记得嗣后一次工作会议，休息时大伙聊社情，聊及一家单位利润连年下跌，近乎“亏损单位”了。上级发声要关门再就业。结果就有人上访，说还有薄利，可以不关门，再改进……老领导说，以前也遇到过类似情况，当时觉着一个较好的选择是慢一拍。能重返上坡路，皆大欢喜。实在亏损重了，要让他们自己看到、承认，这时再来歇业安排，也就气顺了。

是呀，果断与拖延谁个好，一切以实际情况为转移。要通民情，知人心。这番话，我也记了十余年。

可惜，他说过，不要采写他，这里就不披露姓甚名谁了。

再记两位贵人。

助人者，贵人也。上海炎黄文化研究会，贵人“莫姥姥”。但我特别想讲一讲的，是两位，于我有特殊意义的。

平生两桩事，我看得蛮重。一桩是 1966 年初，我投寄一篇短文《廉贪有别》，主张清官总比贪官好一点。开心的是 3 月 21 日竟刊登在《文汇报》学术版上，须知我仅是个初三学生，最小的小人物。虽说尔后一阶段也带来过麻烦，但最终我还是开心的，并想得悉是谁选中了我。没想到，在炎黄研究会，一次开学术年会，我又旧事重提，散会后施宣圆上来告知：“你那篇文章，记得是我从来稿里选的。我刚从复旦毕业，就分在理论部参与《海瑞罢官》的讨论。”原来，是宣圆大兄，发表了我处女作，好感激他。

另一桩，则是被高校教材《中国当代文学发展史》（上海文艺出版社 2002 年版，第 349—350 页）记载并予以好评。由于受文史馆委托采写过林丙义馆员小传，知悉顾维钧的继女杨雪兰特别感激林丙义，曾回国拜访他，就为的是后者主编的中学教材赞扬了顾维钧于巴黎和会维护中华民族权益。“教科书最重要啊，不是一次性的，一代代学子都看到，还要反复研读。”同样，我也感激《中国当代文学发展史》的编著者，包括其分主编杨剑龙。想想看，我算什么，微不足道的，文坛上一个小摊贩还差不离，人家如此过誉，至少该当面谢谢他，可是一直缘悭一面。也是到了炎黄研究会，这才道了谢，了了心事。

有意思的是，道谢的，很重视，两位被谢的，就笑一笑，没啥反应。似乎，在他们眼里，对无名小卒的厚爱、抬爱，都是习惯动作，理所当然，何须言谢。宝贵的精神品质，唯此才是贵人。

还有诸多诤友。

坦诚相待诤友多，我喜爱炎黄研究会的氛围。虽说，第一回，曾让我尴尬。

多年前，首次召开多学科视野五家学会研讨会（这类会议通常由本会具体负责），潘为民具体操盘。新来乍到的我，奉命在文字方面配合。一开始，一步步，都没问题。临末，要写一篇会议简报。会议有十几位学者宣读论文，我却大精简，笼统写了个开场导语，随后选取三四位的论文，概括成一个主题，交潘为民呈送社联。潘为民读罢，沉吟一会，提出“这样太简单了吧？最好还是学者姓名、论文题目一一罗列，谁也别漏掉”，“否则，要影响多数学者的积极性，今后再开研讨会，要喊不动吧？”

嗨，第一次合作就遭否定。面对他反问，我愣了。但是，想一想，是人家说得对。“世事洞明皆学问”，不照顾多数人情绪怎么成？我重新补写了。

后来，我发现，在炎黄研究会，诤人有的是。尤其在会刊会报两个编辑部，我们经常为了文稿的高下、提法的妥否，为了凸显文史主脉、“68 位社科大师”这些亮点，而争议商榷。谁有想法，请尽管提出就是，主编们虚怀若谷。照例和风细雨，相反相成，臻于统一。

因为，大家其实恰在同一战壕。良药苦口，忠言逆耳，端的是为你我好，为工作好。

（原载上海炎黄文化研究会《海派文化》2024 年 4 月 15 日第 2 期）

听施平老书记谈今昔

葛昆元

一

2019年秋天，采访施平老书记，是我参加上海炎黄文化研究会后的第一个任务。称他为“老书记”，是因为在20世纪80年代初，我在华东师大读书时，他是我校党委书记。

当时，我有点担心完不成这个采访任务，因为那年施平已经109岁了。不知他的健康状况如何？是否还能接受采访？可是，那天下午，我走进他的房间时，却看到他正坐在桌前翻阅报刊。陪侍在他身边的幼子施小京告诉我，施老身体还好，唯耳朵有点背，你说话声音要响一些。

我走到施老身旁，与他握手，然后他让我坐在对面一张椅子上。我拿出2014年第11期和第12期两本《上海滩》杂志，翻到刊有他一生革命斗争故事的文章给他看。施老拿在手上翻了几页，马上冲着我笑了，显然他是想起了我曾经随文章作者汪祥云、包汉中两位老师到华东医院南楼看望他的往事。

二

那是五年前，我约请汪祥云和包汉中两位老师写了一篇施平老书记革命生涯中的几则故事，连续两期登载后，读者反响热烈。汪、包两位老师便约我一起去华东医院看望施平老书记。我记得，当时施老已经是104岁高龄了。但他依然思路清晰，谈吐自如。汪祥云老师曾经做过施平老书记多年的秘书，彼此十分熟悉，一见面就在问施老的身体状况、饮食起居等，然后问他最近在研究什么问题。

施老回答说：“还是在研究王申酉案。”

我们听了，都颇为惊讶！这是我当年上大学时，施平老书记就开始研究的一桩大案。几十年过去了，我几乎已经忘了。可是他老人家却对这桩历史冤案依然执着地在研究，以期从中找出一些历史经验教训。

我插嘴问施老："目前，研究有什么新进展吗？"

他笑笑摇了摇头说："还需要继续努力！"

"施老，最近还外出采风拍照吗？"汪祥云问道。

"哦，施老喜欢摄影？"我好奇地问。

包老师马上接口告诉我："施老不仅喜欢外出拍照，还拍得相当有水平，特别是公园里的、郊外路边的各种鲜花都拍得很美。最近几年，施老还出版了两大本摄影集呢！"

施老听了，谦虚地说："拍得不好。这里有几本送给你们留个纪念。"说完，他挥笔在摄影集的扉页签上他的姓名，送给我们每人一册。我们如获至宝，向他致谢。

汪老师是位热心人，转头问我："施老的文集你有吗？"

我回答："没有，但我很想有一本。"

"好！"汪老师应了一声，刚要向施老开口，只见老人家已经从桌子上的一沓书中拿下一本，翻开封面，戴上老花镜，看了看我的名片，拿起钢笔在扉页上题写了"昆元同志：请指教，惠存！施平敬赠 2014.12.8 于上海"。我赶紧站起来，走到桌前，躬身，伸出双手从施老手中接过这本《施平文集》，口中连连说道："太感谢您了！我一定好好读您的这本文集。"施老听了，谦虚地笑了笑。

这时，汪老师看看拜访时间已不短了，便问了最后一个问题："施老，您的孙子施一公回国后，常来看您吗？"

施老笑道："常来。除了节假日来之外，他凡是来上海参加学术活动或开会，都会来看我。"

汪、包两位老师听了很高兴，都说："您有一个了不起的孙子！"

施老又谦逊地笑笑。

告别施老后，我好奇地问汪、包两位老师："那位享誉世界的科学家施一公真是施平老书记的孙子吗？"

他俩笑道："千真万确！"

我难为情地说："我真是孤陋寡闻了！今天真是不虚此行，长见识了。谢谢二位老师啦！"

三

此刻，我对施老讲了这段五年前拜访他的往事后，他朝我慈祥地笑了笑。施小京见状，对我说："今天你有什么问题尽管问，大声点。他能听到。"

我便对施老说："施老，我们政教系77级三班同学一直很感激您呐！"

施老听了，看着我，有点茫然，但他注意听着。

我看了一下施小京接着说："当年开展真理标准讨论时，校园里真是热火朝天。我班同学更是积极参与，各抒己见，甚至在一些重大问题上争论不休。其中自然会有一些比较正确的言论，也不可避免地出现一些偏激出格的话语。我们班有几位同学还创办了一个壁报名为《实事求是》。每天都有同学将自己的思考，或是疑问写在纸上，贴到壁报上，与大家分享。其中，有些是批判'两个凡是'，坚持实事求是的，但同时也不可避免地出现了一些片面宣传西方民主的稿子。这很快引起了有关部门的重视，指出必须对错误思想批评教育。随即《光明日报》就发表了一篇文章，点名批评了我们班几位同学办的那个《实事求是》壁报。这给一些同学造成很大压力，担心会否记入档案，影响毕业后的前途。毕竟，当时'文化大革命'刚结束不久，'心有余悸'还难免。

"就在大家惴惴不安之际，我们就听到系里传达了校党委书记施平的指示。施平书记明确指出，学生在讨论中有不同意见是正常的。要鼓励大家参加讨论，真理越辩越明。对那些说错话的同学，要重在教育引导，提高认识就行，不要扣帽子。同学们听了传达后，心里的一块石头终于落了地。

"不料两年之后，就在我们毕业分配前夕，有人又旧事重提，说什么有过错误言论的同学，将会记入档案，影响分配。这一下，在同学中又引起了一些思想混乱。施平书记知道后，特地在全校毕业分配动员大会上明确表示：同学们在真理标准讨论时，所说的话，都不会记入档案，也决不会影响分配！他的话音刚落，立即赢得全场同学的热烈掌声。"

当时，我一边说，施小京一边在施老耳边大声复述后，他想起来了。他放下手中报纸，冲我谦逊地笑了笑。

最后，我对施老说："上次拜访您时，听汪祥云老师说起，您的孙子施一公院士已经回国工作的事情。现在，我想问您一下，您觉得施一公放弃美国优越的条件回国工作值得吗？"

本以为，我的问话要经施小京在他耳边转述后，他才能听清。孰料，未等施小京开口，施老就直接回答说："是我叫他回国的。"那种自豪感洋溢在施老的笑脸上。

此时，施小京在一旁补充道："其实，早在好多年前，施一公每次到上海来看望他爷爷时，爷爷都要他回来为祖国的科学事业效力。"2008 年，享有崇高科学声誉的施一公终于回到祖国，先是担任清华大学副校长，继而创办西湖大学并亲任校长。为我国科学事业发展和培养顶尖科技人才正在努力工作。同时，也了却了他爷爷的一大心愿。

我听后，对施小京说："他们祖孙俩蛮有意思，爷爷是革命家，后来当了大学党委书记，成了一名著名的教育家；孙子是科学家，现在回国当了大学校长，也成了一名著名教育家。真可谓是殊途同归啊！"说完，我们都笑了。

四

那天回家后，我很快将访谈整理成文。几天后，我将稿子送到华东医院，请施老审阅。施老接过稿子，认真地看起来。最后，对我说："没有问题，可以发表。"

我高兴地一边说"谢谢施老！"一边顺势将椅子移到施老右侧后，请护工阿姨为我们拍了一张合影。照片中施老手中拿着的就是我写的稿子。

这年年底，《海派文化》在头版头条位置刊登了我的这篇采访，同时，还特地刊登了那张施平老书记与我的合影照片(《报刊文摘》嗣后摘登了该文的主要文字内容)。

几天后，我带了几份刚印制的《海派文化》，兴冲冲地赶到华东医院送给施老看。但是，不巧施老正在睡觉。护工阿姨轻声告诉我："今天施老睡得特别好。你如有急事，我可以叫醒他。"

我听后赶紧摇手示意，不必惊动施老了。我拿出一个放有几份《海派文化》的旧文件袋，交给护工阿姨，说："待施老醒后，将这袋里的几份报纸交给他。告诉他，我对他的采访稿已经发表了。并请你转达我对他老人家的问候，祝他永远健康长寿！"

说完，我又看了一眼熟睡中的施老，轻轻地朝门外走去……

(原载上海炎黄文化研究会《炎黄子孙》2023 年第 3 期)

我为《炎黄子孙》写文章

邱根发

20世纪90年代中期，我在集团业务部门工作期间，一次在下属单位丁香花园进行优质服务检查时，在老干部活动室的阅览室书架上，无意之中看到了《炎黄子孙》杂志。这本杂志的名称，以及简朴的封面，一下子就吸引了我，我翻阅了目录，感觉与其他类型杂志不同，学术味很浓。

2009年6月，我调到丁香花园工作，具体负责接待离休老干部的学习、娱乐、生活等事宜。从此以后，每期《炎黄子孙》杂志只要寄送到阅览室，我都先睹为快，并且还把每年的杂志收藏起来，这就和《炎黄子孙》杂志结下了不解之缘。

事情很巧，十几年前，通过司徒伟智介绍，上海炎黄文化研究会借丁香花园会议室召开了《炎黄子孙》杂志工作会议，这样我就和杨益萍会长认识了，彼此惺惺相惜、相见恨晚。看到在院子里活动的老干部，杨益萍对我说，你可以写些回忆革命前辈的文章，为我们杂志投稿。

退休以后，我有了余暇时间，前后写了十几篇回忆革命前辈的文章，以及与新时期领导们相识的文章投给《炎黄子孙》编辑部，几乎每期都刊登出来，好像是为我专门开设专栏似的。

2018年，《炎黄子孙》杂志改版，版面增加了，题材丰富了，写稿的人更广了，质量要求也更高了。这时，我有点忐忑不安，怕我这个门外汉写的文章投给要求这样高的杂志"通不过"。但在杨益萍、司徒伟智的鼓励、帮助下，我写了《方毅教我们拓宽视野干事业》一文，并得到好评，于是我卸掉包袱，文章越写越多，一发而不可收。其中有一篇回忆中共上海市委原副书记罗世谦的《一身正气忆"老罗"》，引起了很好的社会反响和读者们的共鸣。一次和杨益萍聊天，他也回忆起当年罗世谦来出版社参观、指导的情景。他说，当时有一套连环画是可以作为礼品赠送的，但是罗世谦严格要求自己，还是坚持付了钱，按照原价买了下来。另外，我还写过一篇《胡乔木叫我多读历史和文学书》，杨益萍很有感触，亦回忆起他担任上钢十厂党委书记时，1986 年 11 月在兴国宾馆，胡乔木曾经接见他们几位国企的党委书记，调研国企改革需要引起的问题，以及怎样做好大型国企党的思想政治工作的问题等。

我每次给杂志投稿，编辑审稿时碰到需要修改的地方，总是和我商榷，提出修改意见。这几年，我和上海炎黄文化研究会打交道多了，感觉研究会的风气很好，大家彼此尊重，有时虽有不同意见，但总是坦诚交流，最终达成一致。在这样的氛围感染下，我对自己要求也更高了，每写一篇文章，力争精益求精，多次修改，努力把文章写得更好。譬如，在《魏文伯写给我的一首诗》中，我反复改了几遍，还把当年写的日记拿出来，仔细核对一些细节，这样就写得更真实、具体、生动了，我仿佛又听到了老一辈无产阶级革命家的谆谆教诲，更加感受到这些老一辈无产阶级革命家的情怀和担当！

2021 年，我光荣地成为研究会的会员。2021 年在《炎黄子孙》杂志举办的庆祝中国共产党成立 100 周年“党在我心中”的征文中，我积极参加，很荣幸，我的征文被评为二等奖。

今天，回忆起这些往事，我感慨万分，感到在研究会大家庭里，在杨益萍、司徒伟智等人的帮助下，取得了不少进步。2022 年，我成了上海作家协会会员。我庆幸自己在退休以后，竟然写了 200 多篇文章，不少文章已经在有关报刊上发表，引起了很好的社会反响。甚至在疫情防控期间，我还能静下心来，读书、写作，把自己真实的感受，所经历的人和事，所走的道路，所获得的人生感悟以及教训，真实地表达出来，记录下来。不能不说，这是我人生的一大幸事也。我将继续尽绵薄之力，发挥余热，写写文章，讴歌新时代，弘扬正能量。

（原载上海炎黄文化研究会《炎黄子孙》2024 年第 2 期）

上海炎黄文化研究会助力美丽乡村建设

仇明惠

上海市浦东新区航头镇牌楼村相继获得“全国文明村镇”“中国最美村镇”“上海市美丽乡村示范村”“上海市乡村振兴示范村”等荣誉，以美丽宜居闻名，以绿色生态著称。鹤丰农庄便坐落于此，我作为这个农业合作社理事长，深深感受到了上海炎黄文化研究会对美丽乡村建设的可贵助力。

尤为难忘的是，在2018年4月11日，浦东航头桃花盛开之际，“炎黄论坛：美丽乡村建设”座谈会于牌楼村鹤丰农庄举行，上海市原副市长周慕尧、市政协原副主席陈正兴、时任上海炎黄文化研究会会长杨益萍等莅临，研究会副会长杨剑龙教授主持，领导和专家学者三十余人出席。

上海炎黄文化研究会秘书处的精心安排，使会议紧扣美丽乡村建设主题，内容丰富而生动。“在西晋，浦东海岸线位于下沙沙带（今航头镇境内）一线，因滩地广阔、苇丛连片，仙鹤纷纷飞来安家，形成名闻遐迩的‘鹤窠村’，今牌楼村十三组即其遗址。到唐代，由于当地的‘华亭鹤’品格高雅，颇受诗人喜欢，如白居易、刘禹锡在苏州为官时都饲养过，好多诗篇也以它为题材。后来随着海岸线不断外移，仙鹤消失，但留下了许多带‘鹤’的地名。”研究会常务理事、上海史专家朱少伟老师在会上披露，“中国是桃子的故乡，但原本只有硬桃。大科学家徐光启之子徐龙与从北方觅来硬桃佳种，在苏州河畔培育出水蜜桃。不久，水蜜桃在上海老城厢露香园广为种植。至晚清，‘露香园水蜜桃’集中栽培于龙华一带，它因皮薄汁多、肉软味甜，美国、英国、日本纷纷引种并长期繁衍。抗战期间，龙华一带桃林毁于日军炮火，从此‘露香园水蜜桃’销声匿迹。”朱老师的话，引起与会者的浓厚兴趣和热切关注，大家都认为应传承好当地的鹤文化，并使珍贵的“露香园水蜜桃”特产资源恢复盎然生机。

我有机会在会上汇报：鹤丰农庄的生态农业坚持一个初心即原生态，秉承两个主题即健康和养生，以原生态为种植标准，打造生态循环链，已在人与自然的生态平衡方面进行有益探索。“鹤丰农庄职工将认真挖掘关于‘鹤窠村’的民间故事，讲述给前来采风的客人听。”我还明确地说，“鹤丰农庄将努力通过相关渠道，从海外更多地引回‘露香园水蜜桃’原种，使之在故土开枝散叶，成为浦东南汇地区‘新桃源’中的新亮点。”周慕尧等老领导当即对推进“露香园水蜜桃”种植表示支持，这无疑给了我巨大的动力和信心。

领导和专家学者考察了鹤丰农庄。当大家面对“鱼菜共生”系统，看见大棚内碧水环绕、绿茵满目，那巧妙的设置反复循环，使得“养鱼不换水，种菜不施肥”，鱼池略浑的“营养水”经蔬菜根系吸收转化，又变成干净的水返回鱼池时，就一再向我询问其中原理。有位大学教授还结合自己的专业，向我提出了一些精益求精的建议。

送别领导和专家学者时，牌楼村干部在一旁感叹：“‘炎黄论坛：美丽乡村建设’座谈会在这里成功举办，不仅有助于凸显牌楼村的深厚人文底蕴，也展现出了生态农业的可喜前景！”我听后连连点头，并决心进一步搞好生态农业。

此后，上海炎黄文化研究会相关领导和专家学者又多次对我的工作给予热忱关心、指导。正是由于研究会的助力，鹤丰农庄迎来新的发展，新闻媒体也屡次跟踪报道。如今，鹤丰农庄的“露香园水蜜桃”种植已成规模，并注册商标；其他不少生态农业产品也层楼更上，被顾客誉为“老里八早吃过的味道”。我作为研究会理事，一定会继续积极弘扬炎黄文化，为美丽乡村建设竭尽全力。

（原载上海炎黄文化研究会《炎黄子孙》2024年第1期）

我参与的筹备会庆三十周年活动

李志茗

上海炎黄文化研究会成立整整三十年了。我来到上海学习、工作、生活也达三十六年,但我知道本会大名却很晚。2017 年,我的同事马军研究员当选副会长,他经常在我面前提及我们炎黄会如何如何,我才知道有这么一个"高大上"的民间学术社团。2021 年,马军介绍我入会,因为他认为我有编辑的一技之长,可为本会一报一刊做编辑工作。然而我入会后,知悉一报一刊编辑阵容十分强大,不需要人手,于是安排我负责炎黄会的学术活动。

对于会庆三十周年纪念活动,本届理事会非常重视,工作会议班子从 2023 年起就开始酝酿、筹划。经反复研究,决定采取"化整为零"的方针,发动下属各机构、专委会及会员们共襄盛举,拟举行三个活动:其一,资助各下属机构分头兴办以"会庆三十周年"为名的文化活动,以扩大社会影响。其二,正式出版一套纪念文集,以充分反映、总结研究会过去三十年的发展轨迹和取得的成绩。其三,开展"走过三十年"征文活动,邀请各位会员回忆自身与研究会的相关往事,以保留历史记忆。

这三个活动从讨论到启动,我亲历其中,知悉始末。但我只参与第一个活动,代表秘书处搞"会庆三十周年"文化活动。因为马军和我都是研究中国近代史的,去年是小刀会起义一百七十周年。小刀会发动起义的地点在老城厢,是马军小时候生活的地方,他对此地感情很深,因此我们决定在老城厢开个研讨小刀会起义的小型会议,具体由我操办。现在"城市更新"不仅是个热门词汇,还已上升到国家战略高度,是各地实实在在推行的城市建设实践活动。上海老城厢是如今上海城市更新的重点区域,已完成旧改,正在考虑如何升级改造。民国报人姚公鹤曾说近代上海曾经历三次兵事,分别是鸦片战争、小刀会起义、"太平军"进攻上海。每一次兵事,租界就繁盛一次。但他未提到每一次兵事,老城厢就相应衰落一次。上海开埠以前,老城厢是上海的中心,人烟繁密，商业兴旺，寸土寸金，建筑密密麻麻，卫生环境状况非常不堪，“城市病”十分突出，难以根治。不破不立，也正是三次兵事对老城厢的破坏，使得老城厢能够进行一些改造，开始了城市更新行动。

尤其是 1853 年上海小刀会起义爆发，从 9 月 7 日占领至 1855 年 2 月 17 日撤出，起义军占据上海县城达十七个月之久，文庙和豫园等曾是他们的指挥部。小刀会起义期间，清军纵火、炮轰，上海老城厢遭到严重破坏，城市更新的规模较大、范围较广，对后来的老城厢发展产生一定影响。历史是现实社会的镜子，我希望通过对小刀会起义的研究，挖掘背后的历史故事，总结历史经验，为老城厢的文脉传承和活化利用提供借鉴和启示，所以将研讨小刀会会议的名称定为“上海小刀会起义与老城厢更新工作坊”。会议拟在 2024 年 5 月 11 日举行，主题是围绕老城厢的历史风貌、人口分布、城区格局、民间信仰、社会关系、民间文学、历史掌故等题目展开讨论交流，以期塑造城市记忆、增进居民情感、激发城市空间活力，为黄浦区打造老城厢“10 分钟社区生活圈”“一街一路”示范区的要求献计献策，促使城市空间与日常生活紧密联系，推动老城厢乃至整个上海城市的可持续发展。因为工作坊还在筹备过程中，能否达到如期目的，尚不可知。

第二个活动编辑出版纪念文集，也是经过多次反复讨论，从“5＋1”到决定正式出版五卷本书。各卷书稿指派专人负责，其中关于炎黄文化宣讲团的演讲集是赵宏老师负责的。他是宣讲团的实际操盘手，无论是联系宣讲业务，还是现场协调安排，亲力亲为，全程投入，一切尽在掌握。但他很谦虚，认为自己编辑能力有限，请我帮忙做文字编辑工作。他综合各方面考虑，挑选要出版的演讲稿给我，我进行分类，大致分成五大板块……

在我编辑宣讲团演讲集《杏坛留声》时，陈卫平老师应汪澜会长之邀，为“走过三十年”征文写篇回忆研究会学术活动的文章。陈老师不愧是哲学教授，言简意赅地用四句话概括炎黄文化研究会三十年的学术活动，即“地域性与时代性相结合、综合性与专题性相结合、学术性与大众性相结合、思想性与艺术性相结合”，因此他的文章名为《“四个结合”——上海炎黄文化研究会的学术活动》。因为他对炎黄会近两三年的学术活动不了解，对炎黄会历史上的个别细节不清楚，他于 2024 年 4 月 2 日下午打电话给我，说他写了这么篇文章，请我帮他做些补充，并核对一些资料。我答应了，他即把文章发给我，我打开一看，他已“先斩后奏”，在他名字后署上我的名字了。陈老师是我上大学时就非常尊敬和佩服的老师,虽然不在一个系,但他的鼎鼎大名,我早有耳闻,只是无缘亲炙。直至我加入炎黄文化研究会后,才跟他有多次接触。他是学术大家、名家,可非常随和,平易近人,得知我们曾是校友后,对我更加亲切。这次他将自己的名字与我的名字放在一起,我感到莫大荣幸,“厚颜无耻”地接受了他的“同框恩赐”。当然,我也不能拖陈老师的后腿,立即动用我的“关系”,就陈老师不清楚的问题请教工作班子同事王源康、马军、陆廷、巢卫群、赵宏等,不费吹灰之力就得到了解决。同时,我一方面翻看研究会编的《继往开来——上海炎黄研究会2014—2021大事记》,了解陈老师所用史料,并适当予以补充;另一方面则将自己所知道的近几年学术活动补写进去。在此基础上,我稍稍调整文章结构,按照陈老师的“四个结合”分成四大部分,并加上结尾,使文章显得有头有尾,更加完整。陈老师认可我的改动,告诉我他做了些润色加工,拟提交汪会长。这样,因为陈老师的提携,我实际又参加了“会庆三十周年”的第三个活动。

我“无意间”参与筹备会庆三十周年的全部三个活动,脑子里不禁蹦出这篇文章的题目,觉得有话可说,乃立即提笔写下来,记录近年来我在炎黄会的“奇遇”。

(原载上海炎黄文化研究会《炎黄子孙》2024年第2期)

情系炎黄　发挥所长

唐　辛

我因在大学里学的是文化艺术管理专业，从而在文博领域工作多年，先后在静安区文史馆、黄浦区三山会馆从事人文历史编辑和讲解工作。2021年被本研究会几位资深老会员热情推荐，进入了上海炎黄文化研究会，光荣地成为一名会员。如果说，昔日的静安区文史馆和三山会馆曾是我成长、历练的课堂，那么今日的上海炎黄文化研究会则是我提升、回馈、感恩的舞台。

自入会以来短暂的三年里，我积极参与研究会宣讲团负责人赵宏老师举办的很多高品位的讲座活动，配合撰写新闻稿，同时还和赵老师一起积极参与黄浦区老西门街道两个文化项目，收获颇多，刻骨铭心。其中最难以忘怀、激动人心的是刚入会的2021年。

中国共产党伟大征程在上海开启，尤其在黄浦区留下了许多珍贵的红色印迹，如黄浦区公共体育场、敬业中学、少年宣讲团遗址、梅溪小学、上海文庙、蓬莱市场与蓬莱大剧院遗址等。这些珍贵的遗址遗迹历经沧桑，见证了革命的荣光，也见证了无数先烈和英雄为了民族复兴和国家富强奋斗不息，至今仍然激励着后人砥砺奋进。2021年为庆祝中国共产党建党百年，充分发挥老城厢革命遗址遗存的宣传教育功能，研究会海派文化专委会与黄浦区老西门街道合作，拍摄七集系列宣传短片《烽火老城厢》，以此来呈现辖区内七处革命历史遗址背后的红色故事。宣讲团赵宏老师认真组织，并邀请专家、教授、资深媒体人和文博工作者参与了这个项目，他们是陈挥、秦来来、朱少伟、顾鸣敏、何振华和我共六人。其中有些专家不仅是研究党史和老城厢人文历史的专业人员，而且还是老城厢的原居民，对自己曾生活过的家园，有着特殊的情感。

在宣讲七处红色革命遗址内容中，我认真选择了其中的“上海特别市临时市政府”。因童年曾生活在老城厢，如今又在黄浦区三山会馆“上海工人武装起义史料陈列展”担任讲解员，展馆里就有“上海特别市临时市政府”的内容。这是我的工作专业，感到既熟悉亲切，又兴奋。为配合老西门街道工作人员的拍摄录制，更加全面了解这幢红色革命遗址建筑的历史，我仔细查阅了《上海文史资料选集——黄浦卷》《血浴黄浦江：上海工人三次武装起义》《黄浦物语——黄浦区文化遗产》等史料书籍，还亲自去普查了坐落在蓬莱路171号的这幢1927年上海特别市临时市政府旧址建筑。它建于1915年，原为上海县署。它与上海工人第三次武装起义的胜利息息相关，也是上海历史上第一个民选政府旧址。虽然临时市政府仅存在短短二十多天，就被国民党反动统治扼杀在摇篮里，但这幢历史建筑幸存下来，在中国的革命史上具有深远意义……在撰写这篇红色遗址的演讲稿过程中，多次得到本会常务理事朱少伟老师的热情指导和帮助。朱老师既是我加入研究会的领路人，又是帮助我提升人文历史知识的指导者，使我受益匪浅，深受感动。

参与《烽火老城厢》项目的老师们和我一起，为配合老西门街道工作人员，从起草演讲稿、视频拍摄、录制和传统连环画出版，三个月完成。在这过程中，每个人都认真敬业，而且非常专业。甚至有些老师，如陈挥教授、秦来来老师、朱少伟老师和何振华老师还发挥了自己的沪语特长，声情并茂地娓娓道来，字正腔圆，韵味十足。我们所有的人，更是怀着一颗颗虔诚的心在讲述老城厢的辉煌历史。正是在这种精神感召下，所有人在繁忙中挤出时间，放弃了休息，倾心倾力地付出，为黄浦区老城厢交出了一份满意的答卷。《烽火老城厢》宣传短片对外播出后，得到了外界较高的评价。短片不仅让更多人了解了昔日老城厢不仅有悠久的历史文化底蕴，还有一段不可磨灭的光辉革命史，而且也让人们徜徉在今日的老西门时，感受到百年间党历尽艰辛所创造的伟大奇迹。《烽火老城厢》系列宣传短片项目合作成功后，也成为上海炎黄文化研究会为庆祝建党百年的一份红色献礼。

时光如梭，往事悠悠，初心如磐，奋楫笃行。2024年是上海炎黄文化研究会成立三十周年。谨以此文，略表心意。尽管入会仅有三年，但是我格外珍惜这美好的平台。这里不仅有我学以致用、发挥所长的专业，还有许多德高望重、学识渊博、可敬可亲的良师益友。上海炎黄文化研究会，犹如一个温馨和睦的大家庭。祝贺研究会，感恩炎黄，回馈炎黄。来路迢迢，继往开来，不忘初心，奋进新征程：想做事、能做事、尽心尽责把事做好。

衷心祝愿上海炎黄文化研究会明天更美好！

（原载上海炎黄文化研究会《海派文化》2024 年 12 月 15 日第 6 期）

根壮叶茂

上海炎黄文化研究会历届理事会和领导班子名单(第一届—第六届)

巢卫群　整理

第一届理事会和领导班子名单

名誉会长

苏步青　董寅初　汪道涵　刘海粟　匡亚明　李国豪

会长

陈　沂

副会长

毛经权　王元化　徐俊西　丁锡满　朱尔沛　肖　卡　张启承　孙　刚
张仲礼　丁法章　孙　滨　李伦新　徐中玉　蒋孔阳　马承源　林炳秋
张世珠　王　克　李太成　峻　青　黄跃金　张正奎

秘书长

张　军

副秘书长

俞　健　胡振山　曹　章　徐　放　王　锳　张　玺　温　彦

顾问(以姓氏笔画为序)

马　达　马　楠　马飞海　王　维　井庆范　叶尚志　白　杨　江　岚
孙道临　刘　克　刘旦宅　刘佛年　朱屺瞻　朱践耳　乔　林　邢志康
严廷昌　李冰伯　李家康　杜　宣　陈从周　沈柔坚　沈西蒙　吴　建
吴立奇　吴青霞　何正明　张　森　张承宗　张骏祥　罗　洛　罗大明
罗竹风　范征夫　施蛰存　柯　灵　赵宪初　洪积明　顾廷龙　顾慰庆
袁运开　袁雪芬　钱君匋　龚兆源　蒋　涛　舒　文　程十发　谢　晋
谢稚柳　裘沛然　蔡光天

理事(以姓氏笔画为序)

丁季华　丁善德　马　光　马洪林　王　锳　王运熙　王名实　王邦佐
王汝刚　王宗光　王国忠　王铁仙　王焱祥　王家范　王海根　方　行
方智范　邓伟志　尤逸尘　毛邦杰　冯英子　史中兴　包　放　叶敦平
乐美勤　朱立元　朱维铮　朱晓明　朱伯魁　齐森华　任　干　孙爱珍
孙树棻　乔　木　乔文安　阮延华　余秋雨　严顺开　陈　澍　陈文禄
陈伯海　陈清泉　陈恭敏　陈炳昶　杨天培　张　军　张　玺　张成之
张迪平　张浩波　张振亚　张景祥　李一山　李国章　李修庚　李济生
李培栋　吴　东　吴云溥　吴贻弓　沈亚威　陆　亨　陆康源　汪天云
何时希　杜淑贞　邱正平　邱明正　林　帆　周继业　周逸帆　周慧珺
郑百伟　郑拾风　郁文华　金国正　金闽珠　苑　梅　宓麒廷　胡振山
胡守钧　胡海超　俞　健　赵山林　赵宏本　赵昌平　姜　彬　姜义华
姜金城　姚　村　侯毓信　侯殿华　施岳群　娄　岱　贾振之　夏乃儒
顾永才　徐　放　徐福生　郭　卓　郭信和　郭豫适　钱行健　钱伯城
钱谷融　龚继先　唐振常　高建中　高燮初　高式熊　盛重庆　盛宗毅
巢　峰　曹　章　曹　阳　曹可凡　章培恒　温　彦　蒋珍珍　蒋明道
蒋星煜　褚钰泉　蔡尚思　颜梅华　黎焕颐　魏同贤　戴敦邦　韩婷婷

第一届理事会期间理事和领导班子增补名单

这一届期间名誉会长、副会长、顾问、理事有16人逝世。为加强领导班子的力量,经会长会议讨论,增补了龚兆源、严家栋、王邦佐等3位副会长;原秘书长张军同志主动提请辞职,由常务副会长王克兼任秘书长;增补了张仁瑞、陈华锋、张恩照、于漪、王小光等5位顾问;增补沈沉为副秘书长;增补理事36人:邓牛顿、叶琳、刘端、刘道重、冰夫、沈沉、吴欢章、周继生、姚昆田、徐金潮、郭永昌、杨广潮、王威、叶国新、孙振华、朱仲英、刘世俊、杜晓庄、杜冰蟾、吴惠章、陈勤建、张大文、姚征文、顾延培、顾国椿、顾凯、陈美琴、许樟才、顾志明、徐友才、卢银涛、刘友如、周荷生、陈靳、陈雪娟、陈元麟。

第二届理事会和领导班子名单

名誉会长

苏步青　汪道涵　董寅初　李国豪　王元化　徐中玉　张仲礼　顾传训

会长

陈　沂

副会长

王　克　龚兆源　王邦佐　严家栋　丁锡满　马承源　李伦新　张正奎

秘书长

徐友才

副秘书长

沈　沉　温　彦　胡振山

特邀顾问（以姓氏笔画为序）

丁法章　毛经权　王　维　王运熙　叶尚志　朱尔沛　孙　刚　孙　滨
肖　卡　吴贻弓　李太成　李冰伯　张　军　张启承　陆益平　尹　灏
林炳秋　柯　灵　俞新天　峻　青　徐俊西　黄跃金　舒　文

顾问（以姓氏笔画为序）

于　漪　马　达　马　楠　马飞海　王铁仙　王小光　王宗光　邓伟志
井庆范　冯英子　叶敦平　刘　克　刘　端　刘佛年　刘旦宅　朱践耳
孙道临　邢志康　乔　木　乔　林　沈亚威　沈西蒙　张　森　张仁瑞
张浩波　张振亚　陈华蜂　陈清泉　陈伯海　陈　澍　杜　宣　杜淑贞
李修庚　李家康　严廷昌　何正明　吴青霞　范征夫　杨德广　金国正
金闽珠　周慧珺　林　帆　罗大明　洪积明　施蛰存　姜　彬　姜义华
娄　岱　高燮初　钱伯城　顾慰庆　袁运开　唐振常　徐福生　袁雪芬
谢　晋　程十发　蒋　涛　蒋星煜　裘沛然　蔡光天　蔡尚思　戴敦邦

理事（以姓氏笔画为序）

丁锡满　马承源　王　克　王　锳　王邦佐　王乃粒　王海根　王国忠
毛邦杰　邓牛顿　包　放　冯建平　叶书宗　冰　夫　孙振华　孙爱珍
朱伯魁　齐森华　朱仲英　刘友如　陈　沂　沈　沉　陈　靳　吴　东
汪天云　陈勤健　陈美琴　陈鸣树　陈文禄　李伦新　李培栋　李济生
张　玺　张正奎　严家栋　邱明正　陆康源　苑　梅　姚　村　姚征人
姚昆田　胡振山　胡丽玲　顾延培　顾国椿　姜金城　施岳群　赵昌平
侯毓信　徐　放　徐友才　钱谷融　郭　卓　高建忠　曹　章　曹　阳
盛宗毅　章培恒　龚兆源　温　彦　熊月之

理事会常务理事

陈　沂　王　克　龚兆源　王邦佐　尹家栋　丁锡满　马承源　李伦新　张正奎　徐友才　沈　沉　温　彦　胡振山

第二届理事会期间理事和领导班子增补名单

2002 年 7 月陈沂会长逝世。2003 年 6 月理事会一致选举庄晓天为理事、常务理事、会长，确定由秘书长徐友才为法定代表人。

第三届理事会和领导班子名单

名誉会长

汪道涵　董寅初　王元化　徐中玉　张仲礼　顾传训　王　克　龚兆源

会长

庄晓天

副会长(以姓氏笔画为序)

丁锡满　王邦佐　邓伟志　孙　逊　陈正兴　严家栋　李伦新　张正奎　皋玉凤　徐友才

秘书长

徐友才(兼)

副秘书长

沈　沉　胡振山　徐　放　曹　章　温　彦　姚树新　唐长发　王德敏　倪家荣

特邀顾问(以姓氏笔画为序)

丁法章　马　楠　毛经权　王　维　王运熙　尹　灏　叶尚志　朱尔沛　孙　刚　孙　浜　肖　卡　吴贻弓　李冰伯　张　军　张启承　陆益平　范征夫　林炳秋　俞新天　峻　青　徐俊西　黄跃金　舒　文

顾问(以姓氏笔画为序)

于　漪　马　达　马飞海　王铁仙　王小光　王宗光　王　锳　王乃粒　井庆范　冯英子　包　放　叶敦平　刘　克　刘　瑞　刘旦宅　朱仲英　朱践耳　孙道临　邢志康　乔　林　沈西蒙　汪天云　张　森　张仁瑞　张浩波　张振亚　陈华锋　陈清泉　陈泊海　陈　澍　杜淑贞　李修庚　李家康　严廷昌　何正明　吴青霞　杨德广　金国正　金闽珠　周慧珺

林　帆　罗大明　姜义华　赵昌平　施岳群　高燮初　高建忠　钱伯城
顾慰庆　袁运开　徐福生　章培恒　钱谷融　曹　阳　熊月之　谢　晋
蒋　涛　蒋星煜　裘沛然　蔡光天　戴敦邦

理事(按姓氏笔画为序)

丁锡满　王邦佐　王富荣　王惠明　王全亨　邓伟志　邓牛顿　倪建达
倪家荣　叶书宗　刘天育　庄晓天　齐森华　孙　逊　孙爱珍　过传忠
严家栋　严鸿魁　李伦新　李培栋　李翊驹　李济生　李冬青　陈正兴
陈勤建　陈美琴　陈树鸣　沈　沉　沈　阳　沈践伟　沈建华　汪新张
陆康源　张正奎　张　行　张　明　张　军　张万义　张传武　张耀伟
苑　梅　林惠成　胡振山　姚昆田　姜金城　侯毓信　谢　岳　俞明康
皋玉凤　姚树新　徐友才　徐　放　徐正芳　徐春华　顾延培　顾国椿
钱耀邦　唐长发　黄良汉　曹　章　梁妙珍　温　彦

第四届理事会和领导班子名单

名誉会长

庄晓天　陈正兴　徐中玉　张仲礼　王　克　龚兆源

会长

周慕尧

常务副会长

杨益萍

副会长

吴孟庆　洪纽一　褚水敖　皋玉凤　唐长发　朱荫贵　陈卫平　陈勤建

秘书长

姚树新

副秘书长

倪家荣　楼满信　王德敏　潘为民

咨询小组

组长:丁锡满

成员:庄晓天　陈正兴　丁锡满　王邦佐　严家栋　李伦新　张正奎
邓伟志　徐友才

顾问(以姓氏笔画为序)

丁法章　于　漪　马　楠　马飞海　毛经权　王　维　王　镆　王乃粒
王运熙　王铁仙　王小光　王宗光　井庆苑　尹　灏　包　放　叶尚志
叶敦平　沈　沉　刘　克　刘　瑞　朱仲英　朱践耳　朱尔沛　邢志康
孙　刚　孙　滨　汪云天　陆益平　严廷昌　李冰伯　李培栋　陈　澍
陈清泉　陈伯海　张　军　张　森　张启承　张仁瑞　张浩波　张振亚
肖　卡　吴贻弓　杨德广　范征夫　林炳秋　金闽珠　金国正　周慧珺
罗大明　姜义华　赵昌平　胡振山　俞新天　施岳群　姚昆田　高建忠
高燮初　峻　青　顾廷培　顾慰庆　顾国椿　袁运开　徐福生　徐俊西
钱谷融　曹　章　曹　阳　温　彦　熊月之　蒋　涛—蒋星煜　戴敦邦

理事(按姓氏笔画为序)

丁宏根　王　岚(女)　王全亨　王琪森　王德敏　王厥轩　王佩玲
方　云　邓牛顿　齐允海　孙爱珍　过传忠　朱荫贵　朱少伟　李济生
李冬青　李翊驷　严鸿魁　杨益萍　吴孟庆　吴秋珍(女)　汤进达
刘惠恕　余治平　汪新张　陆　澄　陆康源　陈勤建　陈美琴　陈卫平
张　行　张　军　张万义　张耀伟　苑　梅　林惠成　周　山　周胜鸿
周慕尧　洪纽一　姜金城　姚树新　徐　放　徐正芳　徐春华　倪家荣
倪建达　皋玉凤　钱耀邦　唐长发　黄良汉　梁妙珍　韩建东　褚水敖
谢　岳　蔡丰明　蒋　勤　潘为民　戴鞍钢

增补理事(按姓氏笔画为序)

楼满信　孔　良　司徒伟智　于小央　陆　廷　巢卫群　刘　建　汤啸天

2015 年 12 月秘书长姚树新因个人原因提出辞去秘书长之职,由潘为民任代秘书长之职。

第五届理事会和领导班子名单

名誉会长

周慕尧　庄晓天　陈正兴　徐中玉　龚兆源

会长

杨益萍

常务副会长

洪纽一　陈卫平

副会长

陈勤建　朱荫贵　杨剑龙　马　军　陈忠伟

秘书长

潘为民

副秘书长

王源康　甘建华　陆　廷　司徒伟智

顾问

丁法章　于　漪　叶敦平　张　军　张　森　杨德广　赵昌平　姜义华
姚昆田　徐福生　熊月之　王邦佐　严家栋　李伦新　张正奎　邓伟志
徐友才　吴孟庆　褚水敖　唐长发　姚树新　周　山　齐允海

常务理事

杨益萍　洪纽一　陈卫平　陈勤建　朱荫贵　杨剑龙　马　军　陈忠伟
潘为民　司徒伟智　王源康　甘建华　陆　廷　王梅芳　于小央　余志平
孔剑翔　王佩玲　梁妙珍　朱少伟　巢卫群

理事(按姓氏笔画为序)

于小央　马　军　王　岚　王宝华　王佩玲　王梅芳　王源康　孔庆然
孔剑翔　甘建华　司徒伟智　冯　平　刘　平　刘　栩　刘社建　刘惠恕
朱少伟　朱杏娟　朱荫贵　李德明　严鸿魁　汤进达　汤啸天　余治平
苏　状　陆　廷　陆　澄　林志敏　陈卫平　陈忠伟　陈勤建　邵　雍
杨百达　杨剑龙　杨益萍　金　珂　周思琴　张庆玲　洪纽一　胡申生
宣家鑫　袁国华　唐志平　梁妙珍　黄建春　巢卫群　蒋冰冰　曾　亦
程康英　楼满信　蔡丰明　蔡志栋　樊志辉　潘为民　戴鞍钢　瞿志豪

监事

曹金荣

增补理事

沈卫星　袁筱英　庄兆祥　周笑梅　赵　宏　蔡健勇　陶　勇

荣誉理事

丁宏根　王全亨　王琪森　王德敏　王厥轩　方　云　邓牛顿　孙爱珍
过传忠　李济生　李冬青　李翊驷　汪新张　陆康源　陈美琴　张　军

苑　梅　林惠成　周胜鸿　姜金城　徐　放　徐正芳　倪家荣　钱耀邦
黄汉良　韩建东

第六届理事会和领导班子名单

会长

汪　澜

副会长

杨剑龙（常务）　马　军　陈忠伟　郑土有　刘　平　刘梁剑

增补副会长

孔庆然　朱丽霞

法人代表

马　军（兼）

秘书长

马　军

副秘书长

赵　宏　巢卫群　陆　廷　李志茗　金　波

顾问

丁法章　于　漪　叶敦平　张　军　张　森　杨德广　姜义华　齐允海
徐福生　熊月之　周　山　严家栋　李伦新　邓伟志　吴孟庆　唐长发
褚水敖　杨益萍　洪纽一　陈卫平　陈勤建　朱荫贵　潘为民　祝君波

常务理事

汪　澜　杨剑龙　马　军　陈忠伟　郑土有　刘梁剑　刘　平　孔庆然
陆　廷　巢卫群　金　波　赵　宏　李志茗　孔剑翔　朱少伟　于小央
庄兆祥　许惠红　朱丽霞

理事（按姓氏笔画为序）

丁旭光　于小央　马　军　王宝华　王佩玲　仇明惠　尹笑非　孔　娜
孔庆然　孔剑翔　甘建华　朱　承　朱　璐　朱少伟　朱杏娟　朱丽霞
庄兆祥　刘　平　刘　栩　刘梁剑　江文君　汤啸天　许惠红　孙　嘉
苏　状　杨百达　杨剑龙　李志茗　汪　澜　陆　廷　陈忠伟　邵　雍
林伟光　林志敏　罗　英　金　波　郑土有　郑崇选　赵　宏　皇甫秋实

唐志平　陶　勇　黄　萱　黄建春　黄景春　巢卫群　葛昆元　蒋冰冰
曾　亦　蔡志栋　蔡建勇　樊志辉　戴鞍钢　瞿志豪

监事

曹金荣

增补理事

唐　幸　朱新昌　房芸芳　孔　飞　邓志峰　陈铭华

履迹印痕

上海炎黄文化研究会大事记（1990年4月—2024年6月）

潘为民　王源康　编　马　军　整理

【编者按】上海炎黄文化研究会成立于1994年4月，是上海市社联主管、以研究弘扬中华优秀传统文化为宗旨的民间学术团体。迄今（2024年）已整整走过了30年，其间，6次换届，代代传承。上海炎黄文化研究会大事记，记载了本会从初创以来，历年学术研究、文化普及的主要内容，是一份不可多得的会史资料。

1990年

4月　炎黄二帝巨塑筹建委员会副主任王仁民（后任中华炎黄文化研究会副会长）建议张军、曹章、胡振山在上海成立相应组织。尔后，张、曹、胡三人邀请张世珠、王克、峻青、李太成共同发起成立上海炎黄文化研究会。同年9月28日召开发起人会议，商讨推荐中共上海市委原副书记陈沂任会长。

1991年

8月17日　发起人会议研究筹建委员会组成人员名单。

1992年

8月21日　筹建委员会具体讨论各项准备工作。

1994 年

4 月 14 日　上海炎黄文化研究会成立大会在锦江饭店小礼堂举行，大会由张世珠主持。时任中共中央政治局委员、中共上海市委书记吴邦国为大会题词："源远流长"。中华炎黄文化研究会会长周谷城发来贺词，中共上海市委副书记陈至立出席大会并讲话，中华炎黄文化研究会副会长姜思毅、王仁民专程前来祝贺。大会通过了研究会章程，选举产生了第一届理事会，并聘请了名誉会长。会议选举陈沂为会长，毛经权、王元化、徐俊西、丁锡满、朱尔沛、肖卡、张启承、孙刚、张仲礼、丁法章、孙滨、李伦新、徐中玉、蒋孔阳、马承源、林炳秋、张世珠、王克、李太成、峻青、黄跃金、张正奎为副会长。

5 月 20 日　本会在市委小礼堂召开第一次会长会议，研究当前工作，确定了副会长分工。

6 月 9 日　本会在上海师范大学召开部分理事座谈会，讨论研究会工作意义、研究课题和当前工作。

12 月 3 日　本会在上海师范大学召开学术委员会成立会议，宣布王邦佐任主任，李培栋、张玺任副主任，马洪林、邓伟志、王铁行、齐森华、朱立元、赵发平、姜义华、夏乃儒、陈伯海等任委员，王元化、马承源、徐中玉、张仲礼、蒋孔阳任顾问。

1995 年

1 月 10 日　本会在豫园召开"迎新春创新风"研讨会。与会者畅谈传承发扬优良迎春民俗、创立社会主义迎春新风等问题。

7 月 12 日　本会在前进大厦召开事业发展委员会成立会议，宣布王克任该委员会主任，龚兆源、蔡光天、胡振山任副主任。

8 月 7 日　本会成立上海炎黄实业有限公司。该公司系与上海虹联综合服务公司联营，其宗旨是为上海炎黄文化研究提供活动经费，促进文化事业发展。公司董事会第一次会议选举王克任董事长，龚兆源、陈华锋任副董事长，沈沉任总经理，吴惠章、胡振山、徐樟才任董事，温彦任监事。

10 月 21 日　本会在锦江饭店小礼堂召开上海炎黄国际文化学院成立会

议，宣布陈沂任院长，严家栋任第一副院长，徐友才任副院长，由陈沂、王克、严家栋、马楠、徐友才、沈沉、张玺等组成董事会。学院宗旨是弘扬民族优秀传统文化，发扬爱国主义精神，为社会主义现代化建设和改革开放及促进祖国统一大业服务。后增补孙道临为副院长。

12 月 8 日　本会在前进大厦举行首届炎黄文化学术研讨会，议题有：爱国主义与炎黄文化，外来文化与上海地区文化发展展望，改革开放的历史新时期我国文化建设问题。中共上海市委副书记陈至立到会讲话，李国豪、张仲礼、徐中玉、蒋孔阳、俞吾金、叶书宗等十多位学者发言。

1996 年

2 月　本会参加有关部门组织的红军长征 60 周年纪念活动：陈沂会长、王克常务副会长赴北京参加“长征世纪丰碑”系列活动汇报会等；本会组织画家为纪念长征 60 周年书画展提供展品，捐赠书画；本会理事徐放赴北京参加书画展的筹备工作。

2 月 8 日　本会在衡山饭店大厅举行春节联欢会，旨在加强会员联系，增进彼此友谊，回顾旧年工作，提出新年计划。市老领导王一平、严佑民、杨士法、杨堤、舒文等到会祝贺新春。

7 月　本会与市作协、市文联、市社科院文学研究所联合举行“纪念茅盾诞辰 100 周年”座谈会。中共上海市委副书记陈至立到会讲话。作家柯灵、桑弧、王西彦、范泉、茹志鹃先后发言，盛赞茅盾先生在我国文学事业和文化工作中的辉煌业绩。

9 月至 10 月　本会与市教委、总工会在全市中小学学生中开展“在家做个好孩子、在校做个好学生、在社会上做个好公民”的社会主义教育活动，参加学生近 70 万人。

10 月 28 日至 30 日　“孙中山与现代文明”国际学术讨论会在宝山宾馆举行，由本会和中华炎黄文化研究会联合主办，上海师范大学和宝钢集团协办。来自国内各省市和日本、美国、韩国等国家的 120 多位学者专家参加研讨。陈沂会长致开幕词，中华炎黄文化研究会副会长李宝光宣读了中华炎黄文化研究会名誉会长薄一波的贺信和执行会长萧克的题词。海峡两岸关系协会会长汪道涵出席开幕式并讲了话。出席开幕式的还有中共中央统战部代表、原副部长宋堃，中国史学会会长戴逸，日本国孙中山纪念馆名誉馆长山口一郎。

1997 年

6 月 17 日　本会在上海市文史馆举行艺术委员会成立会议，文艺界、新闻界、企业界 60 多人出席，陈沂会长到会讲话。会议选举峻青为艺术委员会主任，徐放、孙爱珍、顾延培、侯殿华为副主任。

10 月 11 日　本会举行学习党的十五大文件座谈会，陈沂会长主持会议。李国豪、陈沂、王克、张仲礼、龚兆源、严家栋、丁锡满、峻青、尹继佐、邓伟志等先后发言，从不同角度畅谈学习体会。

11 月 1 日　本会在漕河泾镇文化中心举行上海炎黄书画院成立仪式，陈沂、杨堤等老领导出席。

12 月 18 日至 20 日　"迈向 21 世纪的长江流域经济文化发展"研讨会在青浦区淀山湖畔石化疗养院召开。研讨会由本会和长江经济联合发展(集团)股份公司、复旦大学、重庆大学共同主办，上海石油化工股份有限公司、上海金属交易所协办。会议收到学术论文 43 篇，10 多位学者专家做了学术报告或专题发言。

1998 年

3 月 3 日　本会举行座谈会，纪念周恩来总理诞辰 100 周年，缅怀他的丰功伟绩，学习他的崇高品德。

12 月 19 日　本会召开"社会主义初级阶段文化建设问题"学术研讨会，纪念十一届三中全会召开 20 周年，深入学习邓小平理论。60 多位专家学者参加了会议。

1999 年

5 月 3 日　本会主办的"澳门历史与发展"图片展在上海市工人文化宫展出，中共上海市委宣传部部长金炳华出席开幕式。

9 月 16 日　本会与上海新闻工作者协会、上海东方电视台、上海老文化工作者协会在东方电视台联合举办庆祝新中国诞辰50周年历代爱国诗词朗诵会。东方电视台在国庆前后多次播放了朗诵会的电视录像片《爱国千秋颂》。

12月20日　本会主编的《长江流域经济文化初探》一书由上海人民出版社出版。

12月23日、24日　本会与上海新闻工作者协会联合举办"廉政文化"学术研讨会，社科理论界、教育界、新闻界的学者专家50多人参加。

2000年

6月17日　本会召开第二届会员大会，举行换届选举。会议选出理事61人，选举陈沂连任会长，选举王克、龚兆源、王邦佐、严家栋、丁锡满、马承源、李伦新、张正奎为副会长，徐友才为秘书长，聘请苏步青、汪道涵、董寅初、李国豪、王元化、徐中玉、张仲礼、顾传训为名誉会长。

10月27日　本会召开电视连续剧《太平天国》座谈会。陈沂会长，王克、王邦佐、严家栋、丁锡满、李伦新副会长，以及《解放日报》《文汇报》《文学报》《探索与争鸣》等报刊的编辑、记者参加了座谈。

10月28日　世纪公园举办"炎黄鼎"展示活动揭幕仪式。该展示历时5个月，参观人数达30万人。"炎黄鼎"是中华炎黄文化研究会委托本会建造的，是该会在河南郑州兴建"炎黄二帝巨型塑像"工程中九鼎的主鼎。在上海展示后于2001年4月初运往郑州。

12月22日　本会与上海市新闻工作者协会联合举办"法治和德治"学术研讨会，陈沂会长、市委宣传部副部长郝铁川到会讲话，社科理论界、教育界、新闻界50多位专家学者参加研讨。

2001年

1月13日　本会举行迎接新世纪茶话会，70多位老同志欢聚一堂，迎春团拜，喜气洋洋，大家畅谈20世纪党领导中国人民在革命和建设中取得的伟大胜利，对在21世纪中夺取建设中国特色社会主义的胜利充满信心。

4月10日　河南省郑州市及炎黄二帝巨塑筹建委员会在郑州黄河旅游区隆重举行"炎黄鼎"交接安放仪式，本会常务副会长王克和副秘书长胡振山、理事陈美琴到场，并代表本会接受了锦旗和炎黄鼎交接证书。

6月19日　本会和上海新闻工作者协会、马克思主义研究会、政治学会联合召开“执政党的作风问题”学术研讨会，有关学者专家和党政领导70余人参加。陈沂会长、市委宣传部副部长郝铁川到会讲话。

9月15日至17日　本会在朱屺瞻艺术纪念馆举办“庆祝国庆52周年炎黄书画展”，展出书画作品70多件。

2002年

5月24日　本会召开学习“公民道德建设实施纲要”座谈会，作为举办道德建设研讨系列活动的开端，30多位专家学者参加座谈。

7月26日　敬爱的陈沂会长逝世，噩耗传来，本会成员哀痛万分！

7月28日　本会常务理事前往陈老住所致哀、慰问家属。

8月2日　本会副会长、顾问、理事等数十人前往龙华殡仪馆敬献花圈，送别陈老。

8月6日　本会举办追思会，深切怀念陈沂会长。

8月30日　本会举行公民道德建设研讨会，专题讨论“加强官德建设”问题，专家学者30余人参加了研讨。

9月13日　本会再次举行公民道德建设研讨会，专题讨论以敬老爱老为重点的“加强家庭美德建设”问题。

9月20日　本会举办迎国庆、中秋和敬老节座谈会，与会者畅谈当前大好形势和现代化建设伟大成就，同时着重讨论了先进文化建设问题。本会副会长张仲礼提出“关于上海文化发展的两点建议”。

10月28日　本会举行公民道德建设研讨会，专题讨论“以诚信为主的职业道德”问题，学者专家、企业界人士30多人参加研讨。

11月20日　本会举行常务理事扩大会议，学习党的十六大文件，畅谈贯彻党的十六大精神问题。本会会员20人出席会议。

2003年

1月19日　本会举行理事扩大会议暨迎春茶话会。本会副会长、顾问、理事百余人欢聚一堂，回顾工作，商讨计划，同贺新春吉祥，互祝身体健康。

3月25日　本会举行理事扩大会议，学习全国“两会”精神，讨论纪念本会成立10周年活动计划。

4月11日　本会举办“中国传统文化与上海城市精神”学术研讨会，学者专家及本会会员30人参加研讨。

4月21日　本会与市工商界联合会、《解放日报》经济部联合举办的“炎黄论坛”第一次活动“世博文化专题讲座”在虹桥宾馆举行。周汉民教授受邀主讲，专家学者、企业家及本会会员90多人出席。

5月26日　本会理事会一致选举庄晓天为本会会长。这次选举因“非典”疫情，是以通信方式进行的。同时，根据本会章程规定，经常务理事会讨论决定，经市社联、市社团管理局批准，由秘书长徐友才担任本会法定代表人。

6月14日　上海市作家协会和本会联合主办的“天台山诗会”在浙江著名风景区天台山举行。两地诗人此唱彼和，歌颂刚刚取得的抗击“非典”的伟大胜利，歌颂改革开放，歌颂祖国的大好河山。这次诗会是之后即将举行的“上海精神金秋诗会”的前奏曲。

9月8日　本会举行会长办公会议，讨论今后4个月的工作内容。正、副会长和驻会人员20人参加。会上，庄晓天会长提出提炼炎黄文化精华、结合现实发展先进文化、做好普及工作的思路。

11月23日　“上海精神金秋诗会”在上海电视台举行。诗会由本会、市作家协会、《解放日报》、《新民晚报》、文广新闻传媒集团联合主办，20多位沪上著名艺术家在乐队伴奏下朗诵了以歌颂上海城市精神为主题的诗歌新作，700多人参加。上海电视台播出了长达一个小时的专题片。

12月23日　本会召开理事会扩大会议，庄晓天会长出席并讲话，王克副会长代表常务理事会汇报2003年工作情况和2004年工作打算，丁锡满副会长汇报纪念本会成立10周年活动的意见。

2004年

2月10日　本会召开会员大会暨新春联欢会。庄晓天会长出席并讲话，王克副会长代表常务理事会汇报2003年工作情况和2004年工作计划，会后观看了上海昆剧团著名演员的精彩表演。

3月2日　本会召开常务理事会例会,学习《中共中央关于进一步繁荣发展哲学社会科学的意见》,讨论今年工作。会议确定增加丁锡满为常务副会长。

4月25日　本会成立10周年庆祝大会隆重举行。本会成员和上海社会科学界人士出席会议,市委宣传部副部长郝铁川代表市领导殷一璀、王仲伟出席大会并致以祝贺。市社联党组书记潘世伟代表市社联和各兄弟学会向大会表示祝贺。上海昆剧团的艺术家们演出了精彩的折子戏《百花赠剑》和《小宴》。

8月5日　本会和上海市宁波经济建设促进协会等5团体隆重举办"炎黄子孙振兴中华"论坛。海外联谊会副会长、市委统战部副部长金闵珠等相继发言。

8月12日　本会和解放日报社联合主办"纪念邓小平同志诞辰100周年"学术研究会,本会常务副会长王克、丁锡满,《解放日报》总编辑尹明华、副总编辑陈大维及学者专家50多人参加。

9月18日至26日　本会在上海文庙举行10周年成果展,展品丰富多彩,文化底蕴深厚。展览会开幕式上,丁锡满、叶尚志、邓伟志、曹文仲等当场挥毫,以作纪念。

9月24日　本会举行热烈庆祝中华人民共和国成立55周年座谈会。40位老同志欢聚一堂,抚今思昔,畅谈国是。

10月24日至31日　本会积极组织参与第三届上海社会科学普及活动周,举办昆剧赏析、书画鉴赏等义务咨询活动,为弘扬优秀传统文化做贡献。

2005年

1月24日　本会在上海图书馆多功能厅举行2005年年会暨迎春茶话会。200余人欢聚一堂,共同回顾2004年工作,展望2005年任务,喜迎农历乙酉年春节。

3月8日　为庆祝"三八妇女节",本会和市妇联、上海文广集团在美琪大戏院联合举办"中外女诗人作品朗诵演唱会"。

8月21日　为纪念抗日战争胜利60周年,"万名中学生引吭高唱抗日歌"大型歌咏大会在上海大舞台隆重举行。这次歌咏大会由本会和新四军历史研究会、解放日报报业集团、文汇新民联合报业集团、市教委艺术教育委员会联合主办，上海地产（集团）有限公司协办。市委宣传部副部长朱匡宇出席歌咏大会。

8 月 25 日　为纪念抗日战争胜利 60 周年，本会举办“回忆与思索”座谈会。

12 月 20 日　本会和解放日报社联合主办的“传统文化与和谐社会”理论研讨会在上海交通大学举行，来自本市理论界和实际工作部门的 60 余人出席。

12 月 20 日　本会被上海市社会科学界联合会评为“2003—2005 年度上海市优秀社会科学学会”。

2006 年

2 月 16 日　本会在上实公寓新会址召开第三届第一次常务理事会，讨论年度工作。

5 月 15 日　本会与解放日报社联合举办“八荣八耻与中国传统文化”座谈会。

7 月 6 日　本会召开会长会议，讨论当年学术研讨活动和会务工作。

11 月 3 日　本会邀请上海评弹团著名演员赴川沙中学华夏西校举办“民族文化进校园”活动。1 500 余名师生在欣赏评弹艺术过程中，受到了生动的民族文化教育。

11 月 24 日　本会炎黄文化论坛举办以“构建社会主义和谐社会”为主题的讲座，由副会长邓伟志主讲。

12 月 21 日　本会在上海地产大厦多功能厅举行以“中华文明与和谐社会”为主题的 2006 年学术年会，110 位专家学者和会员参加。本会副会长邓伟志、上海师范大学教授周中之、上海社会科学院哲学研究所研究员余治平、复旦大学教授施忠连、上海交通大学教授张玉瑜做了精彩发言。

2007 年

1 月 26 日　本会 2007 年迎春茶话会以“中国传统文化与现代科学”为主

题在上海科学会堂举行，200多名会员前来共贺新春。副会长兼秘书长徐友才主持茶话会，上海科学会堂主任王晓兰致欢迎词，常务副会长丁锡满发表讲话。

2月9日　本会在上海地产集团大厦举行第4届炎黄论坛，著名经济学家、复旦大学太平洋金融学院院长张晖明教授做题为“2007年经济形势展望”的演讲。

5月4日　经市社联党组批准，本会建立党的工作小组，由丁锡满、姚树新、倪家荣、沈沉组成。

5月30日　本会在徐汇街道办事处召开会长（扩大）会议，常务副会长丁锡满做工作报告，回顾了上半年工作，提出了下半年计划。庄晓天会长做总结讲话。

6月9日　本会企业文化委员会在宁波联谊大厦举办第5届炎黄论坛，邀请证券期货资深专家智元、林海主讲“中国股市策略”。

6月20日　本会组织部分会员考察金山区廊下镇社会主义新农村建设。

7月31日　本会文化委员会在静安寺社区文化活动中心举办“非常有戏”大学堂辅导站揭幕仪式暨炎黄评弹专场演唱会。

8月3日　本会学术委员会与市妇联科研处在市社联会议室召开“国学热面面观”座谈会，围绕“国学热”展开研讨。

9月26日　本会文化委员会与崇明灶花艺术节组委会在崇明向化举办“灶文化艺术”专题研讨会。

9月26日　本会与上海食文化研究会举办“健康养生”讲座，邀请著名高级讲师王思忠介绍保健养生常识。

2008年

5月30日　市社联学会处领导郝德良、王德敏等来本会检查、指导工作。

6月1日　本会参与主办的中国中学生作文大赛上海赛区发奖大会、“新知杯”文明道德短语征文比赛发奖大会在解放日报社多功能厅举行。

7月2日　本会在徐汇区美罗大厦会议中心召开会长（扩大）会议，回顾上半年工作，安排下半年工作。

12月7日　本会召开以“弘扬传统文化，推进改革开放”为主题的2008年学术年会。有关专家学者和会员100余人济济一堂，围绕主题展开研讨，纪念中国改革开放30周年。

12月20日　本会被上海市社会科学界联合会评为“2006—2008年度上海市优秀社会科学学会”。

2009年

1月14日　本会在市政协江海厅召开2009年迎春茶话会，近200名会员欢聚一堂，回顾旧年工作，展望新年任务，同贺新春佳节。

3月29日　应中华炎黄文化研究会邀请，本会常务副会长丁锡满、副秘书长姚树新前往参加乙丑年黄帝故里拜祖大典。

3月31日　本会假座静安区文化馆玉兰书苑举行“炎黄评弹之友”社成立3周年庆祝演出。

4月1日　本会新设立的汉字书同文专业委员会在上海社会科学院茶室举行第一次“双月沙龙活动”。

5月15日　本会所属中学教育专业委员会召开“恒源祥文学之星”中学生思想道德建设现状(2008—2009)专题研讨会。

5月23日　本会积极参与在浦东三林世博家园举行的“第八届上海市社会科学普及活动周”开幕式暨社会科学大型义务咨询活动。

5月25日　本会和解放日报报业集团、上海文广新闻传媒集团、上海城开集团联合主办的“浦江放歌”诗歌朗诵会在马兰花剧场举行。

5月27日　本会和上海楹联学会在静安区文化馆联合举办“传统楹联知识讲座”，邀请楹联学会副会长沈树华主讲。

8月1日至3日　本会主办的第12次汉字书同文学术研讨会在秦皇岛举行，来自海峡两岸暨港、澳，以及新西兰、澳大利亚、俄罗斯、美国的专家学者40多人汇聚一堂，围绕目前海峡两岸通用汉字不统一的现状，畅所欲言，共商“书同文”大计。

8月6日　本会在虹桥迎宾馆3号会议厅举办“中国上海世博会撞响和谐世界大钟”研讨会。

9月24日　本会在市对外友协会议室召开会长会议，听取常务副会长丁锡满报告，回顾前期工作，研究近期工作。

10月29日　本会和上海楹联学会、上海食文化研究会联合主办第7届炎黄论坛，邀请市政协副主席、2010上海世博会执委会副主任周汉民教授做“世博与文化”的专题报告。

12月16日　市社联举行上海市第七次哲学社会科学学术团体工作会议，为本会被评为“2006—2008年度上海市优秀社会科学学会”颁奖。

12月22日　本会在市工商局检查总队会议室召开以“中华文明的传承和创新”为主题的2009年学术年会。周山、虞云国、陈勤建、蔡丰明、余治平、姚俭建做了专题发言，100多位会员参加。

2010年

1月21日　本会参与主办的“世界奇迹，无疆爱心”迎世博100天柬埔寨之行摄影作品展在静安区文化馆开幕。

1月30日　本会在上海科学会堂举行纪念学会成立15周年暨2010新春茶话会，近200名会员前来喜迎新春佳节，常务副会长丁锡满做了工作报告。

4月12日　本会参与主办的“恒源祥文学之星”中国中学生作文大赛在香港闭幕。

5月26日　本会《炎黄子孙》杂志在市社保局会议室召开编委会会议，专题研讨如何进一步办好本杂志。

6月8日　世界华人炎帝神农故里寻根节在中国湖北随州举行，本会副秘书长倪家荣、王德敏前往参加。

6月19日　本会在浦东景园酒家举行第13次汉字书同文研讨会，常务副会长丁锡满代表本会出席致辞，并在会议闭幕式上做总结讲话。

10月17日　“道的一致性与共同性”座谈会在上海市文史馆会议厅举行，由本会主办，上海市国际文化传播协会、北京佛教研究所等单位协办。常务副会长丁锡满主持会议，邀请中华唯识学会理事长、达摩书院创办人、台湾著名学者张尚德教授主讲。

11月4日　本会组织“炎黄评弹之友”90余人前往苏州评弹学校参观访问。

11月8日　本会在长宁区图书馆召开第8届“炎黄论坛”，65人出席，邀请上海社科院文学研究所研究员蔡丰明做“从上海本土非物质文化遗产资源看中华传统文化的魅力”的主题报告。

11 月 24 日　本会举行以“世博热与中华文化”为主题的 2010 年学术年会，115 名会员与会，常务副会长丁锡满主持会议。

2011 年

1 月 22 日　本会在市社保局会议厅举办 2011 年新春联谊会，副会长兼秘书长徐友才主持会议，常务副会长丁锡满做工作报告。

4 月 19 日　本会主办的第 14 次汉字书同文学术研讨会在仓颉故里陕西省白水县举行，60 多位海内外专家学者参加会议，并发表了 20 篇论文。

5 月 28 日　“党旗飘扬红歌嘹亮”庆祝建党九十周年群众歌咏大会在国际体操中心举行，由本会与解放日报报业集团、上海广播电视台、上海市文联联合主办。全国人大常委会委员龚学平，市委常委、副市长屠光绍，市老领导周慕尧和长宁区主要领导出席，数千名群众用充满豪气和深情的歌声，表达了对美好生活的向往。

6 月 22 日　“上海市纪念中国共产党成立 90 周年”理论研讨会在锦江饭店小礼堂举行，本会组织会员出席了研讨会。

6 月 29 日　本会与静安区戏曲协会共同主办的“纪念建党九十周年评弹专场演出”在静安区文化馆小剧场举行。

10 月 28 日　本会在社科会堂举行以“辛亥革命与中华文化的近代转型”为主题的 2011 年学术年会，100 多位会员出席。

11 月 15 日　本会参与主办的第六届“江南风韵”杯崇明灶花节在崇明向化开幕。

12 月 21 日　本会理事方云在复旦大学举办“中华古玉文化赏析”专题讲座。

2012 年

1 月 17 日　本会在市社保局会议厅召开第四届会员代表大会暨 2012 年新春联谊会，208 名代表出席大会。副会长张正奎主持会议，会长庄晓天致开幕词，常务副会长丁锡满做工作报告，副会长兼秘书长徐友才做财务报告。会议选举产生了本会第四届理事会，选举周慕尧为会长，杨益萍为常务副会长，吴孟庆、洪纽一、褚水敖、陈卫平、朱荫贵、陈勤建、唐长发、皋玉凤为副会长，姚树新为秘书长。

2 月 28 日　会长周慕尧、常务副会长杨益萍、咨询小组组长丁锡满等，冒雨前往青浦区云玉馆，实地考察参观本会理事方云收藏的中国古玉，感谢她为传承弘扬炎黄文化所做的贡献。

3 月 27 日　本会召开四届一次会长会议，研究全年工作要点。常务副会长杨益萍主持会议，周慕尧会长做总结讲话。

4 月 19 日　本会在上海社会科学会堂召开四届二次理事会议，审议全年工作要点。常务副会长杨益萍主持会议，周慕尧会长做总结讲话。

4 月 26 日　本会召开汉字书同文研究预备会议，秘书长姚树新主持会议，常务副会长杨益萍、咨询小组组长丁锡满等出席，周胜鸿等在会上介绍了书同文学术研究概况和第 15 次研讨会筹备工作情况。

5 月 2 日　本会与华东师范大学等单位在市社联会议室联合举办报告会，邀请全国政协外事委员会主任赵启正做“开拓公共外交的重要意义”的主题报告。

6 月 1 日　在我国《非物质遗产保护法》颁布一周年之际，本会与市民俗文化学会等联合举办首届“上海文化资源保护与利用”论坛。常务副会长杨益萍主持会议，本会部分会员出席。

6 月 2 日　本会在上海豫园耕月人茶馆举办第 9 届“炎黄论坛”，邀请本会理事、云玉馆馆长方云主讲“浏览古玉中的历史，解读历史中的古玉”。周慕尧会长，常务副会长杨益萍，副会长吴孟庆、洪纽一、唐长发等和会员百余人出席听讲。

6 月 4 日　会长周慕尧、常务副会长杨益萍、咨询小组组长丁锡满等前往嘉定区访问会员王贵生家，参观其收藏的古石奇石，感谢他为传承弘扬炎黄文化所做的贡献。

7 月　周慕尧会长、常务副会长杨益萍等先后走访本会 90 岁以上高龄的 7 位老前辈，问候他们的身体状况，听取他们的意见建议，感谢他们为传承弘扬炎黄文化所做的贡献。

9 月 13 日　本会参与主办的第八届中学生作文大赛主题研讨会暨开赛仪式在向明中学举行。

9月18日　本会携手上海人民广播电台、静安寺街道党工委举办“喜迎党的十八大，炎黄评弹进社区”慰问演出。

9月21日　本会召开常务理事会议，讨论通过了本会下属专业委员会管理规定，批准成立青少年教育专业委员会、汉字书同文专业委员会、孔子文化专业委员会，研究了学术年会筹备工作、新会员发展等事宜。周慕尧会长出席并讲话。

9月28日　经本会下属孔子文化专业委员会精心筹备，“纪念孔子诞辰2563年暨孔子文化专业委员会成立庆典”在嘉定区孔庙隆重举行。

10月19日　本会召开咨询小组会议，组长丁锡满主持，常务副会长杨益萍汇报工作，老同志们纷纷为学会工作热忱地建言献策。

10月20日　本会参与主办的第七届“江南风韵”杯崇明灶花艺术节在崇明区向化镇开幕，常务副会长杨益萍在开幕式上致辞，丁锡满、李伦新、姚树新等出席。

11月6日　本会举办的“丹青歌盛事翰墨谱新篇”喜迎党的十八大书画展在长宁区图书馆开幕，常务副会长杨益萍致辞，本会会员和书画爱好者数百人观摩展览。

11月9日　本会2012年学术年会以“上海国际大都市建设与文化传承”为主题，在上海市社会科学会堂举行，120余位会员参与。常务副会长杨益萍主持会议，王琪森、郭绪印、王贵生、杨剑龙、朱荫贵先后发言，副会长陈卫平做点评，周慕尧会长做总结讲话。

11月12日　在上海市第八次哲学社会科学学术团体工作会议上，本会被评为“2009—2011年度上海市优秀社会科学学会”，本会丁锡满、梁妙珍荣获“优秀社会科学学会工作者”称号。

11月22日　市委宣传部在锦江小礼堂举行纪念陈沂同志百年诞辰座谈会，本会部分会员出席会议，本会咨询小组组长丁锡满做专题发言。

11月　为增强《炎黄子孙》杂志的办刊力量和经济支持，本会成立《炎黄子孙》杂志理事会，10家企业先后签约成为理事单位。

2013年

1月22日　本会在君顶华悦俱乐部举办2013年新春联谊会，周慕尧会长致新春贺词，常务副会长杨益萍报告年度工作，会员演出各类文艺节目，近 200 名会员出席。

3 月 30 日　本会所属孔子专业委员会在嘉定孔庙举行“癸巳年上海孔氏后裔祭祖大典”，常务副会长杨益萍、副秘书长楼满信出席了上述活动。

4 月 23 日　本会在市社科会堂召开四届三次理事会，会长周慕尧、常务副会长杨益萍和副会长、理事等 35 人出席。会议审议了学会工作报告，增补楼满信、孔良为四届理事会理事。

5 月 15 日　本会“炎黄论坛”在上海戏剧学院举行“追寻上海历史文脉”系列讲座首讲，邀请上海市历史学会会长熊月之教授做“移民社会与上海文化”的学术演讲，本会周慕尧会长和 150 余名会员出席。本次论坛纳入上海市社联“东方讲坛”系列讲座。

5 月 31 日　本会积极参加市社联组织的“第 12 届科普活动周”活动，本会理事方云在普陀区法院主讲“游览古玉中的历史”。

6 月 3 日　“上海城市精神与中国梦”学术研讨会在市社联报告厅举行。研讨会由市社联主办，本会与市文史馆、历史学会等联合承办，60 余人出席，听取了 10 位专家学者发言。

6 月 7 日　“吴宗锡评弹观”研讨会在上海银星假日宾馆举行。研讨会由市文联主办，本会等单位协办，本会常务副会长杨益萍、咨询组长丁锡满出席并分别讲话。

6 月 12 日　第 16 次汉字书同文国际学术大会在韩国首尔举行，由本会、上海市对外文化交流协会和韩国汉字教育推进总联合会共同主办，本会咨询小组组长丁锡满出席并做大会总结。

6 月 19 日　本会假座大板道茶室举行“茶与水健康讲座”，邀请浙江省茶叶研究院院长骆少君和大阪道茶室董事长曹栋森分别讲解有关茶和水与健康的关系。本会会长周慕尧、常务副会长杨益萍、副会长洪纽一、咨询小组组长丁锡满等领导与 30 多名会员一起参加听讲。

7 月 5 日　为增设活动空间，本会在江桥举行新址揭牌仪式，会长周慕尧和嘉定区副区长李原为新址揭牌，嘉定区委书记马春雷等出席。

9 月 7 日　本会理事王佩玲帮助青浦区杨家庄村开办“讲礼堂”，讲解“中华传统道德与文明礼仪”，深获 200 多名村民一致好评。

9 月 26 日　本会“炎黄论坛”在上海戏剧学院举行“追寻上海历史文脉”系

列讲座第二讲，邀请文化史专家孙逊做“上海文化的前世今生”专题演讲，本会会员 150 余人出席。

11 月 8 日　本会在上海社会科学会堂举行主题为“传承历史文脉与中国梦”的学术研讨会，会长周慕尧等 140 人出席会议。余治平、吴海勇、陈勤建、张明华、韩志强、孔良、钱程、胡申生等 8 位专家学者分别阐述了实现中国梦与传承历史文脉的关联，先进知识分子在上海放飞中国梦的事实，传承历史文脉与保护文化遗产，以及发掘考古遗址、甲骨文研究、孔庙保护、方言保护、家庭教育等方面的关系，为年会提供了有价值的学术成果。

11 月 21 日　本会理事、劳动模范张万义同志因病逝世，享年 79 岁。张万义曾任金山石化总厂腈纶厂厂长，退休后加入本会，为研究会工作做出很多贡献。本会秘书长姚树新等出席追悼会表示沉痛哀悼。

11 月 19 日　本会与民俗文化学会共同举办第二届“上海文化资源保护和利用”学术研讨会，副会长陈卫平出席会议并演讲。

12 月 12 日　本会“炎黄论坛”在上海戏剧学院举行“追寻上海历史文脉”系列讲座第三讲，邀请建筑学专家阮仪三做“上海城市特色与保护”专题演讲，本会会员 150 余人出席。

2014 年

1 月 6 日　本会假座《长宁时报》会议室召开常务理事会，总结 2013 年工作，讨论 2014 年任务。大家充分肯定一年来的工作成绩，一致认为新的一年要学习贯彻习近平总书记关于文化建设的系列重要讲话精神，把各项工作做得更好。会议还研究了庆祝本会成立 20 周年的安排、新春联谊会安排、发展新会员等事项。

1 月 13 日　本会在上海社会科学会堂举行 2014 年新春联谊会暨中国传统戏曲艺术鉴赏讲座，180 余名会员欢聚一堂。周慕尧会长致新年贺词，常务副会长杨益萍做年度工作报。著名演员唐元才、沈轶丽、韩婷婷、陈甦萍、梁伟平、姚琪儿分别介绍了京、昆、越滑稽戏的起源、特征及表演风格，并表演了精彩节目，赢得大家阵阵掌声。

2 月 14 日　常务副会长杨益萍、秘书长姚树新一行在元宵节这天探望了本会顾问叶敦平、原秘书长张军和老会员祝瑞开。杨益萍等向他们致以春节问候,听取他们对学会工作的建议,对老同志关心支持研究会工作表示感谢,并祝愿他们健康长寿。

3月30日　由本会等单位主办的“上海之根”杯首届中学百校师生硬笔书法比赛,历时3个月于是日落幕。上海共有100多所中学3 000余名师生参赛,其中光明中学、田林三中、闵行中学等16所学校荣获“优秀组织奖”。

4月15日　本会会员、评弹表演艺术家周红在上海风华初级中学多功能会议室,用她那别有风味的吴侬软语,宣传普及评弹艺术,介绍了苏州评弹的诞生和嬗变,引来场下欢声一片。此次活动是由本会、上海评弹团、新知文化发展有限公司等联合主办的“评弹艺术进校园”系列活动之一。

4月26日　本会在市社联6楼会议室召开四届四次理事会,会议听取并审议通过了常务副会长杨益萍的工作报告,听取了本会年度财务收支情况报告。确定增补司徒伟智、于小央、陆廷、巢卫群为本会四届理事会理事。并确定:为做好炎黄文化传承普及工作,恢复炎黄书画院活动,建立炎黄文化宣讲团。会长周慕尧、咨询组组长丁锡满出席会议并讲话。周慕尧对各位理事为弘扬传承炎黄文化付出的辛劳表示深深感谢,强调指出,通过庆祝本会成立20周年,要全面展示研究会历程;炎黄书画院、炎黄宣讲团要健康地发展,充分发挥本会人才资源优势;要适当刊登上海历史故事和文化名人,进一步办好《炎黄子孙》杂志。

4月　为纪念本会成立20周年、展示20年来的学术成果,经精心选编的纪念文集《游赏精神家园——〈炎黄子孙〉论文选》,本月由上海文化出版社正式出版。该书从《炎黄子孙》历年文章中选出70余篇佳作,结集出版。为编好文集,本会领导和相关人员至为重视,老领导丁锡满亲自选择文稿,拟定栏目,指导编写,倾注了大量心血。

5月20日　本会假座上海社会科学会堂贵宾室进行学术沙龙活动,由副秘书长王德敏主持,谢宝耿、徐华龙、杨群、冯绍霆、黄占鳌、贺圣迪、刘惠恕、王佩玲、邵龙宝参加。活动围绕“社会主义核心价值观与传统文化”主题,联系当前社会现实,与会者畅所欲言,各抒己见。

5月23日　本会在上海戏剧学院继续举办“炎黄论坛”系列讲座,邀请上海高等教育学会会长、市教委原主任张伟江教授做“上海近代高等教育的足迹追踪”的专题演讲,系统介绍了近代上海高等教育艰辛起步、曲折发展、快速推进的轨迹,阐述了发展高等教育、深化教育改革问题。150余名会员出席。

5 月 25 日至 31 日　市社联举办第 13 届科普周，本会有 3 个项目入选科普周活动，分别是：上海市教委原主任张伟江谈“沪上近代高等教育变迁”，上海社科院文学所研究员潘颂德谈“《弟子规》与社会主义道德教育”，上海戏曲研究所夏镇华谈“苏州评弹溯源与沿革”。

5 月 31 日　“多学科视野：中华文化传统与社会主义核心价值观”学术研讨会在市社联会议厅举行，由市社联主办，本会与历史学会、哲学学会、伦理学会、民俗文化学会和市文史馆承办，60 余位专家学者与会。本会常务副会长杨益萍主持会议，市社联党组书记沈国明讲话。姜义华、仲富兰、李伟国、胡申生、陶飞亚、崔宜明、徐洪兴等学者做专题发言，熊月之、陈卫平做点评，参会学者做互动交流。学者们一致认为，中华优秀传统文化积淀着最深厚的精神追求，为中华民族生生不息、繁荣兴盛提供了无尽滋养；培育和弘扬社会主义核心价值观，必须立足于此。

6 月 5 日　本会会员王贵生年届八旬，退休后悉心研究普及中华优秀传统文化，汇集其研究成果的“甲骨文书法、绘画、石文化”展览于是日在嘉定文化活动中心举办。此前，他已在嘉定图书馆和社区多次举办“中华石文化”专题讲座，均受到当地百姓的关注和赞誉。

6 月 14 日、15 日　本会和韬图动漫科技有限公司共同主办的第 17 次汉字书同文国际学术研讨会，在静安寺街道文化活动中心举行。海内外专家 60 余人集聚一堂，围绕汉字简繁对应关系问题，字源、词源、字词结构研究问题，数字化新媒体技术在汉语教学中的应用研究问题，进行了交流探讨。常务副会长杨益萍、秘书长姚树新代表学会致辞，会上宣布于小央为本会汉字书同文专委会主任。

8 月 8 日　本会会员和有关方面代表在市社联会议厅欢聚一堂，举行纪念本会成立 20 周年大型座谈会。会上宣读了市委常委、市委宣传部部长徐麟的贺信，常务副会长杨益萍做主题发言，回顾了本会 20 年来的发展历程。7 位老中青会员代表丁锡满、叶敦平、于小央、陈增辉、王佩玲、曹金荣、严鸿魁相继发言，畅谈了本会创办以来取得的工作成果和收获体会。会长周慕尧做总结讲话，对本会会员长期以来的奉献精神表示衷心感谢，对本会今后工作提出进一步要求。市社联党组书记沈国明也到会并讲话，对本会 20 年的传统文化研究和普及工作予以充分肯定，寄望本会于新的历史阶段做出新贡献。

9 月 3 日　本会自创始初期起，即设有“南社学研究中心”，由本会顾问姚昆田负责，组织一批专业研究者做了大量工作。因得悉金山区、张堰镇有关领导也重视此项工作，本会于是日与金山区委宣传部和张堰镇党委取得联系，将与当地党委政府加强合作，与上海南社纪念馆密切联系，协同开展学术研究及相关工作。

9月26日　由本会、嘉定区江桥镇人民政府、雯婕传媒集团联合主办的“云淡峰起——上海炎黄书画院作品展”在江桥上海书画院展示厅隆重举行，共展出书画作品88幅。本会和有关方面领导周慕尧、马春雷、杨益萍、丁锡满、林峻、袁航、唐志平、乐震文出席，书画艺术家及观众百余人参加了开幕式。开幕式上，本会正式宣布上海炎黄书画院恢复活动。

9月27日　嘉定区有关街镇、嘉定博物馆、本会孔子文化专业委员会和孔子文化传播有限公司在嘉定孔庙举办了祭孔典礼，又在嘉定启良中学举办了“儒家文化”主题论坛。本会常务副会长杨益萍、副会长洪纽一、副秘书长潘为民与各界人士、孔子后裔数百人参加。洪纽一副会长在主题论坛上致辞，本会理事余治平做专题演讲。

10月20日　由本会担任指导单位的第9届崇明灶花艺术节在向化镇隆重开幕。本届除灶花博物馆做灶花艺术展示外，还进行了崇明山歌表演，本会领导杨益萍、丁锡满到场祝贺并向获奖单位颁奖。

10月31日　本会与上海工艺美术学会、民俗文化学会联合主办“海派文化与海派工艺美术的传承与发展”专题研讨会。会议论证了上海工艺美术特色形成的缘由，探讨了如何继承发展具有“上海味道”的海派工艺美术传统问题。本会会员、甲骨文研究专家韩志强和有关专家吴少华、王敏、龚世俊、王奎做了演讲。

11月7日　本会以“诸子百家与核心价值观”为主题在上海社会科学会堂举行2014年学术年会，近百人出席。常务副会长杨益萍主持会议，6位学者分别发表专题论文，计有：贺圣迪的《〈论语〉的家庭伦理思想》、夏乃儒的《墨家核心价值观纵横谈》、刘惠恕的《“礼”的精神实质及其对构建核心价值观的启示》、汤啸天的《法家思想与社会主义核心价值观》、张冰隅的《“和谐”是中国传统文化的基本理念》、邵龙宝的《儒学价值的当代转化与社会主义核心价值体系建设》。副会长陈卫平做了学术点评。年会上，还宣布了上海炎黄文化宣讲团正式成立，陈正兴、洪纽一向宣讲团首批20位宣讲师颁发了聘书。

本年　本会会员韩志强对甲骨文有很深的研究，虽年逾古稀，雄心不减。

2014 年以来多次深入部队、学校、社区举办“中国梦，我的梦——韩志强甲骨文书法展”，举办“甲骨文专题讲座”，深受部队官兵、学校师生、社区市民欢迎。他贴近百姓，自携纸墨，免费为观众书写甲骨文十二生肖象形字书。

2015 年

1 月 15 日　本会假座南鹰宾馆会议室召开常务理事会，会议回顾了 2014 工作情况，讨论 2015 年工作设想，通报了 2014 年发展会员情况。

2 月 4 日　本会假座上海社会科学会堂报告厅举办 2015 年新春联谊会，150 多名会员参加。常务副会长杨益萍做本会年度工作报告，著名演员王汝刚、顾竹君、徐惠新、周红等做曲艺知识讲座，并表演了上海说唱、评弹、独脚戏、相声等精彩节目。

2 月 6 日、3 月 15 日　本会分别与长宁区周桥街道、嘉定区江桥镇签订弘扬优秀传统文化共建协议，约定共同开展优秀传统文化宣讲活动，分送《炎黄子孙》杂志，组织书画摄影活动。常务副会长杨益萍、秘书长姚树新等出席仪式。

4 月 8 日　本会在江桥召开《炎黄子孙》杂志部分作者座谈会，组织撰写关于抗日战争胜利 70 周年和新文化运动 100 周年的纪念文章，研究进一步做好杂志工作。

4 月 10 日至 13 日　全国第 10 届中学生作文大赛总决赛暨颁奖典礼在上海举行，本会和新知文化发展有限公司承办了这次活动。第十届全国人大常委会副委员长顾秀莲，本会老领导周慕尧、丁锡满，常务副会长杨益萍等出席。其间，举办了“作文与做人”专家论坛，本会顾问于漪做主旨发言。

4 月 27 日　本会组织研究会老领导周慕尧、陈正兴、严家栋、张正奎、邓伟志、丁锡满、李伦新等参观全国文明村江桥镇太平村，听取了村党支部书记苏兴华的介绍，参观了村容村貌和展厅。该村的村域治理经验令人深受教育。

5 月 6 日至 17 日　本会会员、甲骨文专家韩志强在长宁区图书馆举办“甲骨文书法艺术展”，并举办“甲骨文与中国文化思维”专题讲座。本会杨益萍、姚树新和部分会员参观展览，对韩志强在传承甲骨文文化方面取得的成就表示祝贺。

5 月 7 日　由本会策划组织、黄浦区老西门街道承办的“唱响《大刀进行曲》——口述历史:抗日战争中的老西门"主题活动在文庙明伦堂举行。本会顾问顾延培、理事过传忠、陆澄做主题演讲,老领导周慕尧、丁锡满,以及杨益萍、洪组一和部分会员、社区居民、学校师生一起参加了这次活动。

5月23日　为纪念毛泽东同志《在延安文艺座谈会上的讲话》发表73周年,本会书画院、江桥镇人民政府、雯婕传媒在江桥镇联合举办以"艺术源自生活"为主题的"五月油画展"开幕式,共展出80余幅作品,其中包括邱瑞敏、夏葆元、夏予冰、石奇人、金己、徐文华、程俊杰、侯伟、章德明等诸多名家的精品。本会杨益萍、洪组一、邓伟志、严家栋、丁锡满、张正奎,江桥镇镇长汪洁等百余人出席。

6月2日　本会假座上海社会科学会堂举行学术沙龙活动,研讨"家庭伦理与中华传统美德"问题,为学术年会做准备。龚伯荣、徐华龙、王有钧、潘颂德、蒋开明等5位专家发言,分别从家庭、历史人物、筷子文化、《弟子规》及中外学者认知等方面发表见解。副秘书长王德敏主持活动,常务副会长杨益萍出席并讲话。

6月4日　本会假座上海戏剧学院端钧剧场,邀请苏智良教授开设"上海对抗日战争的贡献"专题讲座。此次讲座作为"炎黄论坛:追寻上海历史文脉系列讲座"之一,引起听众极大兴趣。本会副会长洪组一主持讲座,杨益萍、丁锡满和部分会员、戏院师生150余人参加。

6月9日　老领导周慕尧、常务副会长杨益萍等,在本会顾问姚昆田陪同下,赴金山张堰镇参观姚光故居和南社纪念馆。参观者仔细察看史料,深感有必要加强与有关部门联系,开展研讨活动,发挥该场所作为传播优秀传统文化基地的作用。

6月29日　本会秘书长姚树新、炎黄书画院执行院长陆廷,应邀出席江桥镇"庆祝中国共产党成立94周年暨区域化党建工作大会",分别代表本会和本会书画院与江桥镇党委签订江桥镇区域化党建共建协议。

7月4日、5日　本会假座上海现代服务业联合会礼堂,举行第18次汉字书同文国际学术研讨会暨"一简多繁"研究成果发布会,海内外专家40多人参加会议。会议发布了"一简对多繁"的研究成果,围绕"汉字简繁关系"和"汉语教学及汉字源流对汉字教学的支持"等议题展开了研讨。汉字书同文专委会主任于小央致欢迎词,老领导丁锡满致开幕词,常务副会长杨益萍致闭幕词,黄泰豪、郑超、吴小燕等做主旨发言。

7月8日　上海炎黄文化宣讲团假座文庙儒学署举行座谈会，宣讲团副团长兼总干事王佩玲主持会议，副会长、宣讲团团长陈卫平和秘书长姚树新回顾了宣讲团工作情况。潘颂德、王贵生、陈勤建、宋路霞、瞿志豪、张冰隅、朱子彦等先后发言，交流了深入部队、机关、街道、城镇、学校开展宣讲活动的体会，就如何更好地开展活动提出建议。常务副会长杨益萍向宣讲师的辛勤劳动表示感谢。

7月10日　本会假座上海社会科学会堂，围绕提升会刊论坛质量、扩大稿源，召开《炎黄子孙》部分作者座谈会。执行主编倪家荣主持会议，老领导丁锡满、常务副会长杨益萍，以及作者刘惠恕、邓牛顿、王佩玲、汤啸天、卞权、陈增辉、吴锦祥、钱渊、徐剑锋等参加座谈。众人一致认为，要坚持挖掘传统文化资源，借古鉴今，坚持以传统文化智慧启迪后人，允许不同风格、不同学术观点，开展百家争鸣，不断扩大作者群，把杂志越办越好。

8月16日　本会与民俗文化学会、《上海滩》编辑部等联合举办第四届“上海文化资源保护与利用”学术研讨会，着重探讨了上海城市千年形成的历程、上海城市精神等。

8月19日　为纪念抗日战争胜利70周年，本会与解放日报社、新知文化发展公司、松江雪浪湖公司和向明中学在松江雪浪湖度假村联合举办“上海之根·向明杯”中学生书法比赛。全市100多所中学数以千计的师生参赛，115位师生进入决赛，书写内容均与抗战爱国有关，充分体现了铭记抗战历史、激发爱国情怀、弘扬中华文化的宗旨。经本会顾问张森等专家评审，评出一等奖10名，二等奖17名，三等奖38名。

9月10日　为纪念新文化运动100周年，由市社联主办，本会与哲学学会、历史学会、民俗文化学会、伦理学会共同承办的“多学科视野：新文化运动与传统文化”学术研讨会在社联会议厅举行。市社联党组书记、专职副主席沈国明出席并讲话，本会常务副会长杨益萍主持会议。姜义华等12位专家学者做专题发言。

9月28日　本会在江桥镇隆重举办“我的祖国·人文江桥油画作品展”，参展画家35位，包括邱瑞敏、夏葆元、夏予冰、石奇人、黄阿忠、俞晓夫、金已、徐文华、程俊杰、侯伟、章德明、陆廷等老中青名家。老领导周慕尧，现领导杨益萍、洪纽一，嘉定区委常委、宣传部部长林峻，江桥镇党委书记袁航，镇长汪洁等百余人出席观展。

10月21日　市社联举行学术团体工作会议暨学术活动月开幕式，对2012—2014年度优秀学术团体和个人予以表彰。本会被评为“上海市优秀学会”，这是该奖项设立以来本会连续第四次获得这一荣誉称号。上海炎黄文化宣讲团还获得“学会特色活动”奖，本会会员陆廷、刘惠恕被评为“优秀学会工作者”。

10月20日　第10届崇明灶花艺术节开幕式在向化镇隆重举行。崇明乡间灶花至今已有千余年历史，各种花鸟虫鱼由砌灶的泥匠即刻画成，反映了民间的良好祈愿。为保护这一珍贵的非物质文化遗产，崇明县向化镇领导筹资举办灶花节，建立了灶花博物馆。本会一直担任该活动指导单位。是日，常务副会长杨益萍一行与县镇领导和村民一起参加了活动。

10月23日　本会假座社联会议厅，与固定资产建设投资协会共同邀请著名作家梁晓声进行“创新社会治理”专题讲座。梁晓声以开阔的视野，剖析社会治理存在的问题，阐述强化社会治理的急迫性，使听众深受启迪。本会会员百余人出席。

10月29日　本会与上海工艺美术学会、工业美术设计协会等在嘉定共同举办“追溯历史传承创新海派工艺文化”跨学会研讨会，5位专家围绕海派工艺文化的文物资源、文化地位和艺术价值展开了研讨。与会者还参观了嘉定博物馆、竹刻博物馆和工艺美术职业学院。

11月6日　本会与黄浦区委宣传部、文明办、妇联联合在文庙明伦堂举办2015年学术年会。龚伯荣、吴森逸、余治平、王国杰、赵山林、王佩玲等6人做演讲，黄浦区委常委、宣传部长李蓥做专题介绍，本会副会长陈卫平做学术点评，杨益萍做会议总结。老领导周慕尧，副会长洪纽一、唐长发和会员百余人出席。

12月24日　是日19点20分，市委宣传部原副部长、《解放日报》原总编、本会原常务副会长丁锡满同志在华东医院逝世。丁锡满在本会工作10余年，为弘扬中华优秀传统文化做出了杰出贡献。在他住院治疗期间及逝世后，本会老领导周慕尧、庄晓天、陈正兴，以及杨益萍、洪纽一、吴孟庆、褚水敖、唐长发和诸多会员多次前往探望慰问。

12月28日　本会在上海社会科学会堂召开四届六次理事会，杨益萍主持会议。与会者为丁锡满同志的逝世默哀。会议决定潘为民任本会代理秘书长，司徒伟智为本会副秘书长，增补刘建、汤啸天等7人为理事。会议同意按照有关规定申请延迟换届一年，延期召开第五次会员代表大会。会议听取并审议了本会年度工作报告，进行了热烈讨论；围绕吸收新鲜血液、加强青少年传统文化教育、开展宣讲工作、发挥研究会智库功能等专题，提出了诸多建议。

2016 年

1 月 11 日　主题为“时光记忆”的王贵生古文字楹联展在嘉定图书馆举行。本会会员王贵生年届八旬，长期孜孜不倦地研究古文字，其成果受到楹联爱好者及观众好评。常务副会长杨益萍等 50 余人出席了开幕式。

1 月 15 日　本会假座上海科学会堂举行新春联谊会暨民族乐器艺术欣赏活动。会领导杨益萍、洪纽一、吴孟庆、唐长发、朱荫贵、陈勤建，顾问陈正兴、邓伟志、李伦新、丁法章、张森、姚昆田和百余名会员出席。联谊活动邀请国乐研究会的艺术家演奏并讲解富有民族传统的江南丝竹，邀请字模一厂师傅展示具有悠久历史的活字印刷工艺，在宣纸上当场拓印出《千字文》《三字经》《弟子规》，邀请书法家吴良安、淳于书伍、韩志强、金国栋书写春联。

2 月 1 日　时值寒冬季节，常务副会长杨益萍率书法家韩志强、金国栋、李俊一行来到海军码头，登上登陆艇“雁荡山号”，代表本会慰问守卫海疆的子弟兵。据介绍，这艘具有光荣传统的登陆舰曾六下南沙，担负巡逻警戒任务，为南沙建设做出重大贡献。书法家们挥毫泼墨，以一副副充满喜庆的春联、“福”字和甲骨文生肖作品，表达了本会会员的拥军之情。

3 月 3 日　本会新成立的学术研究委员会(陈卫平为主任，朱荫贵、杨剑龙为副主任)于 2016 年召开专题会，研究如何把“追寻上海历史文脉、发扬上海城市精神”作为重点，策划学术活动。

3 月 9 日　本会新成立的文化普及委员会(洪纽一为主任，吴孟庆、陈勤建、刘建为副主任)于 3 月 9 日召开专题会，研究如何做好宣讲团、青少年教育、书画院工作，形成普及活动特色。

3 月 6 日　由团市委和本会共同指导，由青年报社和新知文化发展有限公司主办，“中国电信杯上海中小学生亲近古诗文大赛”在本市中小学校园持续开展了 3 个月后，于 10 日假座斜土社区文化中心举行决赛暨颁奖仪式。其间，17 支参赛队依次登台，一展风姿。盲童学校表演的《中国少年说》，掷地有声，气势磅礴；新普陀小学演绎的《唐诗里的中国》，琴声悠扬，格调高雅。

3月28日　清明节前夕，本会举行丁锡满同志追思会，副会长褚水敖主持会议，本会40余人出席。与会者肃立默哀，深情缅怀丁锡满同志。老领导周慕尧深情地说，丁锡满对于弘扬传统文化的满腔热情、执着不息，离岗后依然孜孜不倦，我们怀念丁锡满同志，就是要怀念这种精神，继续推动优秀传统文化的研究普及工作。杨益萍、洪纽一、李伦新、张正奎、梁妙珍、周胜鸿、夏乃儒、司徒伟智、甘建华、陆澄等也相继发言。丁锡满夫人王柳媚出席追思会并表示感谢。

4月初　由本会孔子文化专业委员会、嘉定区街镇、嘉定博物馆等联合举办的2016年清明祭孔典礼，日前在嘉定孔庙隆重举行。本会潘为民、余治平、孔庆健与各界人士、孔子后裔等280余人参加活动。参与者亲历了一次中国传统文化的教育和洗礼。

4月15日　上海炎黄书画院举行“梳理炎黄文化脉络，拓展书画创作选题”研讨会，本会杨益萍、洪纽一、吴孟庆、潘为民和专家学者20余人出席会议。研讨会由书画院院长吴孟庆主持，着重研讨如何用书画形式来表现炎黄文化核心精神。文史专家冯绍霆、朱荫贵、杨剑龙、夏锦乾围绕炎黄文化的精神内涵做了精辟讲解。画家陆廷、瞿谷量、陈谷长、朱新龙、胡震国、奚文渊等表示，通过梳理炎黄文化脉络，可以找到“地域性”“时代性”两把钥匙，打开创作的突破口。

5月16日　第11届中学生作文大赛上海赛区颁奖典礼在格致中学礼堂隆重举行。杨益萍、梁妙珍、袁国华、顾红蕾、王厥轩等，以及获奖学生、指导教师、学校代表200余人参加颁奖典礼。至此，历时近一年的赛事圆满落下帷幕。本届大赛自2015年9月启动以来，经初赛、复赛、决赛层层角逐，上海共遴选出100篇优秀习作送大赛参评，入围全国总决赛的12篇习作获得一等奖，3人获“恒源祥文学之星”提名奖，其他88名选手分获全国二、三等奖。

5月、6月　本会宣讲团积极参与市社联“东方讲坛”科普周活动。经研究，确定以“家风家训中的文化传承”为宣讲主题，由潘颂德、陈勤建、苏兴良、孙渝烽、胡申生、王佩玲、施炎平、王国杰、余治平等9位宣讲师承担宣讲任务。讲座于2016年5月22日到2016年6月16日举行，分布在上海9个街道讲堂，听众总计过千人。

5月23日　由本会炎黄书画院与上海师范大学美术学院第一工作室联合举办的“源于生活·五月油画展”，在嘉定区江桥镇拉开序幕。该展系市社联开展的“科普周”活动之一。周慕尧、杨益萍、洪纽一、吴孟庆、俞晓夫、程俊杰、侯伟、潘为民、袁航等百余人出席画展。画展共展出百余幅作品，包含资深画家的精品力作，也包含莘莘学子的崭新制作。

5月　由本会主编的《传承炎黄文化的先行者——丁锡满同志追思文集》印行发布。该文集汇编了追思会上周慕尧同志的发言等14篇文稿，辑入了丁锡满生前的57幅照片。本会通过本书的印行发布，旨在永远纪念并发扬丁锡满一心一意传承祖国优秀传统文化的精神，继续推动中华优秀传统文化的研究和普及工作。

6月11日　由本会和上海韬图动漫科技公司共同主办，汉字书同文研究专委会承办的第19次汉字书同文学术研讨会在浦东新区召开。来自北京、上海、香港、台湾等地和韩国、美国的学者出席了研讨会。代表们纷纷阐述了书同文对于传承汉字、弘扬中华文化的深远影响，同时对“一简对一繁”简化字完善化问题提出建议，对汉字字源、词源进行研究，对编写《华语简繁实用字典》展开了讨论。

9月4日　本会与嘉定区嘉定街道、嘉定区博物馆等共同主办的祭孔大典在嘉定孔庙举行，社会各界和孔子后裔宗亲代表参加。本会代表潘为民、王源康、余治平和有关方面负责人沈杰、虞为民、邵辉、胡晓晖分别向孔子像敬献花篮。

9月10日　本会宣讲团宣讲师胡申生、王佩玲应上海人民广播电台邀请，现场直播“儒家教育思想对当代的影响”专题讲座。两位宣讲师在教师节当日以生动的故事讲述儒家教育思想的核心内容，介绍“诗教传家”的教育形式，铺叙儒家教育思想的当代践行价值，获得了主持人和听众的一致好评。

9月23日　“多学科视野：从传统到现代——纪念孙中山先生诞辰150周年”学术研讨会由市社联主办，本会与历史学会、哲学学会、伦理学会、民俗文化学会和《世纪》杂志社承办。活动在社联会议厅举行，60余位学者与会。本会常务副会长杨益萍主持会议，熊月之、仲富兰、沈祖炜、廖大伟、邵龙宝、谢宝耿、蔡志栋、曾亦、戴鞍钢等9位学者做了专题发言。大家从各自研究的专业课题出发，就研究学习孙中山的思想包括传统文化观，推进改革和建设事业，做了各具特色的探讨。

9月　上海炎黄书画院携手上海长宁美协参加了在祖国边陲小城黑河举办的“南绘北语”上海—黑河油画雕塑交流展。炎黄书画院执行院长陆廷、副院长韦献青和画家黄阿忠、姜建忠、胡震国、陆永生等出席画展开幕式。他们还参观考察了黑河学院美术与设计实践中心及创作基地，并就艺术创作、绘画语言、风格、形式与当地画家们进行了座谈交流，收获颇丰。

10月5日　本会与上海工艺美术学会、工业美术设计协会等在汾阳路79号联合举办跨学科研讨会，主题为“工艺美术创新发展与审美价值”。7位专家学者在会上做了专题发言，本会会员、著名画家周加华的演讲“重拾信心、否极泰来——浅议工艺美术的传承创新”受到与会者的关注和赞赏。

10月14日　上海市文史研究馆举办“纪念王退斋先生110周年诞辰暨《王退斋诗选》出版座谈会”。上海市副市长赵雯莅临会场，向上海图书馆副馆长周德明授书。本会顾问姚昆田、副会长吴孟庆和刘建、王佩玲等出席座谈会。《王退斋诗选》由上海古籍出版社出版，吴孟庆担任了该书主编并作序，王佩玲作为副主编参与了该书编辑工作。

11月2日至3日　第四届中部六省炎黄文化论坛在安徽省绩溪县召开，本会代表、副会长洪纽一和副秘书长王源康应邀出席。10位学者和专家在论坛上发表论文。本着“历史是不可改变的，文化是可以传承的”宗旨，各地代表进行了深入交流。

11月4日　本会与徐汇区政协在上海社会科学会堂联合举办2016年学术年会，主题为“创新：上海文化的历史与未来”。陈正兴、韦源、杨益萍、洪纽一、吴孟庆、张正奎、褚水敖、陈卫平、朱荫贵、唐长发、潘为民等160余人出席。会上发表论文9篇，夏乃儒以上海历史上大型辞书接连编撰成功为视角；王源康以商务印书馆百年来的系列创新做例证，阐明上海文化超乎寻常的创新精神；冯绍霆讲述了上海历史上的奇人杨维桢的文化贡献；徐华龙论证了上海服装与时俱进引领风潮，从各个角度凸显了上海文脉的创新特征。

12月17日　本会在上海社会科学会堂召开常务理事会，常务副会长杨益萍主持会议，会议审议通过了副会长洪纽一做的《换届筹备工作报告》，审议通过了代理秘书长潘为民做的《章程修改说明》，审议通过了本会《2016年总结、2017年设想》年度工作报告。会议决定近期召开四届七次理事会，商定了2017年迎春团拜会的安排。

12月23日　历经数年精心筹备，本会举办的“一片冰心——高式熊书法篆刻艺术展”在长宁图书馆隆重开幕。高式熊是当今书坛德高望重的书法篆刻家、市书法家协会顾问、文史研究馆馆员、西泠印社名誉副社长，也是上海炎黄书画院首席顾问。本次展览分"家学渊源师出名门""神汇于古声名鹊起""立足继承弘扬国粹""鲁庵印泥非遗传人""书坛名宿印学翘楚"五大部分，60幅作品较完整地反映了高式熊近90年的从艺生涯，反映了他在书法篆刻艺术以及印泥制作技艺传承上所做的巨大贡献。展期一周，于12月28日闭幕。

12月25日　本会"炎黄评弹之友"社假座静安寺街道文化活动中心，举行成立10周年庆祝活动，50多位炎黄评弹之友欢聚一堂，推出了热情的贺词和精彩的演出。本会常务副会长杨益萍出席活动并做了热情洋溢的讲话，对该社坚持10年，为保护光大优秀传统文化所做的努力表示敬意。

12月27日　本会假座上海社会科学会堂召开四届七次理事会。会议由常务副会长杨益萍主持，审议通过了副会长洪纽一做的《关于换届筹备工作报告》、代理秘书长潘为民做的《关于2016年工作总结与2017年工作设想报告》。

2017年

1月6日　常务副会长杨益萍、代理秘书长潘为民一行探望了本会老专家沈沉和邓牛顿。杨益萍等向老专家介绍了本会去年工作情况，对老专家关心研究会工作表示感谢，祝愿他们身体健康，阖家幸福。

1月10日　本会假座文艺会堂举行2017年迎春联谊会，150多名会员出席。文联艺术团的艺术家们表演了精彩的沪剧、越剧、魔术、舞蹈、相声等节目。沪上书画名家高式熊、张森、陈谷长、宣家鑫等奉献了精心创作的书画作品，并捐赠给抽奖活动，金国栋、淳于书伍等书写了一副副新春对联，为大家送上新年祝福，著名剪纸专家赵子平则为大家表演剪纸技艺。

1月12日　副会长陈勤建、代理秘书长潘为民一行，来到本会团体会员单位——小矮人教育信息咨询有限公司调研。他们听取了该公司介绍，征询对本会工作的意见，并对公司的文化普及工作提出建议。

1月14日　本会在青浦召开2017年研究会工作务虚会，杨益萍、洪纽一、潘为民、刘建等出席会议。会议回顾了本会2016年的工作，对2017年工作提出建议。大家一致认为，要把研究传承作为立会之本，坚持炎黄特色、时代特征、上海特点，加大学术研究力度，实现研究和传承的结合。

2月10日　百余位书画家欢聚天平宾馆百卉苑，出席由上海炎黄书画院和长宁区美协联袂举行的新春团拜会。本会及有关方面负责人杨益萍、洪纽一、吴孟庆、潘为民、刘建、陆廷、陈建兴、曹伟明、陈源，著名艺术家张森、高式熊、邱瑞敏、夏葆元、李向阳、黄阿忠、张安朴、宣家鑫、杨冬白等出席活动。洪纽一向王成城、王悌龙、许余庆、徐葆欣、刘巽侠、奚赛联、谭尚忍、李晓荣等颁发了炎黄书画院书画艺术家聘书。

2 月 20 日　本会常务副会长杨益萍出席文化合作项目座谈会，与江桥镇党委书记汪洁等共商深化中华优秀传统文化共建活动。3 月 2 日，本会领导又与江桥镇党委领导深入交谈，双方就开展“人文江桥”美术创作活动，开展江桥“杰出乡贤”发掘活动及开设讲座、分送会刊等工作进行研究，达成了共识。

2 月 24 日　上海炎黄文化宣讲团在市社联 7 楼举行沙龙活动，研讨 2017 年科普周系列讲座课题内容。杨益萍、洪纽一、朱荫贵、陈勤建、潘为民、王佩玲，以及部分特邀宣讲师周山、瞿志豪、胡申生、王国杰、余治平、潘颂德、张风池等参加了活动。与会者围绕如何做好 2017 年科普周系列讲座发表意见，拟定“传统与当下：中华文化的智慧”为本年度讲座主题。

2 月 25 日　第 12 届中学生作文大赛上海赛区颁奖典礼在市四中学礼堂举行。出席典礼的有中宣部原副部长龚心瀚，全国教书育人楷模于漪，本会及相关方面负责人杨益萍、洪纽一、王厥轩、步根海、梁妙珍、袁国华、芮仁杰，以及获奖学生、指导教师和学生家长代表。杨益萍在致辞中充分肯定了本届大赛的六个特点，衷心希望广大中学生继续展现文采，抒发胸怀，书写梦想，提高文学素养。颁奖典礼上，还先后颁发了评委证书、上海赛区特等奖、优秀教师指导奖、公益赞助证书。

3 月 6 日　杨益萍、洪纽一、潘为民一行来到本会团体会员单位——上海新知文化公司调研。该公司成立于 2002 年，编辑《中学生导报》上海版，举办中学生作文大赛等多项公益性活动，广受学生欢迎。调研活动中，公司领导梁妙珍、严鸿魁分别介绍了公司情况。本会领导对该公司工作给予充分肯定，并提出了殷切希望。大家还围绕如何面向青少年做好传统文化普及工作进行了深入探讨。

5 月 2 日　杨益萍、潘为民、司徒伟智一行赴本会汉字书同文研究专委会调研。专委会主任、韬图动漫有限公司董事长于小央介绍了第 20 次书同文国际学术研讨会筹办情况，介绍了把古汉字研究融入语文教学的艰辛探索过程。多年来，该公司精心编撰《汉语动漫字典》，将汉字的音、形、义通过动漫形式表现出来，有效地提升了汉语教学的趣味性和知识含量，推动了汉语更好地走向少数民族，走向海内外。

5月6日　本会假座文艺会堂举行《百年老西门》摄影集首发暨老城厢文化委员会成立仪式。老城厢是上海历史的发祥地，近500年来这里留下了诸多名胜古迹，也留下了一些红色革命记忆。本会成立老城厢文化委员会，将深入发掘老城厢原住民文化生活的史实，探寻老城厢文化形成的历史背景，讲好上海传统文化故事。本会顾问李伦新发表了热情洋溢的讲话，孙渝峰、曹雷、陆澄、刘安古现场朗诵诗篇。

5月18日　市社联召开科普工作表彰大会，本会被授予“2016—2017年度上海市社科普及工作先进集体”称号。此次评选，全市共有10个单位获此殊荣。副会长陈勤建代表本会上台领奖。

5月23日　由上海炎黄书画院主办的第三届“源于生活”五月油画展在上海书画院展示厅隆重开幕，老领导周慕尧，现领导杨益萍、洪纽一、潘为民和130余名嘉宾出席。本次展览最显著的特点是以一批年轻油画家为主体，展出了孙志奎等12人的91幅作品，他们在画面上展现的色彩、造型和笔触洋溢着盎然向上的生机。

6月8日　在商务印书馆创立120周年之际，由市社联和静安区人民政府主办，本会与历史学会、哲学学会、伦理学会、民俗文化学会、静安区文化局承办，商务印书馆协办的“多学科视野：商务印书馆与中华文化自信”学术研讨会，在商务印书馆旧址（天通庵路190号）举行，专家学者和各界人士百余人与会。研讨会上，专家学者们新见迭出，深情回顾商务印书馆120年历史，赞颂张元济等诸多前驱者抱持“昌明教育，开启民智”的使命，促成商务印书馆成为推动中国现代化进程的重要引擎，成为中国历史上最大的出版企业。

7月12日　上海武警总队礼堂座无虚席，官兵们全神贯注地聆听了本会宣讲团胡申生教授的讲座“家风家训中的文化传承”。胡教授以中华传统文化中的“家风家训”为线索，深入浅出，引经据典，结合当代反腐倡廉、道德教育，深刻阐述了传承家风家训的重要意义。

7月14日、15日　由本会主办，湖南省新华书店集团、湖南教育出版社、上海韬图动漫科技有限公司、本会汉字书同文研究专委会共同承办的第20次汉字书同文国际学术研讨会暨民间汉字书同文研究20周年纪念会在湖南长沙举行，来自北京、上海、台湾、香港等地区和韩国、美国、加拿大的汉字研究专家 50 余人参加。本会副会长吴孟庆致开幕词，他回顾民间汉字书同文研究 20 年来取得的成就，期望大家更广泛、更深入地开展学术研究，为实现汉字书同文做出更大贡献。

8 月 14 日　本会杨益萍、洪纽一、陈勤建、潘为民、王佩玲等在专题会上研究了本会宣讲团工作。会议指出，宣讲团成立三年多来，为传播优秀传统文化付出了艰辛劳动，积累了宝贵经验，要进一步提升水准，扩大影响。

8 月 23 日　本会顾问、著名书法篆刻家高式熊在家人陪同下来到本会办公室，为炎黄书画院艺术家的画作题字。年届 97 的高老精神矍铄，分别用铁篆、隶书、楷书等挥毫题字，留下墨宝，使这批为喜迎党的十九大召开而创作的画作更加熠熠生辉。

8 月 21 日、29 日　本会书画院为主办“绿色申城——上海城市公园绿地撷萃”创作展览活动，该两日分别召开国画、油画工作会议，宣告该项目正式启动。国画艺术家 20 人、油画艺术家 35 人参加会议。改革开放以来，上海城市环境发生了巨大变化，书画院以此为切入点，试图展现上海城市公园的历史变迁，讴歌取得的伟大成就。该项目计划创作 120 幅左右，创作周期一年。

9 月 12 日　本会假座上海社会科学会堂召开四届八次理事会，常务副会长杨益萍主持会议并做《第四届理事会工作报告》，副会长洪纽一做《关于换届筹备工作和建议名单的报告》，代理秘书长潘为民宣读了《第五届研究会相关人选的建议名单》，副秘书长司徒伟智宣读了《关于章程修改草案的说明报告》。会议审议通过了上述报告和名单，决心集中精力做好各项准备工作，开好第五届会员代表大会，推动本会工作取得新进展。

9 月 16 日　在喜迎党的十九大的日子里，“美在上海”青少年、儿童绘画创意大赛颁奖典礼在上海书画院展厅隆重举行。该活动由本会炎黄书画院和市美协儿童艺术委员会主办，新知文化发展有限公司承办，小杨生煎（上海）有限公司协办。

9 月 23 日　丁酉年秋季上海各界人士祭孔典礼在上海嘉定孔庙举行。本会代理秘书长潘为民、副秘书长王源康，嘉定镇街道党工委领导甘永康、沈杰、虞为民，以及嘉定博物馆副馆长朱匀先、沈中等代表主办单位出席典礼。

10 月 17 日　由本会担任指导单位的第 12 届崇明灶花节在向化镇隆重开幕，本会常务副会长杨益萍出席开幕式并发表致辞。灶花艺术节经过 10 余年历练，已成为崇明文化艺术品牌活动之一。崇明区、向化镇领导和民众代表出席了本次活动。

11月1日　本会第五届会员代表大会在上海社会科学会堂举行，老领导周慕尧、陈正兴，顾问李伦新、张正奎、丁法章、徐福生和150余名会员代表出席大会。市社联领导任小文和王克梅、徐婷婷等也出席会议。大会由副会长陈卫平主持，常务副会长杨益萍做第四届理事会工作报告，代秘书长潘为民做第四届理事会财务报告，副会长褚水敖做关于章程修改的说明，副会长洪纽一做换届筹备工作和建议名单的说明，副会长吴孟庆宣读第五届理事会理事、监事候选人名单。大会确定唐长发为选举总监督人。经大会选举，产生了本会第五届理事会和监事，随即召开的第五届理事会第一次会议，选举本会第五届领导班子：杨益萍为会长，洪纽一、陈卫平为常务副会长，陈勤建、朱荫贵、杨剑龙、马军、陈忠伟为副会长，潘为民为秘书长。新任会长杨益萍在大会上讲话，表示感谢大家的信任，要勤奋学习，务实工作，依靠会员共同努力，为弘扬中华优秀传统文化做出新贡献。市社联专职副主席任小文讲话，对本会致力于研究传播优秀传统文化取得的成绩表示充分肯定，对新班子表示热烈祝贺，并提出殷切希望。

11月17日　本会以"让优秀传统文化融入生活"为主题在上海社会科学会堂举行学术年会。5位专家发表论文，4个分支机构交流经验。陈正兴、杨益萍、洪纽一、陈勤建、马军、潘为民、李伦新、徐福生、吴孟庆等100余人出席。副会长陈勤建主持年会，会长杨益萍做总结讲话。众多会员为党中央高度重视弘扬中华优秀传统文化而深受鼓舞，决心在党的十九大精神指引下，遵循中央发布的《关于实施中华优秀传统文化传承发展工程的意见》，潜心研究优秀传统文化这座历史宝库，将其全方位融入国民教育各个领域、各个环节。

11月28日　全国炎黄文化论坛暨第五届中部六省炎黄文化论坛在山西省长子县召开。来自中华炎黄文化研究会的代表，中部六省（湖北、湖南、河北、安徽、山西、江西）的代表，全国其他省份的代表120余人齐聚一堂，共同展开研讨。本会副秘书长王源康参加会议并发言。

12月9日、10日　由本会、上海新知文化发展有限公司等主办的第13届中学生作文大赛上海赛区决赛在黄浦区鲁班路赛场成功举行。本会会长杨益萍、秘书长潘为民到现场观看了决赛情况。

12月27日　本会新老会长聚集一堂，在恒源祥公司会议室召开工作座谈会。座谈会由常务副会长洪纽一主持，杨益萍会长通报了本会今年主要工作和明年工作设想。朱荫贵、吴孟庆、唐长发、杨剑龙、陈勤建、马军、陈忠伟、潘为民等分别发言，对做好本会明年工作提出建议。老领导周慕尧对研究会充分用好人才优势、做好明年工作提出了殷切希望。

12月31日 “喜庆十九大——2018·古典诗词迎春书画展暨诗歌朗诵会”在浦东周浦隆重开幕。本次活动由本会与周浦镇人民政府主办，上海炎黄书画院和周浦美术馆承办，东元金石书画院协办。出席开幕式的有：老领导金炳华、周慕尧、陈东、吴孟庆等，本会领导杨益萍、洪纽一、潘为民，周浦镇领导李幼林、蔡赞石、贡柳兰，著名书画家高式熊、张森、张培础，会员和各界群众500余人。书画展共有45位艺术家参与创作，展出作品86幅。

本年 社联“东方讲坛”继续举办科普周系列讲座，本会宣讲团积极参与，承担了其中10场讲座。分别为：陈勤建谈“二十四节气中的中国智慧”；王佩玲谈“知书识礼与君子智慧”；余治平谈“董仲舒的智慧与中国气质”；潘颂德谈“中国古典诗歌的智慧”；胡申生谈“中国文化中的处世和社交智慧”；王国杰谈“中西餐饮文化中的智慧”；朱子彦谈“三国演义的智慧”；朱荫贵谈“中国商业文明智慧”；周山谈“墨子的平民智慧”；张凤池谈“中国传统文化中的智慧”。讲座深入浅出，贴近民众，广受各方好评。

2018年

1月7日 由市社联、中共静安区委宣传部主办，本会与历史学会、哲学学会、伦理学会、静安区文化局、上海蔡元培故居陈列馆承办的“多学科视野：蔡元培与中华民族伟大复兴——纪念蔡元培先生诞辰150周年学术研讨会”在上海延安饭店举行。由本会会长杨益萍主持，静安区委宣传部部长沈大明、市社联专职副主席解超致辞，近50位专家学者出席会议。会上发布了熊月之等学者的13篇论文，本会常务副会长陈卫平做总结发言。

1月13日 本会与上海戏剧学院诗元工作室在易元堂美术馆共同主办“中国文化传统的当代续接”论坛。易元堂美术馆理事会主席、上海油画雕塑院一级美术师周加华做了主题演讲，本会杨益萍、杨剑龙、潘为民、陆廷等，以及上海戏剧学院教授王邦雄等30余人出席论坛活动。

1月20日 本会假座文艺会堂举行2018年新春联谊会。联谊会由常务副会长洪纽一主持，秘书长潘为民做了年度工作报告，会长杨益萍做新年致辞。老领导周慕尧、陈正兴、姜樑和130多位会员参加。上海文联艺术团的艺术家们为大家表演了精彩的文艺节目。书画名家高式熊、张森、金国栋、陈谷长、宣家鑫等奉献精心创作的作品给联欢会抽奖活动。淳于书伍等书法家现场书写新春对联,为大家送上新年祝福。

1月30日　老领导周慕尧,本会杨益萍、潘为民、陆廷等于春节前夕共同探望了本会顾问、书画名家高式熊和百岁书法家顾振乐,带去了亲切慰问和衷心祝福。年前,杨益萍、洪纽一、潘为民一行还探望了本会顾问姚昆田、张森先生。

2月4日　由本会、江桥镇人民政府、上海炎黄书画院、东元金石书画院和雯婕传媒集团联合主办的"喜庆十九大——2018·古典诗词迎春书画展"巡展在上海书画院展示厅开幕。出席开幕式的有:上海市老领导周慕尧、姜樑,本会领导杨益萍、洪纽一、潘为民等,嘉定区江桥镇领导,著名书画艺术家高式熊、张森、张培础、陈古魁、陈谷长等,以及本会和当地群众代表近百人。

2月10日　本会召开2018年度工作务虚会,会长杨益萍,常务副会长洪纽一、陈卫平,副会长杨剑龙,秘书长潘为民,炎黄书画院、炎黄宣讲团、青少年教育专委会、书同文研究专委会、孔子文化研究专委会、《炎黄子孙》杂志负责人及本会监事曹金荣参加。大家交流工作设想,并对研究会2018年工作提出建议。

3月2日　市社联举行2018年度学术团体负责人暨党建工作会议,本会获颁"2017年学会学术活动月优秀组织奖"。

3月7日　本会杨益萍、潘为民、甘建华、王源康一行应研究会所处属地区长宁区华阳街道领导邀请,前往该街道社区文化中心参观和调研,先后参观了社区党建服务中心、老年大学、图书馆、书法绘画活动室,与街道领导共同商议了合作事宜。

3月30日　本会在市社联7楼会议室举办"科举考试制度的历史实践与经验教训"学术茶座活动。刘惠恕做主题发言,探讨了中国古代科举制度实践的成功经验与历史教训。谢宝耿、夏乃儒、冯绍霆、邵雍、刘平等学者阐述了各自的观点。杨益萍、洪纽一、潘为民、司徒伟智、甘建华等也出席活动并做了发言。

3月31日　上海社会各界人士戊戌年清明祭孔典礼在嘉定孔庙隆重举行,300余人出席。典礼由嘉定区人民政府、嘉定镇街道办事处、嘉定博物馆、上海科学技术职业学院、本会孔子文化研究专委会、中华孔子学会孔子后裔儒学促进会等共同举办。活动过程中，杨益萍、潘为民和孔庆健、孔剑翔分别代表本会和孔子文化专委会向孔子塑像敬献了花篮。

4 月 11 日　本会在浦东航头镇牌楼村鹤丰农庄举行“炎黄论坛：美丽乡村建设”座谈会，周慕尧、陈正兴、杨益萍、洪纽一、陈勤建、潘为民、张森、李伦新和会员 30 余人出席。浦东航头镇牌楼村拥有“全国文明村镇”“中国最美村镇”“上海市美丽乡村示范村”等荣誉，以美丽宜居闻名。坐落于此的鹤丰农庄多年来致力于生态农业建设取得了可喜成果。本会会员、鹤丰农庄总经理仇明惠介绍了该农庄致力于生态农业建设的发展过程。

4 月 14 日　在召开的第 13 届中国中学生作文大赛的颁奖活动中，18 名历届“文学之星”成为本会青少年教育专业委员会的新会员。老领导周慕尧、陈正兴为首批学生会员颁发了证书。

4 月 18 日　本会会长杨益萍和长宁区华阳街道党工委书记陈颖，在华阳街道文化活动中心共同签署了《合作共建协议书》。双方承诺，发挥各自优势，推进弘扬优秀传统文化，让地方群众有更多的获得感。

4 月 27 日　本会在华阳社区文化活动中心召开了五届一次常务理事会，会长杨益萍主持会议。会议审议通过了秘书长潘为民做的《关于设立庄子文化专业委员会和海派文化专业委员会的建议》；审议通过了潘为民提出的《关于本会分支机构负责人的建议》；听取常务副会长洪纽一做的《关于本会会员情况的报告》；听取了潘为民做的《2018 年工作设想和实施情况报告》。会议还通报了《关于本会常务理事分工事项》。

5 月 3 日　会长杨益萍、秘书长潘为民一行来到新成立的庄子文化专委会（以上海兆祥邮轮科技集团股份有限公司为依托，注重老庄文化的研究和传承普及工作），调研和指导工作，听取了专委会主任庄兆祥的专题汇报。为加强该委员会的学术研究力量，本会决定增补冯绍霆、刘平、蔡志栋三位学者担任该会副主任。

5 月 23 日　新成立的海派文化专业委员会揭牌仪式在上海闵行区会场举行。专委会主任徐培华主持，本会秘书长潘为民宣读本会有关决定，闵行区政协原主席吴申耀致辞，副会长杨剑龙代表本会讲话。参加仪式的还有老领导陈正兴、李伦新，本会领导杨益萍、洪纽一、杨剑龙、潘为民，闵行区有关领导吴申耀、高永华等。

5月25日　由本会与上海炎黄书画院主办、雯婕传媒集团协办的“走进新时代——源于生活采风写生作品展”在上海书画院展厅隆重开幕，共有54位艺术家提供了86幅作品参展。出席开幕式的有：老领导周慕尧，本会会长杨益萍、秘书长潘为民，江桥镇人大领导焦统骞、黄华，市创意中心领导贺寿昌，书画艺术家瞿谷量、夏葆元、陈谷长、朱新龙、朱新昌等80余人。此次画展是在连续举办三届“五月油画展”的基础上推出的，绘画形式从以往单一的油画扩展到水彩画和中国画。

5月25日至31日　“普及社会科学——创造美好生活”为主题的上海市第17届社会科学普及周举行期间，本会多项活动被选为本届科普周项目，例如炎黄书画院的“走进新时代——源于生活采风写生作品展”，又如本会宣讲团的讲座：张凤池的“古代德育教育思想”，胡申生的“生活的艺术——中华文化中的处世和社交智慧”，王佩玲的“中华君子的人格认同与家文化”，陆澄的“诗歌文化和诗歌朗诵”，钱程的“地方语言与戏剧”，宣家鑫的“海派书画的鉴赏与书法教学”，孙渝峰的“我心中的共产党员——张瑞芳、秦怡、孙道临的故事”。这些活动都紧扣科主题、贴近民众，因而受到社联赞扬和市民欢迎。

6月12日　市社联专职副主席任小文和学会处干部徐婷婷来本会进行工作调研。会长杨益萍汇报了本会换届以来的工作，特别是在学术研究、文化普及、自身建设等方面开展活动的情况。任小文充分肯定了本会工作，期望继续努力，在传承发扬中华优秀文化中争取更大成绩。本会洪纽一、潘为民、巢卫群也参加了调研活动。

6月30日至7月1日　由本会书同文专业委员会、上海韬图动漫科技公司共同主办的第21次汉字书同文学术研讨会在上海举行，汇聚了来自上海、北京、香港、台湾等地和美国、加拿大等国家的30多位专家学者。本会书同文专委会主任于小央致开幕词，台湾中国现代化文化基金会执行董事张宝乐致辞祝贺，本会副会长陈勤建致闭幕词。研讨会上，发布论文15篇；为一批专家、专著颁发奖项；宣布着手筹建书同文研究共享文库。

8月14日　由本会海派文化专业委员会和中共四大纪念馆等主办的“纪念改革开放40周年将军书法展”在中共四大纪念馆开幕，向观众展示了22位将军精心创作的44幅书法作品。参展将军有参加过抗日战争、解放战争、抗美援朝的功臣，也有为新中国部队现代化建设荣立战功的指挥者。

8月31日　为纪念当代中国花鸟画大家、美术教育家乔木先生百年诞辰，本会炎黄书画院假座市社联“周五茶座”召开座谈会，共同商议策划“百年乔木”艺术成就展。本会会长杨益萍、常务副会长洪纽一、炎黄书画院执行院长陆廷与有关专家、艺术家出席座谈会，各位专家集思广益，纷纷提出建议。

9月22日　由本会和上海孔子文化节组委会主办的首届儒商论坛在嘉定博物馆举行。70名企业家和儒学专家学者齐聚一堂，以学术论坛为平台，探讨现代儒商理念，助推经济文化合作与发展。本会会长杨益萍，常务副会长洪纽一、陈卫平，孔子文化专委会主任孔庆然等出席论坛。美国夏威夷大学教授成中英做题为“新儒商与易学C理论”的主旨演讲，中华孔子学会副会长黎红雷做题为“当代儒商的宗旨与使命”的主旨演讲。论坛还表彰了一批积极传播儒学、努力推广中华优秀传统文化的单位和个人。

10月15日　本会和上海通志馆联合举办“南社与江南文化”研讨会。南社是中国近代史上产生过重大影响的进步文化社团，发起于苏州而兴盛于上海。南社的研究对于深入发掘江南文化内涵，推进长三角区域经济文化合作，具有现实意义。参加研讨会的专家学者就南社的社会背景，南社对江南文化的影响，南社先贤追求民族解放、自强不息的奋斗精神等专题展开了热烈的研讨。

10月18日　本会庄子文化专业委员会在上海中心举办“与工艺大师面对面”活动，洪纽一、潘为民、曹金荣和会员70余人参加这次活动。会员们现场参观了28位非遗大师的作品，聆听了国家级工艺大师、丝毯艺术名家程美华介绍其创作成长历程。

10月19日　由本会担任指导单位的第13届崇明灶花艺术节在向化镇举行，各方绘画高手和当地村民百余人参加了一年一度的盛会，本会会长杨益萍与会并致辞。在艺术节现场，十多位具有灶花绘画技能的匠人一字排开，现场绘制富于传统民俗特色的灶花，图案有花卉、鱼虾等，栩栩如生，喜庆满满。

10月24日　由上海商学院图书馆和本会海派文化专业委员会共同主办的“辉煌的历程——纪念改革开放40周年将军与教师书法展”在上海商学院开幕，共展出了22位将军和9位教师的书法作品。

10月30日　由本会会员王贵生、陈兆熊发起的“孝文化”研讨会在嘉定区新成路街道举行，嘉定区文广局、嘉定博物馆、新成路街道领导和当地乡贤名宿20多人参加。研讨会上，王贵生推出了《嘉定古代孝文化摘编》，发表论文《论孝文化》；陈兆熊则从《论语》《孝经》谈起，阐述了传承弘扬孝文化对当今道德建设的积极意义。

11月10日　本会2018年度学术年会以“改革开放与文化传承”为主题在社联会议厅举行。老领导周慕尧、陈正兴，本会领导杨益萍、洪纽一、陈卫平、陈勤建、朱荫贵、杨剑龙、马军、潘为民，顾问李伦新、张正奎、徐福生、吴孟庆、齐允海、刘建等与150余名会员出席。专家学者围绕主题，从不同角度，以生动的实例，阐述“改革开放与文化传承”内在逻辑关系。大家一致认为，中国40年改革开放的巨大成就，充分证明了中国特色社会主义道路的高度成功。

11月14日　由本会与编辑学会、辞书学会、古典文学学会共同举办的“多学科视野：文化自信与编辑出版工作”研讨会在上海外国语大学出版社举行。本会会长杨益萍、常务副会长洪纽一、秘书长潘为民和编辑学会会长庄智象，以及上海辞书出版社、上海古籍出版社领导出席了研讨会。复旦大学教授汪涌豪和本会常务理事朱少伟分别做了主旨发言。

11月22日、23日　第六届中部六省炎黄文化论坛在江西省鹰潭市召开，副会长马军、副秘书长王源康、理事蔡志栋代表本会出席。蔡志栋在论坛上做了题为“道文化的现代生机——以严复为例”的演讲。

12月28日　本会假座恒源祥集团会议室召开五届二次理事会会议，由常务副会长洪纽一主持，审议并通过了秘书长潘为民做的《关于2018年工作回顾，2019年工作设想报告》和《财务年度工作情况报告》。大家围绕新年工作畅所欲言，会长杨益萍做了总结发言。

2019年

1月12日　本会假座文艺会堂举行2019年迎春联欢会，190多位会员及共建单位代表参加。联欢会上，上海文联艺术团的艺术家们为大家表演了精彩的戏剧、魔术、杂技、说唱、相声节目；艺术家张森、宣家鑫、金国栋、王俭、瞿志豪、董元、陆廷、刘巽侠、李晓荣、奚赛联等奉献了精心创作的书画作品，捐献给联欢会开展抽奖活动；韩志强、金国栋、淳于书伍等书法家现场书写了一幅幅新春对联，为大家送出了新年祝福。

1月15日　本会领导杨益萍、洪纽一、潘为民一行来到位于浦东张江的书同文专业委员会及上海韬图动漫科技有限公司进行实地调研。书同文专委会主任于小央汇报了近期工作和新年设想。本会领导对书同文专委会的工作给予充分肯定，认为是一件利国利民的好事。

1月18日　本会召开各专业委员会秘书长会议，交流各自新年工作设想。潘为民主持会议，严国兴、蔡永清、金习群、陈志强、赵宏等各位秘书长和刘社建分别汇报了各专委会情况，共同研究了新年准备开展的工作。

1月25日　著名书法家、金石篆刻家、本会顾问高式熊逝世，享年98岁。他长期担任本会顾问，为弘扬中华优秀传统文化做出了杰出贡献。本会领导杨益萍、洪纽一、潘为民等参加了追悼会，并代表本会敬献花圈，表达全体同仁的痛悼之情。

1月25日　上海炎黄书画院2019年迎春画展新春联谊会在上海书画院展厅举行。老领导周慕尧、陈正兴，本会及有关方面负责人杨益萍、洪纽一、陈卫平、潘为民、许为民、刘建、唐志平，炎黄书画院顾问魏景山、黄阿忠、姜建忠、周加华及书画艺术家80余人出席了开幕式和新春联谊活动。艺术家们为联谊会提供了30余幅作品作为抽奖奖品，活动充满着团结欢快的气氛。

3月15日　市重大文艺创作资助项目“绿色申城——上海城市公园绿地撷萃作品展”，由本会炎黄书画院成功推出，在刘海粟美术馆分馆隆重开幕，200余人出席。展览汇集了众多艺术家创作的精品力作129幅，以风景画这一人们喜闻乐见的艺术形式，多角度、全方位地展现了上海城市公园绿地的历史变迁和发展现状，讴歌上海生态文明建设方面取得的成就，由此向改革开放40周年和新中国诞生70周年献礼。

春季　周浦镇是本会合作共建单位，该镇开展征集“上海最美家书”活动，旨在传承优秀传统文化，弘扬家国情怀。为支持这一活动，本会常务副会长洪纽一和副秘书长甘建华、王源康专程前往周浦参加启航仪式。

4月23日　由本会炎黄书画院和海上印社艺术中心主办的“上海美专同学六人$^{6+N}$油画展·第五届”在江桥镇揭幕。参展的9位画家都是上海美专毕业生，均已年逾古稀，有的年届耄耋，艺术造诣深厚。展览展示了他们传承海派艺术的成果，也为打造“人文江桥”增添了浓厚的艺术氛围。

5月14日　本会领导杨益萍、洪纽一、潘为民一行来到上海打捞局进行实地走访学习。该局党组书记李青介绍了该单位的基本情况，上海打捞局成立于1951年，是中国最大的抢险救助打捞专业单位之一，在保证完成公益性救助打捞任务的同时全面实行企业化、国际化发展。杨益萍、洪纽一则分别介绍了本会历史情况和近期工作。双方就如何发挥各自优势，以文化为纽带加强合作进行了交流。

5月24日　本会庄子专业委员会与兆祥集团联合举办研讨会，集中研究“中华优秀传统文化赋能企业品牌发展”专题。本会领导杨益萍、朱荫贵及王源康，庄子专委会庄兆祥、严跃进、严国兴、冯绍霆、刘平、庄严、庄苑等参加会议。庄兆祥做主旨演讲，分析了企业文化的价值，指出新时代中国产品要向中国品牌转变，必须倚重中华优秀传统文化的力量；冯绍霆教授做“庄子与工匠精神”主题讲座，阐述了庄子工匠精神的内核和现实意义。

5月25日　由市社联主办的第18届“东方讲坛”科普周活动年启动。本会宣讲团有5场讲座入选，即陈勤建“上海的非遗传承与文化产业发展”，王梅芳“上海70年服饰变化”，朱少伟“从石库门到天安门的历史踪迹”，吴榕美“大型群文活动的策划和组织”，章明“新时代上海历史建筑的保护与发展”。这些讲座深入浅出，贴近生活，受到大家欢迎。

6月10日　本会假座长宁民俗文化中心召开五届三次理事会，会长杨益萍主持会议，会议审议通过了秘书长潘为民做的《五届三次理事会工作报告》，审议通过了常务副会长洪纽一做的《关于增补五届理事会理事、常务理事的报告》，听取了常务副会长陈卫平做的《当前传统文化研究领域的理论动态的报告》。杨益萍在总结讲话中要求大家团结一心，踏实工作，贯彻理事会精神，实现工作报告提出的目标，把研究会工作做得更好。

6月29日　三地（安徽亳州、安徽宿州、上海）庄子文化交流暨产业合作研讨会在安徽亳州市蒙城县博物馆举行。本会庄子文化专委会主任庄兆祥，顾问严跃进，副主任严国兴、冯绍霆、刘平、蔡志栋、庄苑、庄晓明等一行10人应邀参加。会上，冯绍霆、刘平、蔡志栋分别做了学术演讲。

8月2日　由静安区文史资料馆主办、本会炎黄书画院协办的刘巽侠“笔下有大爱”动物画展揭幕。本会常务副会长、炎黄书画院院长洪纽一，炎黄书画院执行院长陆廷、副院长陈之翔等参加开幕活动，共同祝贺炎黄书画院画师刘巽侠画展成功举办。

8月17日　近200位各界人士和读者齐聚上海书展现场，共同见证《海派文化》创办17周年暨《海浪花开（海派文化）选粹》新书首发。本会会长杨益萍，副会长杨剑龙以及老领导龚心瀚、童世平、陈东、李伦新等出席。

8月23日　由周浦镇文化中心和傅雷图书馆主办，本会参与支持的“诗文盛景，文坛佳话——陆萍诗歌赏析会”在傅雷图书馆举行。陆萍是上海纺织女工出身的著名诗人，著有诗集《生活过成诗》《玫瑰兀自开放》，散文集《灵感没有地址》，纪实文学集《走近女死囚》等20多种。周浦当地100多位文学爱好者和其他市民踊跃参与了赏析会，气氛热烈。参会的还有周浦相关领导及本会领导杨益萍、洪纽一、潘为民。

8月　由本会炎黄诗友社社员创作的诗集《美丽的七溆河》由作家出版社出版发行，诗集汇集了40多名社员创作的170首情深意切的新诗。炎黄诗友社社长倪家荣担任诗集主编，中央宣传部原常务副部长龚心瀚为诗集书写贺词："泼墨精彩诗歌抒豪情，吟唱美丽乡村新面貌。"

9月3日至7日　本会杨益萍会长，陈勤建、朱荫贵、马军副会长，潘为民秘书长及部分常务理事一行13人组成学习考察团，前往陕西黄陵县黄帝陵拜谒中华人文初祖，祈愿华夏民族繁荣昌盛。在陕西期间，学习考察团还前往革命圣地延安，瞻仰了宝塔山、杨家岭窑洞、中共七大会址等。此次活动得到了恒源祥集团公司的大力支持。

9月9日　由本会青少年教育专委会、恒源祥集团和市四中学共同筹办的"同心向党，共绣国旗"主题活动，在市四中学礼堂隆重举行。老领导陈正兴、王宗光，本会领导杨益萍、潘为民等出席。这一主题活动以绒绣为载体，以"一针一线"表达了中学师生传递红色基因、为伟大祖国祝福的美好情感。

9月21日　由本会与上海孔子文化节组委会主办，本会孔子文化专委会等承办，以"新时代，新上海，新儒商——儒学与企业家的智慧"为主题的第二届儒商论坛在上海举行。市委宣传部副部长徐炯，市商务委副主任孔福安，嘉定区委宣传部部长顾惠文，本会杨益萍、陈卫平、朱荫贵、马军、潘为民等出席论坛活动。论坛上，国家发改委原司长宋承敏、台湾辅仁大学教授孔维勤、同济大学教授曾亦、华东师范大学教授周瀚光分别做学术报告。

9月23日　由本会与江桥镇人民政府主办，上海炎黄书画院、雯婕传媒集团等承办的"魅力江桥——新中国诞生70周年暨炎黄书画院江桥分院首届书画展"隆重开幕，出席开幕式的有杨益萍、洪纽一、潘为民、姚强、徐丽琴、唐志平，艺术家瞿谷量、陈谷长、朱新龙、胡震国、周卫平等，以及江桥镇各社区的书画爱好者百余人。江桥这块沃土，曾孕育了诸多书画艺术爱好者。炎黄书画院江桥分院的建立，在此搭建了一个新的艺术平台。

10月12日　由本会庄子专业委员会主办，上海海事大学校友会、海事大学法学院承办的"庄子辩坛"大学生辩论邀请赛在上海海事大学举行。本会会长杨益萍，副会长朱荫贵、马军，秘书长潘为民，上海海事大学副校长杨万枫和100多位师生出席。该活动旨在以辩会友、以辩明志、以辩促学，传承庄子“濠梁之辩”的思辨精神，提高大学生的演讲能力、思维能力，增强大家关注社会、关注现实的意识。辩坛上，华东政法大学代表队、上海海事大学代表队、东华大学代表队展开了三场精彩的辩论。

10月18日　由本会担任指导单位的崇明灶花艺术节，在崇明区向化镇社区文化活动中心举行，现场举办了灶花展示、糕点制作、歌舞表演等活动。本会会长杨益萍、秘书长潘为民、监事曹金荣参加了开幕式。杨益萍代表本会致辞。

10月25日　由市社联主办，本会与历史学会、哲学学会、伦理学会、东方研究院承办的“多学科视野——新中国70年与上海品格”学术研讨会在社联会议厅举行。刘吉、熊月之、陈卫平、陆晓禾等学者分别做了主旨演讲，朱荫贵、胡申生等学者发表了学术论文。众人从各自的专业角度，探讨了上海品格的历史渊源和发展历程、辉煌表现，论证其所富涵的开放、创新、包容等优秀特质。

10月30日　由本会主办，本会海派文化专委会和上海吕四进士府文化公司协办的“红星耀东方——将军书法展”在大世界举办。本次展览展出了35位将军的70幅书法作品。这些将军昨天保卫祖国，英勇奋战，今天驰骋墨海，奋笔疾书，呈现出铁骨英雄们的另一面风采。

10月　由市社联推荐，本会和本市其他4家学会一起被评为“全国社科联先进社会组织”，受到全国社联第20次学会工作会议的表彰。这是本会首次获得全国先进组织荣誉，是全体会员共同努力的结果。

11月6日　年初被市哲学社会科学规划领导小组批准立项的本会课题“江南文化与上海文化建设”在本会办公室召开项目初评会。该项目由副会长杨剑龙领衔编纂，杨剑龙、朱少伟、谢宝耿、马军、郑崇选、潘颂德分别撰稿。初评会上，各位专家予以汇报，杨益萍、洪纽一、朱荫贵、潘为民等对修改提出了建议，杨剑龙希望各位专家认真修改，确保按时按质完成最终成果。

11月16日　本会以“新上海70年与文化建设”为主题在社联会议厅举行2019年度学术年会。老领导周慕尧、陈正兴，本会杨益萍、洪纽一、陈卫平、陈勤建、马军、潘为民和邓伟志、李伦新、张正奎、徐福生、吴孟庆、刘建、陈燮君等160余人出席会议。年会上，总计发布7篇学术论文。大家回望新上海70年壮丽征程，一致认为，伴随各领域的巨大变化，上海的文化建设也是突飞猛进。

12月7日　由本会主办，上海文化发展基金会长青文化专项基金承办，上海嘉诚收藏艺术研究中心协办的丁一鸣画展在诺艺站文化空间举行。丁一鸣为上海书画院执行院长、国家一级美术师、中国美术家协会会员，画展集中展出了他近期创作的精品力作。参加开幕式的有本会会长杨益萍和书画艺术家、爱好者百余人。

12月8日　本会炎黄书画院举行“喜迎2020年新春笔会”，书画艺术家陈谷长、陈小培、朱新龙、柴聪、诸黎敏联袂创作了多幅精品画作，作为赠送给为传承炎黄文化做贡献的团体会员单位的厚礼。杨益萍、洪纽一、潘为民、陆廷、陈志强等参加这一活动，对艺术家们表示了感谢。

12月18日　本会在宝山革命烈士陵园举行油画《缅怀宝山革命烈士》作品捐赠仪式。1949年上海解放战役中，有1 886位烈士被安葬在宝山烈士陵园。为纪念先烈，炎黄书画院艺术家王悌龙历时数十天，精心构思创作了这幅油画作品。王悌龙是上海宝山人，6岁时经历了解放宝山的隆隆炮声。今天能为纪念革命烈士贡献一点力量，他倍感欣慰。

12月28日　本会假座恒源祥集团会议室召开五届四次理事会。会议由常务副会长洪纽一主持，杨益萍、陈勤建、朱荫贵、马军、陈忠伟、潘为民等出席。会议审议通过了秘书长潘为民做的《2019年回顾与2020年展望》报告和《财务年度工作情况报告》。各位理事和分支机构负责人围绕学术研究、文化普及、办好会刊、自身建设等工作，交流情况，汇报设想，畅所欲言。会长杨益萍在总结讲话中，充分肯定了一年来大家的工作，高度评价本会同仁的奉献创新精神，对新年的工作提出了期望。

2020年

1月13日　本会杨益萍会长、潘为民秘书长一行走访本会所在地华阳街道，与街道党政主要领导进行座谈。本会领导向街道领导介绍了年度工作情况和设想，对街道的关心支持表示感谢。街道党工委书记陈颖介绍了华阳文化软硬件建设的情况，表达了进一步加强合作、促进社区文化建设的愿望。

2月、3月　在全民抗疫斗争中，本会团体会员单位东方收藏艺术馆积极捐赠抗疫物资。2月，该馆将4箱KF94口罩合计2 000只，食品“来伊份”点心

6 箱，委托上海邮政发往武汉市中心医院。之后，该馆董事长陶勇又将 60 套医用防护服送至长宁区红十字会，为奋战在一线的医护人员送去慰问。

4 月 8 日　本会举行会议，研究抗疫形势下的工作。会议指出，当前各位会员应自觉遵守规定，暂停相关活动，在居家过程中，因地制宜，坚持用各自方式开展传统文化研究和普及活动，包括开展线上交流，创作抗疫题材图文，坚持会刊出版发送，为战胜疫情、推进经济社会发展提供精神支撑。

4 月 14 日　中建八局上海公司领导李源、胡丽慧来本会商谈该公司职工培训工作。本会领导杨益萍、洪纽一、潘为民与之进行座谈，表示将发挥人才资源优势，配合企业做好相关工作。

4 月 22 日至 6 月 29 日　由本会宣讲团和浦东图书馆共同主办，本会海派文化专委会、东方收藏艺术馆协办的三场线上讲座在浦东图书馆成功举办。宣讲内容分别是：杨剑龙谈“江南文化秘籍与上海文化发展”，朱子彦谈“江南市镇的兴起与审美——聚集上海为龙头的长三角”，王晓君谈“海上名人趣谈”。

5 月 6 日　本会召开专题会议，杨益萍、洪纽一、潘为民、袁筱英等参加，会议针对宣讲团工作面临的新态势，研究了如何提高工作成效问题，包括如何充实宣讲内容，更新宣讲菜单，加强师资队伍，探索线上线下结合，完善信息反馈等。

5 月 11 日　为编纂新一轮本会“大事记”，潘为民秘书长主持召开编纂小组首次工作会议，对此项工作进行具体部署。

5 月 11 日　由本会及炎黄书画院主办、东方收藏艺术馆协办的第五季“源于生活・五月画展——春天”在线作品展上线。本次参展的艺术家有 87 位，他们面对疫情迅速投入战斗，显示了共克时艰的真情大爱。本会常务副会长、炎黄书画院院长洪纽一，书画院执行院长陆廷，东方收藏艺术馆理事长陶勇等共同开启了线上展览。

5 月 12 日　为了传播中医健康养生文化，让公众在疫情防控期间保持身心健康，本会庄专委和兆祥邮轮科技公司联合举办“庄子与中医养生”线上讲座，邀请上海龙华医院副院长、主任医师刘伟主讲。

5 月 29 日　由本会和中建八局上海分公司工会联合主办的“古今文化之旅”系列讲座，由本会会长杨益萍、常务副会长洪纽一，中建八局工会工作部长王晓波、公司党委副书记李源共同开启。该公司 14 家分公司 400 余人观看了视频直播。这次系列讲座共设置12讲，曲艺表演艺术家钱程做了第一讲。

5月至11月　由本会和中建八局上海分公司联合主办的“古今文化之旅”系列讲座持续开讲，12次讲座跨时6个月，分别是：钱程谈“方言中的文化传承”，陈东谈“海派文化的前世今生”，马军谈“上海名媛与海派生活”，张冰隅谈“如何用易学的眼光看世界”，阎华谈“海派旗袍的精神内核”，仲富兰谈“传统节日的文化内涵”，唐池子谈“儿童教育——童话不说谎”，陈卫平谈“让礼议回归家教”，胡申生谈“生活的艺术——中国传统文化中的处世和社交智慧”，孙渝烽谈“声音的魅力——漫谈译制配音”，洪韵谈“古典音乐欣赏”，张军谈“昆曲的历史和未来”。现场培训人数每次350余人，视频观看直播每次3 000余人。线上线下互动、留言，气氛热烈，深深吸引了中建八局上海分公司的广大听众。

6月25日　本会卿云古琴社在松江举行揭牌仪式，杨益萍会长、洪纽一常务副会长参加仪式并揭牌。古琴社作为本会分支机构，以研究传播古琴艺术为宗旨而开展活动。

6月　本会所在地——华阳街道日前召开社区代表大会，授予本会“2019年社区共治之星”称号。华阳街道是本会合作单位，本会曾多次为社区居民举办专题讲座。本会副秘书长陆廷参加会议并接受奖牌。

7月、8月　为纪念党的百年华诞，歌颂党带领人民驱除黑暗、勇往直前的“灯塔”精神，本会炎黄书画院积极筹办“灯塔”主题画展。30余位艺术家为寻找创作灵感，赴上海打捞局和东海航海保障中心、上海航标处深入生活。

7月9日　由本会担任指导单位，上海筷箸文化促进会主办的“中华筷箸文化展”在长宁区民俗文化中心举行。本会理事、长宁区民俗文化中心主任周笑梅主持开幕式，会长杨益萍、秘书长潘为民出席。杨益萍在致辞中，赞美我国历史悠久的筷箸文化，对本会会员王国杰等疫情防控期间首倡公筷制表示赞赏。

7月20日　为贯彻习近平总书记关于“人民城市人民建，人民城市为人民”的指示，倡导把学术思考转化为人民建议，本会组建专门工作小组，发出征集通知。截至11月底，共收到书面建议20份，内容涉及健全人民建议制度、丰富传统节日文化内涵、筹建五卅历史纪念馆、开设城市旅游专线、改进教育工作、改进养老服务等多方面，体现了本会会员关心城市建设的拳拳之心。

7月28日　历经半年多修葺改建的崇明灶文化博物馆重新开馆，并正式挂牌“中华传统文化传承基地”。本会会长杨益萍在致辞中热烈祝贺灶文化博物馆复馆和“中华传统文化传承基地”落户向化镇，期待向化进一步弘扬民族民间文化，成为人们体验传统文化、感受风土人情的特色乡镇。本会宣讲团胡申生为村民做了“非遗文化传承”的专题讲座。

7月下旬　在团体会员单位东方收藏艺术馆的支持下，本会微信公众号正式上线，受到本会会员及社会公众的关注和欢迎。该公号紧密追踪本会活动，在学术研究栏目中，刊载了《炎黄子孙》《海派文化》等会刊文章内容；在文化传承栏目中，开设了炎黄宣讲团、炎黄书画院动态介绍。

8月5日　本会召开民俗节庆活动专题研讨会，老领导陈正兴与专家学者一起畅所欲言，深入分析中华民族节庆的渊源、历史及发展现状，围绕丰富传统节日文化内涵、形成新的节日习俗提出了建议。本会领导和专家学者杨益萍、陈勤建、杨剑龙、马军、潘为民、刘平、冯绍霆、汤啸天、谢宝耿等与会。

8月19日　本会召开纪念五卅运动95周年专题研讨会，专家学者在会上畅论五卅运动的历史功勋，围绕上海建立“五卅纪念馆”繁荣问题建言献策。杨益萍会长主持会议，朱荫贵、陈勤建、杨剑龙、马军、潘为民、朱少伟、邵雍、葛昆元等与会。大家认为，上海有文献资料、影像资料，还有纪念地和实物，具有很好的基础。

9月18日　市社联第14届“学术活动月”开幕式暨会长论坛举行。市社联向本会颁授第13届“学术活动月”优秀组织奖，副会长马军参加会议并代表本会接受奖励证书。

9月26日　本年度“多学科视野：治国理政的中国智慧”学术研讨会在社联会议厅举行，由市社联主办，本会和历史学会、哲学学会、伦理学会、东方研究院共同承办。本会会长杨益萍主持会议，学者专家熊月之等宣读学术论文13篇，历史学会会长章清做了总结点评。大家一致认为，本次研讨会深入研讨中国治国理政取得举世成功的根源，富有重要意义。

10月25日至31日　市社联举办的第19届社会科学普及周活动举行。由本会宣讲团推荐的4场讲座入选其中，受到听众欢迎和好评。这些讲座是：朱少伟谈“上海独特的红色记忆”，潘颂德谈“鲁迅对中国现代文学的伟大贡献及其时代意义”，张凤池谈“传统文化与大中小学德育一体化建设”，张军谈“昆曲的历史与未来”。

11月16日　第15届崇明灶花艺术节开幕式在向化镇社区文化中心举

行，来自岛内外近200位嘉宾和居民代表相聚一堂，共贺开幕。本会是该活动的指导单位，本会领导杨益萍、洪纽一、潘为民和当地领导、居民代表一起参加了活动。

11月21日　本会2020学术年会以“传统精神文化与夺取双胜利”为主题在上海文艺会堂举行，百余人出席。会长杨益萍致辞并阐释年会主题，洪纽一、徐培华、许良、汤啸天、胡申生、施炎平、刘平、蔡志栋、王佩玲、司徒伟智发表了论文。大家认为，要从传统精神文化的角度发掘我们民族取得双胜利的深层原因，进一步弘扬优秀传统文化，振奋民族精神，促进改革开放事业全面发展。

12月5日　“江风徐韵——徐放从艺66周年画展”在上海图书馆展厅举行，画展展示了本会老会员、炎黄书画院顾问徐放的精品力作140幅。本会会长杨益萍，秘书长潘为民，顾问张森、唐长发出席开幕式。

12月7日　庄兆祥主任代表本会庄子文化专委会在北京拜访了全国政协常委、中国道教协会李光富会长，就道家文化传承进行了深入交流与探讨。对本会庄专委拟建“庄子文化会馆”事宜，李光富表示充分肯定，建议会馆在研究传播老庄思想的同时，发扬庄子养生精神，发展康养事业，更好地弘扬优秀传统文化，造福于民。

12月11日　本会召开2020年度会长工作会议，由会长杨益萍主持，秘书长潘为民汇报了本会2020年度主要工作和2021年度工作设想。常务副会长洪纽一就本会换届准备工作做了通报和说明。

12月26日　本会假座恒源祥公司会议室召开五届五次理事会，会议由会长杨益萍主持。秘书长潘为民做了《关于2020年工作回顾与2021年工作设想的报告》《财务年度工作情况报告》，常务副会长洪纽一做了《关于换届筹备工作情况的报告》，副会长陈勤建、朱荫贵、马军、陈忠伟和监事曹金荣出席会议。23位理事在会上发言，对本会在2020年的工作予以充分肯定，对2021年工作提出许多有益的建议。

2021年

1月11日至20日　本会先后召开了6次茶话会，邀请会员共商本会新年工作。出席会议的专家学者，会刊编辑、作者，各专委会和分支机构骨干，共计

76人。茶话会上，大家饮茶品茗，广开思路，畅所欲言，为本会2021年工作建言献策。本会领导杨益萍、洪纽一、陈卫平等到场与大家同迎新春。

1月20日　本会召开部分专家学者座谈会，商讨本会今年学术年会主题。经过充分讨论，拟定主题为“建党百年与弘扬优秀传统文化”。本会领导和专家学者杨益萍、潘为民、杨剑龙、马军、司徒伟智、戴鞍钢、刘平、邵雍、王岚、谢宝耿、潘颂德、徐华龙等出席会议。

2月22日　本会召开工作会议，部署2021年度重点工作。除了学术年会主题确定为“建党百年与弘扬优秀传统文化”，同时在会员中开展“党在我心中”征文活动，拟发动会员结合自身经历，踊跃撰写征文，讴歌党的光辉业绩，发扬党的优良传统。炎黄书画院要善始善终完成“灯塔”主题创作展览，宣讲团要根据新形势，明确宣讲主题，进一步提升宣讲质量。各专委会要结合自身特点开展相关活动，各司其职，共同努力，做好2021年的各项工作。

新春前夕　本会炎黄诗友社40位诗友汇聚宝山金牡丹酒店，举行迎新春联谊活动。倪家荣社长主持并致欢迎词。杨剑龙副会长代表本会讲话，他充分肯定诗友社团结社员精心创作取得的成绩，当场朗诵诗歌并高歌一曲，受到大家欢迎。

3月29日　为支持上海炎黄书画院开展创作展览活动，上海雯婕传媒集团有限公司决定从今年起的五年内每年定向资助活动经费10万元。资助协议书签字仪式在江桥举行，雯婕传媒公司董事长唐志平和本会常务副会长兼炎黄书画院院长洪纽一签署了协议书。本会杨益萍、潘为民、陆廷等出席签字仪式。

3月至6月　在庆祝建党百年的日子里，为开掘党在黄浦区老城厢留下的重要历史记忆，讲好中国共产党的故事，本会海派文化专业委员会携手老西门街道，历时3个月拍摄了7集系列宣传短片《烽火老城厢》。陈挥、秦来来、朱少伟、顾鸣敏、何振华、唐幸等专家学者参与了有关工作。

春季至秋季　本会炎黄文化宣讲团与浦东新区周浦镇有关部门共同举办了“浦江红韵——中国共产党百年奋斗史”系列讲座。历时半年，共计25场，参加讲座的18位主讲老师是来自社会各界的专家学者、艺术家、知名人士，演讲内容涵盖党史、艺术、民俗、传统文化等方面。听众普遍反映专家层次高，讲座精彩生动，讲解深入浅出。

5月3日　本会顾问、市委宣传部原副巡视员姚昆田同志在华山医院逝世，享年94岁。姚昆田生前热心中华优秀传统文化的研究和普及，尤其专注于南社学研究，深受大家尊重。杨益萍、巢卫群代表本会前往其家中吊唁，洪纽一、林志明代表本会参加追悼会并敬献花篮。

5月12日　本会举办的“灯塔——庆祝中国共产党成立100周年作品展”在刘海粟美术馆分馆隆重开幕。本会炎黄书画院和黄浦区美协的98位艺术家运用油画、中国画、水彩画、粉画等多种形式，创作了题材多样的绘画作品104件。多数作品系首次展出，其中不乏在构图、色彩、绘画技巧等方面给人以视觉冲击力的佳作。老领导周慕尧，本会领导杨益萍、洪纽一、潘为民和特邀嘉宾、艺术家代表200余人出席了开幕式。

5月31日　本会庄子文化会馆启动仪式在宝山宾馆举行，本会领导杨益萍、洪纽一、朱荫贵、潘为民，庄子文化专委会庄兆祥、严跃进、严国兴等50余人出席仪式。庄兆祥在致辞中表示，要以传播中华优秀传统文化为己任，办好庄子文化会馆。杨益萍在仪式上赞扬庄子文化会馆的落成是企业家履行社会责任，为弘扬庄子文化所做的一件实事。

5月　由市社联主办的第20届科普周活动开幕，本会入选的项目分别为：展览“灯塔——庆祝中国共产党成立100周年作品展”，展览“红星耀东方——庆祝中国共产党成立100周年红色藏品展”，讲座“新渔阳里六号与中国共产主义青年团的起点”，讲座“闻道上海城起步石库门——中共建党时期的故事”。

6月18日　本会在江桥镇举办“人民不会忘记——党史中的革命先烈”董元绘画作品展。炎黄书画院艺术家董元是一位有着48年党龄的老党员，用画笔为数以百计的革命先烈造像，生动地再现了党的光辉历史。

6月22日　本会书画院、海派文化专委会参与举办的“百年传承中华腾飞——庆祝中国共产党成立100周年艺术联展”在东方收藏艺术馆开幕，17位将军、20位炎黄书画院会员的书画作品，40余件红色藏品等首次与观众见面。

6月23日　本会青少年教育专委会主办的“葵花向阳童心向党”青少年书法绘画展在田林三中开幕，同时在微信公众号推出。该活动共收到1 299幅作品，生动体现了新时代青少年爱党爱国爱人民的真情实感。

6月24日　由复旦大学华商研究中心、复旦大学东方管理研究院和本会海派文化专委会主办的“百年海派儒商的回顾与反思”学术研讨会在上海文庙儒学署举行。施炎平、施忠连、施正康、钟祥财、贾利军、陈荣耀、顾永才、夏小华、苏勇、于保平等专家学者做了交流发言，分别就古代、近代和当代儒商及海派儒商的特点进行比较。

7月2日　本会与上海恒源祥集团有限公司联合召开"炎黄子孙心向党，百年风云铸忠魂——学习习近平总书记'七一'重要讲话精神"座谈会。杨益萍、洪纽一、陈卫平、陈忠伟、顾红蕾、潘为民等40余人出席，大家学习领会习近平总书记"七一"重要讲话精神，重温百年党史，展望发展前景，决心更好地承担起炎黄子孙的历史责任。

7月13日至16日　由本会青少年教育专委会参与承办的第16届中国中学生作文大赛，在山东济南举行总决赛。本会副会长、恒源祥公司董事长兼总经理陈忠伟出席并致辞。总决赛采用笔试、口试、即兴演讲三大环节，从"听、说、读、写"四个方面考查学生的综合素质，最终产生了20名"恒源祥文学之星"和20名"恒源祥文学之星"提名奖获得者。

8月18日　本会与青浦区华新镇杨家庄村民委员会签订《"幸福合伙人"协议》，商定发挥各自优势，共同开展弘扬传统文化活动，为实施乡村振兴战略做贡献。根据协议，本会将在杨家庄建立"炎黄文化宣讲点""炎黄文化图书室""炎黄文化园"，开展小型多样的文化活动，并送本会会刊。

8月下旬　根据学会换届的相关规定，由市社联安排的专业审计事务所完成了与本会换届相关的财务审计工作。经审计报告最终反映，本会财务报表的编制符合《民间非营利组织会计制度》有关规定。

9月8日　市社联新任党组书记王为松和学会处处长梁玉国、办公室主任梁清来本会调研，本会杨益萍、洪纽一、潘为民、汪澜出面接待。杨益萍汇报了本会创会27年历程及近年来活动情况，汇报了学术研究、文化普及、会刊出版、自身建设等方面的工作。王为松充分肯定本会工作，对本会坚持正确导向、发扬创新精神和奉献精神，表示赞赏和鼓励。

9月11日　本会假座恒源祥公司会议室召开五届六次理事会。会长杨益萍主持会议，秘书长潘为民宣读《第五届理事会工作报告（草案）》《第五届理事会财务报告（草案）》，常务副会长陈卫平做《关于章程修改的建议说明》，常务副会长洪纽一做《关于第六届理事、监事、常务理事、领导班子成员建议人选的说明》。副会长陈勤建、朱荫贵、杨剑龙、马军、陈忠伟和监事曹金荣出席会议。会议经过充分讨论，审议并通过了上述报告，决定于10月12日召开本会第六届会员代表大会。

9月23日　由本会炎黄书画院和周浦镇文化活动中心共同主办的"烈火

中永生——《革命烈士诗抄》中的英烈·董元绘画作品展"在周浦美术馆开幕，本会领导杨益萍、洪纽一、杨剑龙、潘为民等出席开幕式。本次展览共展出炎黄书画院艺术家董元近期创作的88幅作品，反映了88位革命英烈的风采。

10月12日　本会第六届会员代表大会在文艺会堂举行，秘书长潘为民主持，会长杨益萍做第五届理事会工作报告，监事曹金荣做监事工作报告，常务副会长陈卫平做关于章程修改的说明，副会长朱荫贵做理事会财务报告。上述报告和章程(修改草案)获大会一致通过。接着，选举产生了本会第六届理事会理事、监事，会议选举汪澜为会长，杨剑龙、马军、陈忠伟、郑土有、刘平、刘梁剑为副会长，马军兼秘书长，曹金荣为监事。王为松、徐炯分别代表市社联和市委宣传部对大会的顺利召开和换届成功表示祝贺。

10月30日　"多学科视野:建党百年与百年上海"学术研讨会在上海社联群言厅举行。作为上海市社联第十五届(2021)"学会学术活动月"项目之一，由上海炎黄文化研究会、上海市历史学会、上海市哲学学会、上海市伦理学会、上海东方研究院共同主办，60多位本市社科界人士与会。汪澜会长主持会议，陈正兴等12人做了专题发言，上海市历史学会会长章清做总结点评。

11月中旬　经过申报、初审、互评、终评和上海市社联党组审核通过，本会荣获"2018—2020年度上海市优秀社会科学学会"称号，至此，本会已经连续六次被评为市社科优秀学会。与此同时，杨剑龙、于小央荣获"优秀社会工作者"称号。

11月5日　本会召开六届理事会会长会议。汪澜会长主持会议，副会长杨剑龙、陈忠伟、马军、郑土有、刘平、刘梁剑，秘书处巢卫群、陆廷、金波、李志茗、赵宏，监事曹金荣，上一届秘书长潘为民出席会议。会议对本届领导班子成员做了分工，汪澜会长提议杨剑龙任常务副会长，决定继续聘任17位老同志担任研究会顾问，还明确了新一年的工作主线。

11月17日　第16届崇明灶花艺术节在向化镇开幕，本会副会长郑土有，副秘书长巢卫群、赵宏，监事曹金荣和老领导杨益萍、潘为民参加，郑土有代表上海炎黄文化研究会在开幕式上致辞。

12月24日至次年1月24日　研究会分别举行了海派文化专委会和孔子专委会、"一报一刊"编委会、炎黄书画院、炎黄宣讲团、庄子专委会、炎黄诗友社、青少年专委会、专家学者等9场迎新座谈会。会领导汪澜、杨剑龙、马军、陈忠伟、刘平、郑土有、刘梁剑等出席，与大家共同回顾了2021年不平凡的历程，展望了2022年的新征程。

2022年

1月17日　在汪澜会长带领下，上海炎黄文化研究会下属炎黄书画院、宣讲团有关人员走访了普陀区文旅局，受到了局长周涵嫣、副局长刘亦武，区体育局党组书记许为民等领导的热情接待，双方就共同举办“画（话）说苏州河普陀段”的绘画创作和宣讲项目达成了共识。

3月6日　由上海市文学艺术界联合会主办，上海长宁区东方收藏艺术馆等承办，上海炎黄文化研究会海派文化专业委员会协办的“江山如此多娇——龚心瀚、贾树枚摄影艺术展”开幕。本会领导汪澜、杨剑龙、马军参加开幕式。

5月20日　上海炎黄文化研究会庄子文化专业委员会通过腾讯会议平台举办“《庄子·养生主》中医文化大家谈”讲座。本会会长汪澜、副会长刘平、奥地利中医药和预防医学会会长李宏颖博士、武当玄武十四代道医传人祝玄冲道长、上海中医医院内科主任医师许良教授、澳大利亚老庄研究会会长王德元教授作为嘉宾出席，庄兆祥主任主持讲座。本次讲座在线观看人数超过5万人。

5月23日　由上海炎黄书画院主办、上海雯婕传媒集团有限公司协办的“难忘的风景——2022·春天记忆”五月画展线上开展，81位画家从不同的视角，精心创作了147幅作品，组成了沪上抗疫的全景式画卷，给上海留下了值得回忆的历史印记。

6月10日　2021“中国非遗年度人物”推选活动公布，本会原副会长、华东师范大学终身教授陈勤建成功当选。

6月15日　来自上海、厦门、台湾三地的相关学者以线上座谈会的形式，共同缅怀陈化成卫国抗英的爱国事迹，感悟先辈们的民族精神。本会副会长兼秘书长马军主持了座谈会，副秘书长李志茗、会员段炼和江文君参加了线上座谈会。

6月18日　研究会根据疫情的变化和其造成的社会生活的不便，给会员发出了慰问信，鼓励大家团结一心，同舟共济，增进邻里情谊，汇聚起共克时艰的合力，迎接美好明天。

6月20日　研究会领导汪澜、马军以及老领导杨益萍，在监事曹金荣陪同下，走访了研究会的“幸福合伙人”——青浦区华新镇杨家庄村民委员会。杨家庄村新任党支部彭永华书记热情接待，感谢本会对杨家庄村文化建设做出的积极贡献，并希望双方建立更加紧密的合作关系。

7月29日　研究会第六届第一次常务理事会在恒源祥总部召开。汪澜会长主持会议，马军副会长兼秘书长向各位常务理事做了《换届以来本会工作概况及下半年展望》的报告，巢卫群副秘书长宣读了本会部分组织机构负责人变更后的名单。与会常务理事认真审议了报告并展开热烈的讨论，与研究会领导班子进行了充分交流。

8月24日　宣讲团召开工作会议，探索特殊时期宣讲工作的新路，即宣讲主题：“传统文化、海派文化”；形式：讲座、访谈、会议介绍；品牌：炎黄文化讲堂、海浪花讲坛、海之韵客厅、炎黄家园；方式：线上线下结合、主宾结合。杨剑龙常务副会长肯定了上述工作思路，提出三个意识：文化意识、大众意识、问题意识。赵宏、王佩玲、陶勇、孙嘉也提出了积极建议。

9月3日　研究会召开年会筹划研讨会，马军副会长兼秘书长主持会议，会长汪澜，常务副会长杨剑龙，副会长刘平、郑土有及老领导陈卫平等18位专家学者参加。会议确定今年年会主题为“新征程与上海城市文脉”。汪澜会长希望把今年年会开好，开出新气象，充分体现本会的整体实力和优秀社团的风范。

9月24日　崇明学宫在大成殿前举行隆重的祭孔大典，本会副会长兼秘书长马军，副会长刘梁剑，副秘书长李志茗应邀参加并敬献花篮。

9月26日　“城市更新中的文化建设——海派文化的前世今生”主题讲座暨“海浪花讲坛”落户长宁签字仪式在长宁区图书馆举行。本会副会长兼秘书长马军和长宁区文旅局副局长黄骅在仪式上致辞。市委宣传部原副部长陈东为“海浪花讲坛”做首场讲座。研究会老领导李伦新和近50位长宁区干部群众出席了签字仪式并聆听讲座。

9月29日　本会和上海美学学会、上海语文学会联合主办了“语言艺术的审美特征及其历史解读”暨“恒源祥文学之星大师面对面”跨学科论坛。本会会长汪澜、副会长陈忠伟参加论坛并做主题演讲。上海市社联领导陈麟辉和上海美学学会、语文学会、写作学会及恒源祥集团的30位领导及专家学者也参加了论坛。

10月26日　本会青少年教育委员会召开讲师团成立会议。讲师团的主题是“让中华优秀传统文化走进校园”，马军副会长兼秘书长与会并表示祝贺。

11月17日　研究会2022学术年会以“新时代新征程与上海城市文脉”为主题在市社科会堂举行。会长汪澜、常务副会长杨剑龙、副会长兼秘书长马军，副会长陈忠伟、刘平、郑土有、孔庆然和老领导杨益萍、洪纽一、潘为民等数十人与会。共有15位学者发布论文，杨剑龙做总结和点评。本次年会被列入市社联第十六届(2022)学会学术活动月项目。

12月13日　《新民晚报》报道，本会会员、上海历史博物馆原征集部主任王毅向侵华日军南京大屠杀遇难同胞纪念馆捐赠6张反映侵华日军制造大屠杀的历史照片。

12月17日　马军副会长兼秘书长在迎接新年之际，代表上海炎黄文化研究会致信全体会员，向大家表示慰问和祝福。

12月25日　世界孔子后裔联谊总会会长、中华孔子学会孔子后裔儒学促进委员会会长孔德墉先生在北京逝世，享年96岁。本会向孔德墉先生治丧委员会发出唁电，表示沉痛哀悼，并向其亲属表示亲切慰问。

本年　老西门街道启动“文化留痕的世界”活动，本会海派文化专业委员会应邀参与编写“百姓故事集”。秦来来、朱少伟、金波、朱惜珍、张克平、王岚、何振华、郭爽、唐幸、徐鸣围绕老西门的人、文、地、景等进行选材，撰写了老西门作为老城厢、上海之根、海派文化发源地的故事。

2023年

1月8日　本会资深会员、出版家、辞书编撰家、经济学家，上海人民出版社、上海辞书出版社原社长、总编辑巢峰先生在上海逝世，享年95岁。巢峰先生生前关心研究会工作，积极参与活动，受到大家的尊重和爱戴。对他的逝世，本会表示沉痛哀悼。

2月2日　本会领导汪澜、马军等一行赴上海社科会堂与市社联领导王为松、任小文等举行迎新团拜，共叙友情，畅谈感想，展望新一年的工作。参加团拜的还有本会副秘书长巢卫群、陆廷、赵宏等。

2月15日　本会假座恒源祥公司召开会长扩大会议，会议总结了2022年的主要工作，围绕2023年重点工作听取了大家意见。汪澜会长主持会议，马军副会长兼秘书长汇报了过去一年的工作，杨剑龙、陈忠伟、刘平、郑土有、刘梁剑、孔庆然等会领导先后表述了想法。

2月23日　崇明灶文化研究会举行换届大会。作为指导单位代表，郑土有副会长在换届会议上发言，提出了建设性的意见。

3月17日　由长宁区图书馆、上海炎黄书画院、上海民盟书画院主办，上海炎黄文化研究会担任支持单位的“大觉大梦”袁龙海画展在长宁区图书馆开幕，马军副会长兼秘书长参加开幕式并致辞。

3月26日　上海市原副市长、上海炎黄文化研究会原会长庄晓天同志在上海逝世，享年91岁。4月1日，汪澜、马军代表上海炎黄文化研究会参加了庄晓天同志追悼会，并献上花圈。

4月15日　常务副会长杨剑龙出席在澳门旅游塔国际会议中心举行的“癸卯年澳门恭拜轩辕黄帝大典”，并在澳门大学举行的“2023黄河黄帝文化澳门国际论坛”做主题报告。

4月22日　上海炎黄文化研究会假座上海社会科学院分部举行第六届第三次理事会。会议由汪澜会长主持，马军副会长兼秘书长做《2022年工作报告和2023年工作展望》的报告，杨剑龙常务副会长宣读了本会部分专业委员会负责人变更名单，陈忠伟副会长做了本会增补理事人选的说明。会议以投票表决的方法通过了决议，俟会员(代表)大会予以正式确认。本次理事会之前还召开了第三次常务理事会。

4月25日　汪澜会长主持召开了《炎黄子孙》《海派文化》编辑工作会议。这是两个编辑部合并以后的第一次工作会议，会议宣布了调整后的编委会组成人员名单。汪澜会长充分肯定了各位编辑的辛勤工作和努力，希望大家秉承研究会的办刊宗旨，再接再厉，精益求精，多组有深度的好稿，扩大报刊的影响。

4月28日　本会与普陀区文旅局共同主办的“话说苏州河”系列讲座，在普陀区图书馆的苏州河书房开讲，由炎黄文化宣讲团承办。首场讲座由上海大学胡申生教授主讲，至10月13日共计举办了10场高品质的讲座。

5月24日至6月15日　本会炎黄书画院主办，长宁区图书馆承办，上海雯婕传媒集团有限公司支持的“春天——山河锦绣·润物无声”画展在长宁区图书馆举行，81位艺术家选送了85件画作。既有著名大家，也有青年新秀。本会领导汪澜、马军出席开幕式。

5月26日　“问祖炎帝，寻根高平”癸卯年海峡两岸同胞神农炎帝故里民间拜祖典礼在山西高平炎帝陵举行，本会副会长孔庆然、孔专委主任孔剑翔应邀出席大典活动。其间，山西炎帝文化研究会领导和本会领导进行交流，希望加强合作，共同为弘扬中华优秀传统文化贡献力量。

6月4日　本会就“会庆30周年系列活动”向所属分支机构发送活动项目申报表，要求各专业委员会根据自身特点，举办包括“研讨会、沙龙、书评会、展览会等面向公众的中小型文化活动”，研究会将给予一定的资金支持。

6月5日　为迎接上海炎黄文化研究会建会30周年，研究会向会员发出“走过30年”征文启事，请会员就自身与研究会相关的往事、感受，积极撰文参与活动。

6月9日　在市社联指导下，本会在华东师范大学举办了首次青年论坛，论坛宗旨为“凝聚弘扬中华优秀传统文化的青年力量，搭建青年学者跨学科交流平台，助力沪上社科界青年人才成长”。12位青年学者发表了见解独到、颇有新意的论文。本会会长汪澜致辞，副会长刘梁剑、朱丽霞，副秘书长李志茗分别主持各环节的讨论，杨剑龙常务副会长做了总结，副会长马军、孔庆然出席论坛。

6月9日　本会和静安区文旅局在北京西路1314号雷士德医学研究院联合举办“医路传承，遇见雷士德”纪念活动。本会副会长兼秘书长马军代表研究会致辞。

6月10日、11日　由上海儒学研究会、上海炎黄文化研究会、上海财经大学国际儒商高等研究院主办的“儒商精神与中国式现代化企业家精神”学术研讨会在上海财经大学举行。本会领导汪澜、马军、刘梁剑、孔庆然和理事朱璐、孔飞出席活动。汪澜会长主持了企业界研讨专场，孔庆然副会长和孔飞发言，朱璐做专题报告。参加本次活动的有亚洲及国内著名高校、研究机构的学者和企业家100多人。

6月13日　上海师范大学一号报告厅举办了“庆贺张冰隅教授从教60周年暨国学新探”报告会。张冰隅先生是本会资深会员、宣讲团讲师，曾代表研究会举办多场很有影响力的学术讲座，受到欢迎和好评。马军副会长兼秘书长、王佩玲副团长参加庆贺活动。

7月13日　庄子专业委员会一行6人来到云南怒江福贡县上帕镇福贡县第一中学考察、讲学，研究会副会长刘平和理事邓志峰教授做了中华优秀传统文化的专题讲座，福贡县中小学语文、历史、政治三门学科120余名教师参加此次讲学交流活动。

7月13日至16日　第18届中国中学生作文大赛(2022—2023)恒源祥文学之星决赛暨颁奖典礼在山西太原举行，本会副会长、恒源祥集团董事长兼总经理陈忠伟参加颁奖典礼并做总结发言。

8月5日　由本会宣讲团和新华传媒连锁有限公司联合主办的“1925红色经典阅读沙龙”在四川北路1925书局举行开幕式和首场演。常务副会长杨剑龙、副会长兼秘书长马军、新华传媒董事长钮也仿出席首场讲座。杨剑龙代表本会致辞，本次活动将持续进行15场红色主题讲座。

9月22日至25日　应本会邀请，山西炎帝文化研究会会长焦光善、常务副会长闫培烈一行来本会进行工作交流。在沪期间，山西同行参观了上海社会科学馆68位社科大师陈列展、“画(话)说苏州河”绘画作品及宣讲文献展，参加了本会参与主办的第三届儒商论坛，并实地考察了上海城市文化。

9月24日　“2023上海孔子文化节第三届儒商论坛”在浦东滨江金融信息中心上海厅隆重举行，市社联党组书记、专职副主席王为松，嘉定区委常委、宣传部部长顾惠文出席论坛并分别致辞和讲话。儒学儒商研究界学者及企业家代表共180余人参加了论坛活动。杨剑龙常务副会长主持开闭幕式，研究会顾问陈卫平主持主题发言环节，汪澜会长代表主办单位致答谢词。本届论坛由上海孔子文化节组委会、上海炎黄文化研究会、上海财经大学儒商高等研究院、中华孔子学会孔子后裔促进会、中国金融信息中心共同主办。

9月20日　“画(话)说苏州河——‘半马苏河’的前世今生”绘画作品及宣讲文献展在普陀区美术馆隆重开幕，展示了由炎黄书画院组织创作的、描绘苏州河普陀段的76件绘画作品，以及炎黄宣讲团组织的10场讲座的内容。市老领导周慕尧、陈正兴和本会领导汪澜、杨剑龙、马军、刘平，研究会老领导杨益萍、洪纽一，普陀区和市社联有关领导，专家学者及艺术家，新闻媒体、社会公众70余人参加了开幕活动。展览于10月15日闭幕。

10月20日　在市社联举行的“第17届学会学术活动月开幕式暨秋季会长论坛”上，本会被授予征文“优秀组织奖”。在2023年市社联“马克思主义中国化时代化与中国式现代化”理论征文中，本会有4位会员提交论文，其中刘惠恕的《以习近平新时代中国特色社会主义思想为指导实现第二个百年奋斗目标》一文被选为优秀论文。

10月下旬　在上海市第16届哲学社会科学优秀成果表彰会上，研究会原常务副会长陈卫平教授的论文《为构建中国特色哲学社会科学体系提供基础——写好中国当代哲学史的思考》、理事皇甫秋实副教授的论文《中美调整租借物资管理模式的尝试与局限——以中国战时生产局为中心的考察》分获学科学术优秀成果一等奖、二等奖。

10月22日　由市社联主办，上海炎黄文化研究会、上海市历史学会、上海市哲学学会、上海市伦理学会、上海市民俗文化学会共同承办的本年度“多学科视野：中国式现代化与人类文明”学术研讨会在上海社会科学会堂召开，此系上海市社联第17届(2023)学会学术活动月项目之一。会长汪澜在研讨会上致辞，10位学者发表了最新研究成果。市社联党组成员、专职副主席任小文参加研讨会并讲话。

10月27日　汪澜会长率监事曹金荣，学者葛坤元、段炼、苗青、金波及研究会宣讲团副团长王佩玲一行7人，赴泰州参加纪念王退斋诞辰117周年暨《退斋墨痕》发行仪式和座谈会。

11月8日　第17届崇明灶花艺术节如期在崇明向化镇灶花堂开幕，本会副会长刘平代表上海炎黄文化研究会参加了本届艺术节的开幕式，并为崇明灶花艺术传承人工作室揭牌。

11月18日　“话说苏州河：一河两岸，中西合璧”静安苏河湾系列讲座在静安区图书馆天目路馆举行。汪澜会长代表本会向静安区图书馆捐赠画册，杨剑龙常务副会长、静安区文旅局领导张众讲话，马军副会长兼秘书长主持讲座活动。首场讲座由著名海派文化学者王琪森开讲。

11月18日　本会会员徐公诚个人艺术作品展“天人合一，印象纹影”在上海群众艺术馆揭幕，此次展览由上海炎黄文化研究会、上海中外文化艺术交流协会等共同主办。汪澜会长出席开幕式并致辞，出席开幕式的还有市委宣传部原副部长陈东、贾树枚，文联原党组书记李伦新及50位社会各界人士。

11月19日　本会在上海社科会堂召开主题为“中国式现代化与传统根基”的2023年学术年会，本会领导、理事和新老会员80余人参会。会前举行了新会员会员证颁发仪式。9位学者提交论文并发言，常务副会长杨剑龙进行点评和总结。

11月20日　本会会长汪澜、常务副会长杨剑龙、副会长兼秘书长马军、副会长刘平一行八人来到上海之根——人文松江，参观考察了石文化艺术馆。位于松江“云间粮仓”的石苑清风石文化艺术展示馆，是本会会员庄苑及家人创建和收藏的，有着极为丰富、珍贵的藏品。

11月24日　本会理事、闵行区政协委员孔飞向新开园的春申公园捐赠了春申君雕像，丰富了该公园的文化内涵，也为市民提供了一个了解历史，感受历史的机会。马军副会长兼秘书长参加了捐赠活动，并出席第二届“春申君”论坛。

11月26日　由本会携手长宁区图书馆举办的“海浪花”2022—2023年度系列讲座第十讲——祝君波谈“上海收藏的前世今生”如期举行。至此，系列讲座圆满收官。十场讲座自2022年9月底起，每月安排一场。杨剑龙常务副会长在最后的总结中对长宁区文旅局、长宁区图书馆及受邀专家学者表示了真诚谢意。

12月12日　“中国的抗日战争与上海法租界的终结”学术研讨会在上海淞沪抗战纪念馆举行。本会担任指导单位。副会长兼秘书长马军、副秘书长李志茗及会员江文君、段炼参加了研讨会并作学术报告。

2024年

1月6日　上海炎黄诗友社在宝山举行“迎新春：诗歌朗诵活动”，会长汪澜、常务副会长杨剑龙，孙琴安、潘颂德、刘惠恕几位教授和40位诗友社诗人参加了迎新朗诵活动。

1月6日　上海炎黄文化研究会孔子专业委员会、中华孔子学会孔子后裔儒学促进专业委员会假座虹桥云峰宾馆召开2024年新春座谈会。会长汪澜、副会长兼秘书长马军出席座谈会并讲话，副会长孔庆然畅谈了孔专委成立后举办的三届儒商论坛，研究会老领导陈卫平建议儒商论坛的主题要紧跟时事，与时俱进，孔专委主任孔剑翔汇报了在传承优秀中华传统文化中所做的主要工作。

1月24日　炎黄书画院新春联谊会在上海社会科学会堂举行，90余位艺术家欢聚一堂，共同庆贺2024年的到来。书画院执行院长陆廷主持活动，副院长陈志强汇报书画院工作。副会长兼秘书长马军宣读了新聘8位顾问名单，汪澜会长、书画院朱新昌院长分别做了热情洋溢的发言，常务副会长杨剑龙即兴朗诵新诗《绘炎黄之魂——迎龙年呈炎黄书画院》。

1月30日　本会2024年新春联谊会在上海社会科学会堂隆重举行。市老领导周慕尧、陈正兴，研究会老领导杨益萍、洪纽一、陈卫平、陈勤建、徐福生、潘为民，研究会会长汪澜、副会长杨剑龙、马军、陈忠伟、刘平、刘梁剑与100余位新老会员欢聚一堂共迎龙年新春的到来。联谊会由杨剑龙和理事王佩玲主持，汪澜致辞，马军宣读了新增补理事的名单，随后进行了精彩纷呈的文艺表演。本会会员过传忠、钱程、孔庆健、徐培华、王雪书、金琳、闪艳芳相继登场表演。联谊会当天，还召开了第六届第四次常务理事会。

3月2日　“海浪花沪语大讲堂”龙年新春在长宁区图书馆开讲，滑稽戏表演艺术家钱程、资深媒体人何振华漫谈“标准上海话”，现场座无虚席。

3月5日　市社联召开2024年度学术团体负责人大会，会上宣读了2023年度合作项目和学会学术月表彰，本会荣获这两个项目的奖项，汪澜会长代表研究会前往领奖。

3月16日　由本会庄子文化专业委员会编撰的《听庄子讲故事》内刊，在长宁区天山街道文化活动中心召开的庄委会第四次主任会议上举行了首发式。

3月22日　本会在漕溪北路汇嘉大厦新会址举行第六届第四次理事会。会议由汪澜会长主持，副会长兼秘书长马军做《2023年工作回顾和2024年工作展望》的工作报告，常务副会长杨剑龙宣读了研究会书同文专业委员会负责人变更名单，马军就增补三位理事的人选做了说明，副会长刘平担任监票人并宣读投票结果。理事们对新增理事的决议进行了投票表决，并以鼓掌形式通过了报告。

4月23日　2024年长宁区读书节正式拉开帷幕，上海作家协会、上海图书馆和长宁区领导，以及本会会长汪澜、副会长兼秘书长马军出席了开幕式。开幕式后，三家主办单位还策划了“巴金的读书之缘”文学对谈，人民文学出版社、复旦大学、巴金故居的相关学者与大家分享了巴金先生爱读书、好藏书、乐写书的故事。

5月12日　上海炎黄文化研究会和老西门街道联合举办了“上海小刀会起义与老城厢更新工作坊”。来自本会、上海社会科学院、国防大学的学者和老西门街道的领导及居民朋友参与其中，6位学者发表了最新的研究成果。

5月14日　上海市社会科学界联合会和长宁区委宣传部主办的第23届上海市社会科学普及活动周，在长宁区文化艺术中心举行了开幕式。本会有两场讲座入选，分别是华东师范大学张冰隅教授在静安区图书馆主讲的“传统文化中的养生观”和上海交通大学教授、本会副会长朱丽霞在上海交通大学闵行校区主讲的“陆家嘴与上海文化”。

5 月 15 日　由中华炎黄文化研究会、山西省炎黄文化研究会主办的甲辰年海峡两岸同胞“神农炎帝故里”民间交流系列活动在山西省高平市举行。本会副秘书长赵宏、王源康应邀参加活动。

5 月 23 日　上海炎黄书画院在莘庄张渊艺术馆举办 2024 年“五月画展”。沪上著名书画艺术家姜建忠、黄阿忠、朱新昌、朱新龙、陈小培、陈谷长、张培础、张森、瞿志豪等展出了近 80 幅优秀作品，观摩市民啧啧称赞。市老领导周慕尧、闵行区政协领导祝学军、研究会老领导杨益萍和书画艺术家、闵行区市民等近百人参加了开幕式。

6 月 24 日　本会汉字书同文专业委员会在研究会办公室召开了王贵生先生古文字书展研讨会，同时展出了近 40 幅作品。汉字书同文专业委员会主任于小央主持研讨会，研究会领导汪澜、马军在发言中高度赞赏了王先生潜心笃志的精神，分管书同文的副会长、复旦大学中文系教授郑土有则从专业角度评述了王先生的研究成果。

春华秋实

上海炎黄文化研究会主要出版、印刷品目录

马　军　编

【编者按】本目录只含上海炎黄文化研究会及分支机构的出版、印刷品，不含会员的个人作品。

01

孙中山与现代文明

　　中华炎黄文化研究会、上海炎黄文化研究会编　苏州大学出版社 1997 年版

02

长江流域经济文化初探

　　上海炎黄文化研究会编　上海人民出版社 1999 年版

03

激浊扬清——廉政文化研讨会论文集

　　上海炎黄文化研究会编　中国检察出版社 2000 年版

04

法治与德治——法治与德治研讨会论文集

　　上海炎黄文化研究会编　中国检察出版社 2001 年版

05

风正帆悬：党的作风问题研讨论文集

　　上海炎黄文化研究会丁锡满主编　中国检察出版社 2002 年版

06

风正帆悬第二集:道德建设问题研讨论文集

上海炎黄文化研究会丁锡满主编　中国检察出版社 2003 年版

07

上海炎黄文化研究会成立十周年(1994.4—2004.4)纪念特刊

上海炎黄文化研究会 2004 年编印

08

百年伟人光百代——纪念邓小平同志诞辰 100 周年理论研讨论文集

丁锡满主编　上海炎黄文化研究会 2004 年编印

09

中华文明与和谐社会:上海炎黄文化研究会 2005—2006 年学术研讨论文集

丁锡满主编　上海人民出版社 2007 年版

10

游赏精神家园——《炎黄子孙》论文选

上海炎黄文化研究会主编　上海文化出版社 2014 年版

11

源远流长:上海炎黄文化研究会成立二十周年纪念特刊(1994—2014)

上海炎黄文化研究室办公室 2014 年编印

12

海上云:2016 上海书画院·上海炎黄文化研究会年展作品集

乐震文策展　上海文高文化发展有限公司 2016 年版

13

传承炎黄文化的先行者——丁锡满追思文集

上海炎黄文化研究会主编　2016 年编印

14

走进新时代——源于生活采风写生作品集

上海炎黄文化研究会、上海炎黄书画院、雯婕传媒集团 2018 年编印

15

绿色申城——上海城市公园绿地撷萃

陈之翔主编　上海炎黄文化研究会、上海市普陀区政协、上海炎黄书画院编　上海大学出版社 2019 年版

16

海浪花开:《海派文化》报选粹

《海派文化》报编辑委员会编　上海科学技术文献出版社 2019 年版

17

美丽的七潋河

倪家荣主编　作家出版社 2019 年版

18

魅力江桥:庆祝中华人民共和国成立七十周年暨上海炎黄书画院江桥分院首届书画展

陈之翔主编　上海金烨文化传播有限公司 2019 年编印

19

灯塔——庆祝中国共产党成立 100 周年作品集

陈之翔、孙化一主编　上海炎黄文化研究会、上海炎黄书画院、上海市黄浦区美术家协会 2021 年编印

20

海派与品牌创新商业文化论文集

海派商业文化研究院、复旦华商研究中心、上海炎黄文化研究会海派文化专业委员会 2020 年编印

21

人民不会忘记——党史中的革命先烈(董元绘画作品集)

陈之翔主编　上海炎黄文化研究会、上海炎黄书画院编　上海金烨文化传播有限公司 2021 年编印

22

难忘的风景——2022·春天记忆作品集

陈之翔主编　上海炎黄文化研究会、上海炎黄书画院、上海雯捷传媒(集团)有限公司编　上海金烨文化传播有限公司 2022 年编印

23

继往开来:上海炎黄文化研究会二〇一四—二〇二一年大事记

上海炎黄文化研究会办公室 2022 年编印

24

春天——2023·山河锦绣·润物无声

陈之翔主编　上海炎黄文化研究会、上海炎黄书院编　上海金烨文化传播有限公司 2023 年编印

25

听庄子讲故事——《庄子》中的成语寓言故事

上海炎黄文化研究会庄子文化专业委员会编著　2024 年印

26

走进广盛原——上海炎黄诗友采风诗集

倪家荣主编　作家出版社 2024 年版

27

江山如画·莘向未来——上海炎黄书画院中国画邀请展作品集

陈之翔主编　莘庄镇文体体育事业发展中心、上海炎黄书画院编　上海金烨文化传播有限公司 2024 年印

28

海派文化(第1—126期缩印本)

上海炎黄文化研究会海派文化专业委员会、《海派文化》编辑部2024年编印

编于2024年9月2日

上海炎黄文化研究会《简报》总目录（第1期—第131期）

马　军　编

【编者按】本《简报》系上海炎黄文化研究会办公室、秘书处编撰，自印，A4纸大小，每期两至七八页不等，属资料保存性质，并不对外。首期始于1994年8月，不定期，收入“总目录”的最后一期是第131期(2024年6月30日)。显然，它和上海炎黄文化研究会同步，一同走过了30年。也正因为如此，《简报》充分反映了炎黄会在市社联的领导下，在上海地区宣介传统文化、海派文化和红色文化的漫长历程，举凡办会方针、工作报告、干部变动、组织变迁、人员往来、成果出版、会址移动，以及独办、合办各种会议和活动等均有详细记录，可谓是一份极珍贵、很重要的会史资料。今列出全目，以飨会内外人士。

第1期(1994年8月)

上海炎黄文化研究会成立

上海炎黄文化研究会等三单位联合举办“爱我中华”精短散文征文

关于当前开展炎黄文化研究工作的几点设想(上海炎黄文化研究会秘书处)

炎黄文化研究大有可为——本会上师大理事举行座谈畅抒己见

预定明春在无锡举办“吴文化与海派文化”研讨会

要讯

情况交流

中华炎黄文化研究会《简报》报道上海炎黄文化研究会成立

《中华文化通志》第二次作者大会在广州举行，萧克、费孝通等同志出席并讲话

客家文化研究中心召开小型学术讨论会

中华炎黄文化研究大力支持94全国少年儿童歌词征集活动

大型连续剧《炎黄二帝》正在加紧拍摄

炎黄二帝镀金仿币面世

关于举办“龙文化与中华民族”国际学术讨论会通知

湖北省炎黄文化研究会今年将联合举办三个学术研讨会

《炎黄春秋》杂志社、北京老同志围棋会、北京文津俱乐部联合举办“炎黄杯”敬老围棋邀请赛

来自《炎黄春秋》杂志社的报告：首次交北京邮局在全国征订超过七万户

第2期(1994年12月)

目录

要讯

本会动态

征文通知(上海炎黄文化研究会)

会务工作近况

上海炎黄文化研究会学术委员会成立，会长陈沂到会讲话，与会者就“长江文化”及学术委员会工作踊跃发言

香港实业家王小光先生为上海文化发展捐赠六十万元

各地信息

来自河南省的报道，炎黄二帝巨型塑像工程隆重开工

《炎黄颂》(全国人大常委会副委员长程思远为炎黄二帝巨塑工程开工而作)

为兴建炎黄二帝巨型塑像义捐千元以上者刻碑留念通报表彰

嫘祖文化学术研讨会在宜昌举行

河北召开董仲舒学术思想国际讨论会

首次省港澳三地粤曲大赛完满结束

客家文化研究中心举行理事会

贵州省中华文化研究会宣告成立

黑龙江省炎黄文化研究会成立，学者专家会上宣读黑土地文化论文

四川省中华文化学会成立

第 3 期(1995 年 9 月)

我会首届学术研讨会“一二·九”举行,主题是帝国主义文化侵略和我们的文化战略

上海师范大学长江文化研究所成立,陈沂同志任名誉所长(马洪林)

为弘扬传统优秀文化创业集资,我会成立事业发展委员会,陈沂会长到会讲话,与会者就集资创收兴办文化事业发表意见和建议

陈沂会长在事业发展委员会成立会上的讲话摘要

王克同志谈事业发展委员会的任务

严家栋同志谈事业发展的一些设想

上海炎黄实业有限公司成立

本会办公室迁址

第 4 期(1995 年 11 月 25 日)

上海国际炎黄文化学院成立,陈沂会长任院长,严家栋、徐友才任副院长

学术委员会举行会议研究实施首届学术研讨会

要讯

第 5 期(1996 年 1 月 25 日)

弘扬传统文化,重铸民族精神,上海首届炎黄文化学术研讨会隆重举行,市府副书记陈至立同志到会致辞,陈沂会长讲话,到会学者近百人,有十五位学者做大会发言

陈至立同志讲话

陈沂会长讲话(摘要)

事业发展委员会举行第二次会议

陈沂会长等会见巴西中巴合作协会会长

第 6 期(1996 年 4 月 1 日)

以崭新姿态迎接新的一年,我会春节联欢会热气腾腾,陈沂会长部署新年工作,金炳华同志希望我会发挥更大作用

要讯(新会员名单)

第 7 期(1996 年 5 月 28 日)

中华炎黄文化研究会与我会将联合在沪举办孙中山与现代文明国际讨论会,我会还将开展纪念孙中山诞辰 130 周年系列活动

炎黄二帝巨塑工程 1997 年竣工,庆祝活动、祭祀仪式中秋节举行,10 万人留名"归宗壁"征集工作已开始

第 8 期(1996 年 7 月 22 日)

邓小平、江泽民、薄一波、周谷城、程思远、萧克题词

发扬我国优秀传统道德文明,陈沂会长邀请教育、新闻、文化单位负责同志座谈

97 中秋举行炎黄二帝巨塑落成典礼,全球炎黄子孙万人将云集黄河之滨祭祖,归宗壁留名申报手续,上海由我会代为办理

会员函询归宗壁留名详情,陈沂等同志率先申报留名,何时希、金西来先生愿为推动这项工作出力

炎黄二帝巨塑工程,"炎黄子孙归宗壁"留名征集工作简介

庆祝炎黄二帝巨塑落成,十万炎黄子孙归宗壁留名征集书(中华炎黄文化研究会炎黄二帝巨型塑像筹建委员会)

第 9 期(1996 年 8 月 16 日)

茅盾先生诞辰 100 周年纪念,我会与作协、市文联、文研所联合举行座谈会,沿着前辈开辟的新文学道路开拓进取,以社会主义文学事业新繁荣迎接 21 世纪

欢迎企事业社会团体申报“归宗壁”留名，望我会会员为推动此项工作尽力，义捐数额较大者按《规定》给予奖励

为二帝巨塑工程做贡献，本会理事顾延培先生提出三条建议

第10期(1996年9月20日)

孙中山先生诞辰130周年，“孙中山与现代文明”国际学术讨论会组织委员会成立，准备工作正积极进行

弘扬民族优秀传统，我会计划开展爱国主义宣传教育活动

关于开展炎黄子孙情满华夏爱国主义宣传教育活动的请示报告(上海炎黄文化研究会)

炎黄子孙情满爱国主义宣传教育活动计划

何时希先生申报“归宗壁”留名，为二帝巨塑工程做贡献义捐4 500元

答读者问

我会办公地点

第11期(1996年11月15日)

120多位中外学者专家聚会宝山宾馆，“孙中山与现代文明”国际学术讨论会隆重举行，陈沂会长致开幕词，薄一波发来贺信，萧克为会议题词

陈沂会长在“孙中山与现代文明”国际学术讨论会上的开幕词

中华炎黄文化研究会名誉会长薄一波给“孙中山与现代文明”国际学术讨论会的贺信

中华炎黄文化研究会执行会长萧克同志为“孙中山与现代文明”国际学术讨论会的题词

我会办公地点

第12期(1996年3月12日)

我会节前举行迎春茶话会，发言踊跃，建议良多，机构调整，成立五部

第 13 期(1996 年 6 月 25 日)

大力开展炎黄文化艺术研究和推广工作,我会文化艺术委员会成立

要讯

上海国际炎黄文化学院拟增设艺术系开办书画班写作班,增聘孙道临同志为副院长

上海炎黄文化研究会文化艺术委员会顾问、正副主任、委员名单

第 14 期(1997 年 10 月 6 日)

本会工作人员学习党的十五大文件,衷心拥护邓小平理论作为党的行动指南及其他决策,联系实际讨论有中国特色社会主义的文化建设问题(曹章)

我会发起并主办又一次重要学术会议,研讨长江流域经济文化发展,研讨会于今年 12 月举行,筹备工作正积极展开

第 15 期(1997 年 11 月 16 日)

我会举行小型座谈会,畅谈学习十五大文件体会,十多位领导同志敞开胸怀各抒已见(沈沉)

张仲礼同志的发言(曹章记录、整理)

上海炎黄书画院成立,陈沂会长揭牌,近百位书画家出席成立大会

第 16 期(1997 年 12 月 30 日)

贯彻中央开发长江经济带战略决策,我会召开长江流域经济文化发展研讨会(曹章)

龚学平同志的讲话

在“迈向廿一世纪的长江流域经济文化发展研讨会”上的开幕词(1997 年 12 月 18 日上午)(陈沂)

第 17 期(1998 年 2 月 5 日)

我会召开一届理事会二次会议(曹章)

在上海炎黄文化研究会一届理事会二次会议上的报告(王克)

第 18 期(1998 年 3 月 20 日)

让周恩来精神传之久远永放光辉,我会举行座谈会纪念周总理百年诞辰

通告(我会办公地点迁址)

第 19 期(1998 年 12 月 22 日)

建设社会主义初级阶段文化,提高全民素质,提倡健康文化生活,上海炎黄文化研究会举办专题学术研讨会

通告(我会办公地点迁址)

第 20 期(1999 年 3 月 30 日)

上海炎黄文化研究会 1998 年工作回顾和 1999 年工作打算

迎接澳门回归祖国,我会将举办“澳门的历史与发展”图片展

书讯

《长江流域经济文化初探》出版

第 21 期(1999 年 8 月 10 日)

我会准备举办廉政文化研讨活动,优秀论文将出版专集

庆祝新中国成立 50 周年,弘扬爱国主义精神,历代爱国诗词朗诵演唱会将举行,我会、市记协、老文化工作者协会、东方电视台联合举办

“龙文化与民族精神”学术研讨会 8 月 28 日至 30 日在上海举行

“澳门历史与发展图片展”深受各界欢迎,参观者已达 10 万余人,展址已

迁至恒丰路，展期延续到12月底

99"炎黄杯"书画大赛结束

第22期(1999年11月26日)

廉政文化研讨会积极筹备中，研讨会定于年底召开

龙文化研究的盛会，多学科交流的舞台——记"龙文化与民族精神"学术研讨会(李培栋)

五千年，还是一万年?(摘自《新华文摘》1999年9月号)

第23期(2000年1月20日)

廉政文化学术研讨会圆满结束，张惠新、陈沂同志出席会议并致词

通知(我会迁址)

第24期(第二届会员大会文件特辑)(2000年6月25日)

我会召开第二届会员大会

正副会长、秘书长名单

名誉会长名单

特邀顾问名单

顾问名单

理事会理事名单

陈沂同志在第二届会员大会上的讲话(2000年6月17日)

王克同志在第二届会员大会上的工作报告(2000年6月17日)

上海炎黄文化研究会章程(2000年6月17日第二届会员大会通过)

第25期(2000年9月14日)

我会将举办"法治与德治"研讨会

"炎黄鼎"展示活动将在沪举行

我会廉政文化研讨会的成果——《激浊扬清》一书出版

第一批会员证已开始发放

第26期(2000年10月18日)

薄一波同志为“炎黄鼎”题词:“千秋鼎祚,肇始炎黄”

中国历史博物馆永久收藏“炎黄鼎”子鼎

我会召开电视剧《太平天国》座谈会,陈沂会长说,研究太平天国是一门大学问,值得重视

我会举行国庆中秋敬老座谈会

我会常务理事会组成人员

第一批会员证已发放

第27期(2000年11月3日)

“炎黄鼎”在世纪公园展示两月,展示活动揭幕仪式十月二十八日隆重举行

“炎黄鼎”展示活动组委会副主任王克同志致开幕词

河南省炎黄文化研究会名誉会长岳肖峡同志的讲话

上海市委宣传部副部长方全林同志的讲话

领导同志和专家为“炎黄鼎”题字

全国各地炎黄文化研究会祝贺“炎黄鼎”展示活动

第28期(2001年1月5日)

我会举行法治和德治学术研讨会

通知

第29期(2001年2月1日)

七十多位老同志欢聚一堂喜迎新春,我会举行迎接新世纪茶话会,陈沂会长希望大家回顾20世纪的经历,满怀信心展望社会主义的发展前景

我会2001年工作初步设想

《炎黄子孙》丛刊第一期出版

第30期(2001年3月12日)

庆祝中国共产党建党八十周年,我会将举办"执政党的作风问题"研讨会

炎黄鼎在沪展示活动圆满结束,三月中旬运往河南郑州

通知

第31期(2001年6月30日)

庆祝中国共产党成立八十周年,我会召开执政党的作风问题研讨会,陈沂会长、郝铁川副部长到会讲话

《法治与德治》首发式举行

中华炎黄文化研究会成立十周年,我会王克等同志前往祝贺

"炎黄鼎"安放郑州炎黄二帝巨塑广场

第32期(2001年10月11日)

我会部分老同志欢聚一堂欢庆国庆中秋,谈学习《讲话》体会,论当前国际形势

我会举办庆祝国庆"炎黄书画展"

国庆中秋前夕敬老爱老,我会领导问候苏步青、汪道涵、董寅初、李国豪、王元化、徐中玉、张仲礼、李冰伯等同志

《辛亥革命和南社》研讨会在金山举行

征文通知(上海炎黄文化研究会)

第33期(2001年12月25日)

我会常务理事会提出2002年工作初步设想,重点是研究社会道德建设问题

通知

第 34 期(2002 年 1 月 25 日)

我会举行理事会扩大会议,辞旧迎新,共贺佳节,近 200 人观赏著名昆剧艺术家精彩表演掌声满堂

我会会员观看昆剧团演出,票价可对折优惠

第 35 期(2002 年 4 月 5 日)

我会学术委员会讨论我国传统道德继承创新问题,提出今年道德建设研讨方案

通知(办公室)

第 36 期(2002 年 5 月 29 日)

我会举办道德建设研讨系列活动,日前召开学习《公民道德建设实施纲要》座谈会

党的作风问题研讨论文集《风正帆悬》一书出版

第 37 期(2002 年 8 月 14 日)

沉痛悼念陈沂会长,我会成员参加各种悼念活动,以无比沉痛心情告别陈老

永远怀念老会长坚强革命意志和巍巍师长风范——“陈沂会长追思会”纪略(彦华)

我会举行常务理事会,讨论今年下半年工作

通知(办公室)

第 38 期(2002 年 10 月 26 日)

喜看大好形势,纵论文化建设,我会迎国庆、中秋、敬老节座谈会开得生动活泼

关于上海文化发展的两点建议(张仲礼)

我会专题研讨家庭美德建设,集中议论尊老敬老问题

我会召开道德建设专题研讨会,探讨加强“官德”建设问题

第39期(2002年11月7日)

学习十六大,宣传十六大,贯彻十六大,建议全体会员为《炎黄子孙》学习十六大专栏积极撰写稿件

我会举行第四次道德建设研讨会,打造诚信要法治德治双管齐下

欢迎订阅2003年《炎黄春秋》,求实存真,秉笔直书,以史为鉴,与时俱进

第40期(2002年11月24日)

我会常务理事会扩大会议学习十六大精神,围绕全面建设小康社会,发展繁荣社会主义文化

第41期(2003年1月25日)

我会举行理事扩大会暨迎春茶话会,同贺新春吉祥,共商羊年大计,今年学术研讨主题:“上海城市精神与世博文化”

上海炎黄文化研究会发展会员计划(上海炎黄文化研究会组织联络部)

征稿(《炎黄子孙》编辑部)

第42期(2003年3月30日)

我会常务理事会扩大会议学习全国“两会”精神,催人奋进信心倍增

根据我会今年工作计划将开展几项活动:研讨“传统文化与上海城市精神”,举办“端阳诗会”研讨“诗路新风”,筹备我会成立十周年纪念活动

为筹备我会成立十周年纪念活动给全体会员的一封信(上海炎黄文化研究会)

通知

第 43 期(2003 年 4 月 30 日)

积极参加“世博会与上海新一轮发展”大讨论,我会研讨“中国传统文化与上海城市精神”

“炎黄文化论坛”举行讲座:世博效应与企业发展机遇,周汉民、邢同和、沈建新三位嘉定做精彩演讲

通知:欢迎我会会员参加“端阳诗会”

第 44 期(2003 年 6 月 24 日)

庄晓天同志当选为我会会长,徐友才同志为我会法定代表人

端阳诗会将改为中秋诗会

沪浙诗人汇聚天台山诗会

第 45 期(2003 年 9 月 20 日)

我会会长办公会议讨论今年后 4 个月工作,进一步明确炎黄文化研究方向,庄晓天会长提出要提炼炎黄文化精华,结合现实创造先进文化,在广大群众中大力普及

我会和市作协、新民晚报联合举办“上海精神金秋诗会”十月下旬举行

第 46 期(2003 年 11 月 1 日)

繁荣诗歌创作,振兴上海诗坛,我会等单位联合召开上海诗歌创作研讨会

“上海精神金秋诗会”11 月下旬召开

《风正帆悬》第二集出版

第 47 期(2003 年 12 月 22 日)

《炎黄文化论坛》举行第二次讲座:完善社会主义经济体制,市委党校副校

长王国平做精彩演讲

著名演员朗诵著名诗人新作，上海精神金秋诗会激情澎湃

第 48 期(2004 年 1 月 5 日)

祝贺新春佳节(上海炎黄文化研究会办公室)

本会举行理事会扩大会议，庄晓天会长做重要讲话

第 49 期(2004 年 2 月 23 日)

“兰馨舞台”满堂欢笑掌声阵阵，我会举行会员大会暨新春联欢会，庄会长做重要讲话，昆剧团演精彩节目

通知(办公室)

第 50 期(2004 年 3 月 25 日)

我会常务理事会举行例会，学习中央文件，讨论当前工作，会议确定增补丁锡满同志为常务副会长

通知(办公室)

第 51 期(2004 年 4 月 30 日)

我会成立十周年庆祝大会隆重举行，郝铁川、潘世伟、肖卡到会热情祝贺并致词，庄晓天会长就我会今后发展提出四点意见

祝贺上海炎黄文化研究会成立十周年(杨逸明)

鸣谢

通知

第 52 期(2004 年 6 月 14 日)

纪念邓小平同志诞辰 100 周年，我会将举办“炎黄文化学术研讨会”

上海炎黄文化信息网即将开通

关于征集《书画·作品展》展品的通知(办公室)

第53期(2004年8月20日)

我会和解放日报社联合主办纪念邓小平诞辰一百周年学术研讨会

我会和上海宁波经济建设促进协会等五单位隆重举办炎黄子孙振兴中华论坛

通知

第54期(2004年10月13日)

我会举行老同志座谈会,欢庆国庆中秋敬老佳节,盛赞党的十六届四中全会

积极参加市社科普及活动周,我会将举办昆剧赏析会并举办“书画鉴赏”咨询活动

展品丰富多彩,文化底蕴深厚,我会成立十周年成果展获好评

第55期(2005年1月31日)

我会举行2005年年会暨新春茶话会,庄晓天会长讲话,丁锡满副会长做工作报告

庄晓天会长在2005年年会上的讲话

上海炎黄文化研究会2004年工作回顾和2005年工作打算(常务副会长丁锡满)

第56期(2005年3月14日)

我会将开展“构建和谐社会”理论研讨活动

我会和市妇联、文广集团联合举办庆祝“三八妇女节”“中外女诗人作品朗诵演唱会”

“构建和谐社会”理论研讨活动选题

第 57 期(2005 年 7 月 10 日)

隆重纪念抗战胜利六十周年,我会将举办万人抗战歌曲大合唱和“回忆与思考”座谈会

我会以通讯形式举行理事会审议通过我会换届工作文件,换届大会将在今年九月举行

在广大中学生中弘扬炎黄文化,我会在大同中学举办“从《东方小故事》说起”讨论会,并将在“中学生学习报”举办讲东方小故事征文活动

我会和市作协等联合举办“和谐之声”端午诗会

第 58 期(2005 年 9 月 1 日)

牢记抗战历史,弘扬民族精神,万名中学生引吭高唱抗日歌,我会和新四军研究会等单位在上海大舞台举办歌咏大会

纪念抗战胜利六十周年,我会举行“回忆与思考”座谈会

通知(上海炎黄文化研究会办公室)

征询意见函(上海炎黄文化研究会办公室)

第 59 期(2005 年 10 月 27 日)

我会举行第三届会员大会选举产生新一届理事会和领导班子,庄晓天会长讲话,社联副主席武克全到会祝贺

积极参与市四届社科普及活动周,我会举办和谐社会和评弹艺术讲座

我会参加 2005 全球联合祭孔活动

我会举办“中秋雅韵”评弹演唱会

我会参与举办“上海重阳登高诗会”

第 60 期(2006 年 1 月 16 日)

我会和解放日报社联合举办传统文化与和谐社会理论研讨会

通知(上海炎黄文化研究会办公室)

第 61 期(2006 年 3 月 6 日)

本会召开第三届第一次常务理事会,讨论 2006 年的工作思路并做出具体安排

通知(上海炎黄文化研究会办公室)

第 62 期(2006 年 5 月 24 日)

牢固树立社会主义荣辱观,我会和解放日报社联合举办"八荣八耻与中国传统文化"座谈会

第 63 期(2006 年 7 月 20 日)

我会召开会长会议,讨论今年学术研讨活动和当前工作

第 64 期(2006 年 10 月 27 日)

我会获"上海市优秀社会科学学会"称号

我会将举行两项重要学术活动,炎黄文化论坛,主题为"构建和谐社会",我会今年年会,主题为"传承中华文明"

我会中教委员会筹备三大活动

吴学研究所领导冒着酷暑向我会赠送《吴地文化通史》

我会和上海市收藏鉴赏家协会联合主办上海首届民间玉文化收藏研展会

第 65 期(2007 年 1 月 4 日)

恭贺新年(上海炎黄文化研究会)

我会举行 2006 年学术年会,主题为"中华文明与和谐社会"

炎黄文化论坛举办讲座,邓伟志教授谈构建和谐社会

弘扬民族文化，提高学生素质

第66期(2007年2月9日)

传统文化与现代科学——我会举行2007年迎春茶话会

我会2006年的工作回顾与2007年工作打算

我会举办第四次“炎黄论坛”

第67期(2007年6月9日)

我会召开会长扩大会议

炎黄子孙同拜轩辕始祖，华夏儿女共祈盛世和谐，郑州举行炎黄二帝塑像落成和拜祖大典

我会党的工作小组成立

各专业委员会活动

第68期(2007年11月6日)

我会今年学术年会将在11月底召开，年会主题是“高举中国特色社会主义伟大旗帜，弘扬中华文化，推进文化创新”

征文启事

迎接奥运世博，打造美的心灵，学会举办新知杯文明道德短语征文比赛

《中华文明与和谐社会》一书已正式出版发行

顾慰庆先生拜访我会领导，并向学会赠送其父亲顾毓琇全套选集

我会组织考察金山区廊下镇社会主义新农村建设

学会新老副秘书长看望张万年理事

夏乃儒委员《中华和谐文化传统寻绎》一文进入市社联汇编的论文集

我会第一次举办健康养生讲座

我会副会长邓伟志著的《和谐社会散议》一书出版发行

又有一批中青年精英加入我会

各专业委员会活动

第 69 期(2008 年 1 月 24 日)

我会召开部分干部座谈会,回顾 2007,展望 2008

第 70 期(2008 年 6 月 12 日)

市社联学会处领导来我会考察工作

中国中学生作文大赛上海赛区发奖大会、新知杯文明道德短语征文比赛发奖大会同时举行

董贵昌同志在颁奖会上朗诵新创作的几首短语

我会理事徐放近日去法访问

第 71 期(2008 年 7 月 14 日)

学会召开会长(扩大)会议,回顾上半年工作,安排下半年工作

丁锡满副会长在会长(扩大)会议上的工作报告

第 72 期(2008 年 10 月 26 日)

城开杯"爱祖国、爱家乡、爱上海、迎世博"诗歌征文启事

倡议(城开杯"爱祖国、爱家乡、爱上海、迎世博"诗歌征文秘书处)

中国中学生作文大赛(2008—2009)上海赛区启动

第 73 期(2009 年 1 月 22 日)

新春贺信(上海炎黄文化研究会)

我会举行 2009 迎春茶话会,近二百名会员欢聚一堂喜迎金牛

常务副会长丁锡满在 2009 迎春茶话会上讲话(摘要)

我会再次召开会长会议,回顾 2008 年工作,商讨 2009 年工作

迎新口占(卞权)

弘扬传统文化，推进改革开放，学会召开2008年学术年会

本会召开部分专业委员会负责人座谈会，研究讨论2009年工作

我会玉石专业委员会近日召开玉石鉴赏座谈会（玉石专业委员会供稿）

我会和中国传记文学学会联合主办新农村改革成果图片展

上海炎黄文化研究会特邀顾问舒文逝世

第74期(2009年4月28日)

华夏本一脉，中原拜轩辕，己丑年黄帝故里拜祖大典在新郑市隆重举行

炎黄文化与地域文化传承创新，中华炎黄文化研究会第二次团体会员工作研讨会在河南平顶山举行

我会常务副会长丁锡满在中华炎黄文化研究会第二次团体会员单位工作研讨会上发言（摘要）

“三爱一迎”诗歌征文评出得奖作品

名誉会长龚兆源《九十有感》一文读后深受教育，现全文登载

汉字书同文专业委员会举行第一次“双月沙龙活动”

炎黄评弹之友成立三周年隆重举行庆祝演唱

第75期(2009年8月4日)

学术专业委员会召开座谈会商议我会今年学术年会主题

上海炎黄文化研究会等举行《浦江放歌》诗歌朗诵会（萧丁）

上海市社会科学界第七届（2009）学术年会征文公告（上海市社会科学界学术年会组织委员会）

谈谈自己参加“传统楹联知识讲座”的感受（姚树新）

短讯三则

第76期(2009年9月18日)

畅想世界和平，共创和谐世界

第二次“汉字书同文”学术研讨会纪实

中国中学生作文大赛(2009—2010)活动方案已定

上海炎黄文化研究会关于填写会员普查登记表的通知(上海炎黄文化研究会办公室)

第 77 期(2009 年 11 月 17 日)

本会第七届“炎黄论坛”邀请周汉民做“世博与文化”专题报告

我会召开 2009 年第二次会长会议

我会召开部分新会员座谈会

炎黄评弹之友举办重阳敬老慰问演出

会员普查登记表反馈情况

第 78 期(2010 年 2 月 8 日)

新年祝词(上海炎黄文化研究会)

我会举行纪念上海炎黄文化研究会成立 15 周年暨 2010 年新春茶话会

学会积极分子名单

获学会贡献奖名单

我会蝉联上海社联“优秀学会”称号,丁锡满、姚树新荣获“优秀学会工作者”

世界奇迹,无疆爱心——迎世博 100 天柬埔寨之行摄影作品展

学会召开 2009 年学术年会

上海市社会科学界第七届学术年会落幕,我会一篇论文获优秀论文奖

第 79 期(2010 年 7 月 7 日)

湖北随州举行第二届“世界华人炎帝神农故里寻根节”,上海炎黄文化研究会派员参加(王德敏)

为进一步办好《炎黄子孙》杂志,《炎黄子孙》召开编委会会议做专题研讨

沉痛悼念国医、我会名誉顾问裘沛然先生

第十三次汉字书同文研讨会今日召开,常务副会丁锡满到会祝贺并做总

结讲话

圆通学子，走向世博——中外儿童庆“六一”文艺演出

中国中学生作文大赛(2009—2010)在港落幕

我会又吸收了九名新会员

第80期(2010年11月1日)

“道的一致性与共同性”座谈会——日前在上海文史馆会议厅举行

我会已申报参加市社联“学会学术活动月”的项目

常务副会长丁锡满新作《走笔大千》在上海书市签售

方云会员近期在嘉定、青浦举办“桑梓情——古玉精品展”

更正启事

第81期(2010年12月31日)

新年祝词(上海炎黄文化研究会)

举办世博会的精神遗产大过物质遗产——上海炎黄文化研究会举行2010年学术年会(灯明)

关于上海本土非物质文化遗产资源的挖掘和利用——上海炎黄文化研究会举行第8届炎黄论坛(灯明)

炎黄评弹之友访问苏州评弹学校小记(炎黄评弹之友供稿)

炎黄评弹之友活动信息

第82期(2011年3月21日)

市社联近日下达“纪念中国共产党成立90周年”理论研讨征文通知，学会领导希望大家积极响应认真做好应征工作

上海昂立教育·新知中学生英语写作大赛正式启动

我会副会长李伦新《海浪花开》出版

我会举行2011年新春联谊会

近期炎黄评弹之友活动动态

第 83 期(2011 年 5 月 18 日)

第十四次汉字书同文学术研讨会举行

丁锡满常务副会长在汉字书同文研讨会上的讲话

中国中学生作文大赛(2010—2011)“恒源祥文学之星”上海赛区决赛华丽落幕

本会召开专家座谈会商讨如何开好今年的学术年会

第 84 期(2011 年 7 月 18 日)

我会举办“党旗飘扬,红歌嘹亮”群众歌咏大会

记上海市老年书画会纪念建党 90 周年书画展

我会和静安区戏曲协会共同举行,纪念建党 90 周年评弹专场演出

上海市纪念中国共产党成立 90 周年理论研讨活动结束,我会陈增辉获得优秀论文一等奖

为维护本地传统文化良好生态做贡献,我会派员参加中华炎黄文化研究会团体会议(灯明)

“恒源祥文学之星”中国中学生作文大赛命题工作研讨会近日在向明中学举行

本会顾问李修庚、陈华锋逝世

第 85 期(2011 年 12 月 30 日)

新春祝词(上海炎黄文化研究会)

理想的文明:传统文明与现代文明互补——本会 2011 年学术年会概述

近期活动动态

第 86 期(2011 年 2 月 28 日)

上海炎黄文化研究会“第四届会员代表大会”隆重召开,换届工作顺利

结束

上海炎黄文化研究会第三届理事会工作报告(节选)(常务副会长丁锡满)

上海炎黄文化研究会章程

第四届领导班子名单

第四届名誉会长、咨询小组、顾问名单

第四届理事会理事名单

第 87 期(2012 年 3 月 12 日)

市社联下达“中国特色社会主义理论体系与科学发展”理论研讨征文工作的通知,学会希望广大会员积极响应参与应征

问计于民,推进学会工作

学会召开四届一次秘书长会议

第 88 期(2012 年 6 月 8 日)

学会召开四届二次理事会议,审议全年工作要点

一组简讯

上海炎黄文化研究会等单位举行报告会,关注开拓公共外交的重要意义

汉字书同文研究预备会议近日召开

学会召开四届一次会长会议讨论工作,明确分工,决定有关事宜

我会会员李鸿庆创办的东方民文苑举办十周年庆典大会,姚树新秘书长到会祝贺

第 89 期(2012 年 12 月 3 日)

市委宣传部近日召开纪念陈沂同志百年诞辰座谈会

我会又一次蝉联上海社联“优秀学会”称号,丁锡满、梁妙珍荣获“优秀学会工作者”

学会召开 2012 年学术年会,着重研讨现代城市如何搞好文化传承

喜迎党的十八大,炎黄研究会书画联展开幕

本会召开常务理事会会议

学会召开咨询小组会议，听取学会领导工作汇报

《炎黄子孙》杂志成立理事会

第七届“南江风韵”杯崇明灶花艺术节于10月20日在崇明向化镇开幕

炎黄评弹进社区

孔子文化专业委员会举办祭祖庆典仪式

中学生作文大赛研讨会暨开赛仪式启动，周慕尧会长任“恒源祥文学之星”中国中学生作文大赛上海赛区名誉主席

上海炎黄文化研究会原副秘书长温彦同志逝世

第90期(2013年5月20日)

我会召开四届三次理事会，审议全年工作，增补两名理事

熊月之担当“炎黄论坛”今年首讲——移民社会与上海文化

本会会员画家陈谷长画展今日开幕

评弹艺术进“吴淞”，江南奇葩绽校园

孔子文化专业委员会举行祭孔活动

我会举办2013年新春联谊会，周慕尧致新春贺词，杨益萍做工作讲话

几则简讯

本会会员陈元麟同志逝世

第91期(2013年8月15日)

本会办公地址迁至江桥

第16次汉字书同文国际学术大会已在韩国首尔成功举行

上海城市精神将助力中国梦

我会参加市社联“第12届科普活动周”，举办“浏览古玉中的历史”科普讲座

简讯几则

第 92 期(2014 年 1 月 24 日)

新年贺词

我会举行新春联谊会暨中国传统戏曲艺术鉴赏讲座

上海炎黄文化研究会 2013 年回顾、2014 年展望(摘要)

我会召开常务理事会总结 2013 年工作、商讨 2014 年工作

本会将继续保留徐家汇办公室

传承历史文脉与中国梦,我会 2013 年学术年会综述

梳理上海历史文脉,重整国际文化大都市雄风,下半年我会又连续两次举办上海历史文脉系列讲座

沉痛悼念我会理事张万义同志

跨学会举办“城市文化发展与工艺美术传承”学术活动

第 93 期(2014 年 6 月 30 日)

上海炎黄文化研究会召开第四届理事会四次会议

第 17 次汉字书同文国际学术研讨会日前召开

社联主办多学科交流研讨如何立足传统文化、弘扬核心价值观

我会有三个项目参加第 13 届上海市社会科学普及活动周

学会学术沙龙活动顺利进行

韩志强会员多次下基层举办甲骨文讲座、展览、演示,深受百姓欢迎

王贵生会员在嘉定镇文化活动中心举办甲骨文书法、绘画、石文化展览会

聊聊苏州评弹的那些往事,评弹艺术走进风华初级中学

中学百校师生硬笔书法比赛,16 所学校获优秀组织奖

学会领导元宵节慰问三位老同志

领证启事

第 94 期(2014 年 11 月 21 日)

上海炎黄文化研究会学术年会聚焦诸子百家与核心价值观

我会与工艺美术等学会合办学术研讨会

崇明灶花艺术节隆重举行

“云淡峰起”上海炎黄书画院作品展圆满展出

孔子文化专委会举办纪念孔子诞辰释奠礼

上海科普教育发展基金会资助我会“甲骨文申遗科普活动”

我会将协同南社纪念馆开展学术研究工作

第 95 期(2015 年 7 月 20 日)

征文通知(上海炎黄文化研究会)

关于继续为上海创新社会治理、加强基层建设建言献策专题征集启事(上海炎黄文化研究会)

上海炎黄文化宣讲团举行座谈会,回顾八个月来的工作情况,商谈下一步如何更好活动

我会与周桥街道、江桥镇签订 2015 年弘扬中华优秀传统文化共建协议

我会举办纪念抗日战争胜利 70 周年系列活动

一组短讯

讣告

第 96 期(2016 年 1 月 8 日)

聚焦家庭伦理与中华传统思想道德教化——上海炎黄文化研究会召开 2015 年学术年会

中共上海市委宣传部原副部长、《解放日报》原总编、本会原常务副会长丁锡满同志逝世

社联主办研讨会,纪念新文化运动 100 周年,多学科视野:新文化运动与传统文化,上海炎黄文化研究会等学会共同承办

本研究会连续四次被评为“上海市优秀学会”,上海炎黄文化宣讲团获得“学会特色活动”奖,我会会员陆廷和刘惠恕被评为“优秀学会工作者”

炎黄书画院组织画家实地采风创作,“我的祖国——人文江桥油画作品展”举办

纪念《在延安文艺座谈会上的讲话》发表 73 周年，“五月油画展”在江桥举办

跨学会学术研讨会关注追溯历史传承创新海派工艺文化

第四届“上海文化资源保护与利用”学术研讨会举办

第 18 次汉字书同文国际学术研讨会在沪举行(佚夫)

我会举办纪念抗日战争胜利 70 周年系列活动(新)

“上海之根·向明杯”中学生书法决赛在松江举行(稼穑)

应本会和上海固定资产建设投资协会邀请，著名作家梁晓声来沪演讲(稼穑)

会刊召开专栏部分作者座谈会(稼穑)

本会领导观摩第 10 届崇明向化灶花节(稼穑)

第 97 期(2016 年 4 月 8 日)

上海炎黄文化研究会 2015 年工作总结、2016 年工作设想

我会召开四届六次理事会

理顺架构，充实领导，明晰重点，学术研究和文化普及两个委员会开局工作顺利

本会延期换届已经批准

我会举行新春联谊会暨民族乐器艺术欣赏

寒冬时节深入部队，春暖舰艇战士心怀，本会常务副会长杨益萍率沪书法名家慰问子弟兵

本会举办丁锡满同志追思会，周慕尧出席并讲话，杨益萍等发言追思，褚水敖主持

触摸李杜韩柳诗魂，感受传统文化魅力，“亲近古诗文”演艺大赛决赛完美落幕

“时光记忆”古文字楹联展举办

宣讲团成员在静安乐龄讲坛宣讲，主题明确，演讲生动，听众受益

2016 年筷箸文化研讨会征文

第 98 期(2016 年 7 月 28 日)

上海炎黄文化研究会 2016 年学术年会征文通知

传播社会正能量,引导学生积极向上——第十一届中国中学生作文大赛上海地区赛事完美收官

清明祭孔在嘉定孔庙举行

炎黄书画院举行创作研讨会

我会宣讲团上海科普周东方讲坛中获巨大成功

沪上油画名家联袂莘莘学子写生采访,五彩画笔聚焦江桥新变化

第 99 期(2016 年 9 月 28 日)

社联主办多学科研讨孙中山与传统文化继承转换

我会宣讲团教师节电台直播宣讲

本会祭孔大典活动在嘉定孔庙举行

“南绘北语”油画雕塑展在黑河举办

本会会刊《炎黄子孙》有效发行提升

《丁锡满同志追思文集》印行发布

第 100 期(2016 年 12 月 28 日)

穿越历史与未来,看上海文化的创新,本研究会 2016 年学术年会举行,发布九篇论文,陈正兴、韦源、杨益萍、洪纽一、吴孟庆等一百六十余人出席

我会召开常务理事会

我会召开四届七次理事会

高式熊书法篆刻艺术展开幕受欢迎

玉麟“牡丹”又相逢,本会会员郭玉麟蝉联“牡丹奖”

我会“炎黄评弹之友”社举行成立十周年庆典

本会与上海工艺美术学会等举办 2016 年跨学会学术研讨会

第三届全国哲学社会科学话语体系建设理论研讨会在沪举行

我会应邀参加第四届中部六省炎黄文化论坛

上海文史馆召开王退斋先生110周年诞辰座谈会

第101期(2017年3月28日)

上海炎黄文化研究会举行2017年迎春联欢会,周慕尧、陈正兴和一百五十多位会员参加

杨益萍常务副会长一行探望我会老专家

陈勤建副会长一行赴团体会员单位调研

广纳思路,突出重点——我会召开2017年工作务虚会

书画院新春团拜

第十二届中国中学生作文大赛上海赛区颁奖

我会领导赴新知文化公司调研

我会与江桥镇深化优秀传统文化共建活动

宣讲团举办科普周系列讲座课题研讨沙龙

上海炎黄文化研究会2017年学术年会征文通知(上海炎黄文化研究会办公室)

第102期(2017年6月28日)

纪念商务印书馆创立120周年,上海市社联和静安区政府主办、本会等承办多学科研讨——商务印书馆与中华文化自信,20篇学术论文会间发布,其中3篇系本会学者撰写

杨益萍常务副会长一行赴书同文专委会调研

我会成立老城厢文化委员会

第三季"源于生活"油画展开幕

我会荣获"上海市社科普及工作先进集体"称号

我会宣讲团参加十场"东方论坛"讲座

第103期(2017年9月28日)

我会宣讲团在上海武警总队宣讲中华传统文化

不忘初心,方得始终,上海炎黄文化研究会主办第20次书同文国际研讨会举行

坚持不懈,打造特色,我会专题研究宣讲团工作

喜迎党的十九大召开,高式熊题字画作

绿色申城——上海城市公园绿地撷萃,我会书画院重大项目主题创作起航

我会召开四届八次理事会

我会召开四届八次常务理事会

儿童书画展

“丁酉年上海四圣后裔及各界人士秋季祭孔大典”在上海嘉定孔庙举行

第104期(2018年1月18日)

上海炎黄文化研究会第五届会员代表大会举行,杨益萍做研究会第四届理事会工作报告,代表大会选举产生第五届理事会理事、监事,五届理事会一次会议选举产生领导班子

学习贯彻十九大精神,深入研究、实践,让优秀传统文化融入生活,上海炎黄文化研究会举行2017年度学术年会

岁末聚首,谋划来年,我会召开新老会长工作座谈会

喜庆十九大胜利召开,2018年古典诗词迎春书画展开幕

第十二届崇明灶花节开幕

全国炎黄文化论坛暨第五届中部六省炎黄文化论坛在山西省长子县召开

第十届中国中学生作文大赛上海赛区决赛成功举行

迁徙启事(上海炎黄文化研究会)

第105期(2018年3月18日)

上海炎黄文化研究会2018年学术年会征文通知

关于开展“我会大调查建言”专题活动的通知

“多学科视野:蔡元培与中华民族伟大复兴”学术研讨会举行

上海炎黄文化研究会举行2018年迎春联欢会,周慕尧、陈正兴、姜樑和一

百三十多位会员参加

务真求实共商议,齐心协力汲智慧,我会召开 2018 年工作务虚会

市社联授予我会“2017 年学会学术活动月优组织奖”

发挥我会人才优势,加强地区合作基础,我会领导访长宁区华阳街道文化中心

我会领导探望老专家

“喜庆十九大——2018 · 古典诗词迎春书画展巡展”开幕

我会与上海戏剧学院诗元工作室举办“中国文化传统的当代续接”论坛

第 106 期(2018 年 6 月 28 日)

上海炎黄文化研究会召开五届一次常务理事会

上海炎黄文化研究会常务理事分工(2018 年 4 月 27 日)

市社联专职副书记任小文来我会调研

第 17 届社会科学普及周举行,我会专项科普活动入选

“走进新时代——源于生活采风写生作品展”开幕

“炎黄论坛:美丽乡村建设”座谈会在浦东牌楼村举行

我会举办“科举考试制度的历史实践与经验教训”学术茶座

我会海派文化专业委员会成立并举行揭牌仪式

上海炎黄文化研究会成立庄子文化专业委员会

我会青少年教育专业委员会发展学生新会员

2018 年戊戌年上海社会各界人士清明祭孔大典在嘉定孔庙举行

我会与长宁区华阳街道签订合作共建协议

第 107 期(2018 年 10 月 8 日)

“绿色申城——上海城市公园绿地撷萃”列入市重大文艺创作资助项目

汉文字专家年度盛会,书同文研究成果累累

炎黄书画院召开“百年乔木”座谈会

戎马银辉,军魂永驻,纪念改革开放 40 周年将军书法展开展

讲好南洋故事,弘扬中华传统,追寻上海历史文脉主题活动再次举办

2018 年上海孔子文化节首届儒商论坛在嘉定举行

秉承我会“三特”主旨，海浪花讲坛受欢迎

“上海老城厢的前世今生”讲座成功举办

今年第三期《炎黄子孙》内容简介

第 108 期(2018 年 12 月 28 日)

会员专家畅论古今，学术年会聚焦主题——改革开放与文化传承，上海炎黄文化研究会举行 2018 年度学术年会

第十三届崇明灶花艺术节在向化镇举行

传统文化接地气，深入社区获知音

辉煌的历程——纪念改革开放 40 周年将军与教师书法展在上海商学院举行

上海炎黄文化研究会与上海通志馆主办“南社与江南文化”研讨会

我会受邀参加第六届中部六省炎黄文化论坛

“多学科视野：文化自信与编辑出版工作”研讨会举行

正心流芳，诗书传家——王退斋诗书画图片展暨王退斋逝世 15 周年纪念活动举行(王佩玲)

上海炎黄文化研究会庄子文化专业委员会举办“与工艺大师面对面”活动(李国强)

第 109 期(2019 年 3 月 28 日)

以“新上海 70 年与文化建设”为主题，上海炎黄文化研究会 2019 学术年会征文通知(上海炎黄文化研究会办公室)

我会召开五届二次理事会

我会召开专委会秘书长工作务虚会

上海炎黄文化研究会举行 2019 年迎春联欢会，周慕尧、陈正兴、姜樑和一百九十多位会员等参加

经市哲学社会科学规划领导小组批准，本会课题“江南文化与上海文化建设”已立项

“绿色申城——上海城市公园绿地撷萃作品展”——翰墨凝香扬国粹，妙笔丹青展风采

我会领导调研书同文专业委员会

上海炎黄文化研究会青少年教育专业委员会 2019 年工作打算

上海炎黄文化研究会庄子文化专业委员会 2019 年度的工作设想

我会合作共建单位周浦镇征集“上海最美家书”

简讯

我会顾问高式熊先生逝世

第 110 期(2019 年 6 月 28 日)

上海炎黄文化研究会召开五届三次理事会暨民俗文化建设推进会

以弘扬优秀传统文化为宗旨，本会领导明确从四方面开展下半年的工作

上海炎黄文化研究会五届三次理事会通过增补五届理事会理事、常务理事的决定

我会上半年发展 19 位新会员

本会领导走访上海打捞局

让社会科学走进群众心坎，市社联科普活动周举行，我会主办五场科普讲座

弘扬庄子文化，共商传统文化，赋能企业品牌发展，庄子专委会和兆祥集团召开研讨会

“绿色申城——上海城市公园绿地撷萃作品展”学术研讨会举办

上海炎黄书画院、海上印社艺术中心推出“上海美专同学六人$^{6+N}$油画展·第五届”在江桥镇举办

老会员陈维卿同志病逝

第 111 期(2019 年 9 月 28 日)

“同心向党，共绣国旗”，中学专场主题活动隆重举行，以绒绣为载体，传递红色基因

祭拜民族先祖黄帝，祈愿中华繁荣昌盛

探讨儒家精华对经济发展的作用，第二届儒商论坛举行

亮相上海书展,《海浪花开(海派文化)精粹》新书发布

本会书画院江桥分院举办首届书画展,向新中国七十华诞献礼

我会应邀参加两省(市)三地庄子文化研讨会

杨益萍等出席中英韩青年艺术展开幕式

上海炎黄诗友社诗集《美丽的七溆河》出版

“陆萍诗歌赏析会”在周浦举行

刘巽侠画展

庄子专委会主任会议

我会原副会长峻青先生逝世

我会顾问吴贻弓先生逝世

第 112 期(2019 年 12 月 28 日)

上海炎黄文化研究会被授予“2019 年度全国社科联先进社会组织”

本会日前召开 2019 年学术年会——新上海 70 年与文化建设,周慕尧、陈正兴等一百六十余人出席,会上发布七篇学术论文

庆祝新中国 70 周年华诞,上海社科界举办会长论坛暨多学科视野学术研究会,围绕主题——新中国 70 年与上海品格,百余学者和领导出席,4 篇演讲和 9 篇学术论文发布

炎黄文化研究会召开“江南文化与上海文化建设”课题初评会

青少年教育专业委员会积极开展炎黄文化宣讲团进校园活动

庄子文化专业委员会成功举办首届“庄子辩坛”

一代英豪写风流,“红星耀东方——将军书法展”在大世界举办

我会主办“丁一鸣画展”

炎黄书画院举行新春笔会

我会向上海宝山革命烈士陵园捐赠油画

第十四届南江风韵杯崇明灶花艺术节开幕

第 113 期(2020 年 4 月 15 日)

以“传统精神文化与夺取双胜利”为主题,上海炎黄文化研究会 2020 学术

年会征文通知

我会五届四次理事会议召开

上海炎黄文化研究会举行2020年迎春联谊会

会议通报

以“春天”为主题，上海炎黄书画院线上开办2020年“五月画展”

合作交流，优势互补，我会领导走访长宁区华阳街道

简讯

东方收藏：疫情当头爱为帆

东方医院来函感谢书同文专委会捐物战“疫”

感谢信（上海东方医院）

第114期（2020年6月28日）

本会启动新一轮“大事记”编纂工作

“上海炎黄文化研究会卿云古琴社”揭牌

发挥炎黄人才优势，做好文化普及宣讲，我会召开宣讲工作会议

“古今文化之旅”系列讲座正式开启

“庄子由中医养生”线上讲座圆满成功，直播讲座关注热度达到四万

我会“海派文化”浦东图书馆线上开讲座

“源于生活”——五月画展在线上举行

简讯

第115期（2020年9月28日）

上海社科界举办多学科视野学术研讨会，聚焦治国理政的中国智慧，50余学者和领导出席，13篇学术论文发布

我会获市社联“学会学术活动月”优秀组织奖

关于开展2020年度人民建议征集工作的通知（炎黄文化研究会）

我会人民建议征集工作积极有序展开

我会召开五卅运动95周年专题研讨会

我会召开民俗节庆纪念座谈会

我会宣讲团充实宣讲老师队伍，完善宣讲“菜单”

“古今文化之旅”系列讲座持续开讲

我会“中华传统文化传承基地”落户崇明向化镇

以“灯塔”精神为主体，炎黄书画院艺术家参观考察“中国救捞陈列馆、航海保障中心”

中华民族“筷箸文化”展览在长宁民俗文化中心举行

上海炎黄文化研究会“公众号”成功上线

第116期(2020年12月28日)

本会召开2020学术年会，深入研讨“传统精神文化与夺取双胜利”，陈正兴等百余人与会，杨益萍致辞，会上发布十篇学术论文

我会召开2020年度会长工作会议

我会五届五次理事会召开

2020年度在会员中开展人民建议征集活动圆满收官

市社联第十九届上海市社会科学普及周活动，我会四位专家宣讲被列入“基层活动版块”

由我会与中建八局上海公司联合举办的“古今文化之旅”讲座取得圆满成功

“灯塔——庆祝中国共产党成立100周年作品展”，炎黄书画院创作活动方兴未艾

“花开向化　大美瀛洲”第十五届崇明灶花艺术节举行

徐放从艺66周年画展举办

我会庄子专委会主任庄兆祥拜访中国道教协会李光富会长

第117期(2021年1月8日)

新春贺函(上海炎黄文化研究会)

上海炎黄文化研究会2020年工作回顾与2021年工作设想(秘书长潘为民)

第 118 期(2021 年 3 月 28 日)

我会召开 2021 年工作会议,落实部署今年各项工作

建党百年与弘扬优秀传统文化,上海炎黄文化研究会 2021 年学术年会征文启事(上海炎黄文化研究会办公室)

"党在我心中"征文启事(上海炎黄文化研究会办公室)

建党一百周年相关藏品征集通知

我会召开新春茶话会,共话研究会新年工作

书画院艺术家迎春话"灯塔"

办更好会刊,出更多好文

两项大赛传递青少年爱党爱国情怀,责任担当,默默奉献,弘扬中华优秀传统文化再做贡献

孔、庄专委会欢聚牛年

研究会专家、学者商讨年会主题

弘扬中华优秀传统文化,深入基层宣讲是个好方法

炎黄诗友会举行迎新春联谊活动

浦江红韵——中国共产党百年奋斗史系列讲座,我会 2021 年宣讲工作主题

第 119 期(2021 年 6 月 28 日)

依法办会,按章办会,发掘人才,吸引青年,市社联召开学术社团负责人会议

祝中国共产党成立 100 周年,我会七一期间开展多项活动

我会成功主办"灯塔——庆祝中国共产党成立 100 周年作品展"

我会四个项目入选今年市社联科普活动周

我会近期再发展 18 位新会员

"百年海派儒商的回顾与反思"学术研讨会在上海文庙儒学署举行

庄子文化会馆鸿蒙初辟仪式隆重举行

上海雯婕传媒公司资助炎黄书画院创作

姚昆田先生逝世

第 120 期(2021 年 9 月 28 日)

重温百年辉煌,满怀前行信心,我会与恒源祥公司联合召开学习习近平总书记“七一”重要讲话精神座谈会

上海社联新任党组书记王为松来我会调研

我会五届六次理事会召开,审议并通过《第五届理事会工作报告(草案)》《第五届理事会财务报告(草案)》《第五届理事会关于章程修改的建议说明》等

我会近四年发展新会员 136 名

我会通过换届审计工作

我会书画院,“烈火中永生——《革命烈士诗抄》中的英烈·董元绘画作品展”在周浦美术馆开幕

为乡村振兴战略做贡献,我会与青浦区杨家庄村委会建立“幸福合伙人”

第 16 届中国中学生作文大赛成功举办

我会海派文化专委会携手老西门街道拍摄七集宣传短片《烽火老城厢》

讣告

第 121 期(2021 年 12 月 28 日)

上海炎黄文化研究会召开第六次会员代表大会,老领导周慕尧、陈正兴和一百二十余位会员代表出席,杨益萍做第五届理事会工作报告,会员代表大会选举产生第六届理事会理事、监事,六届理事会一次会议选举新领导班子,汪澜任会长,市委宣传部副部长徐炯、市社联党组书记王为松出席会议并讲话

“建党百年与弘扬优秀传统文化”——我会 2021 年学术年会概况

上海市社联多学科聚焦探讨——从“建党百年与百年上海”中汲取精神力量,5 家学会共同主办学术研讨会,12 篇论文发布

我会荣获“2018—2020 年度上海市优秀社会科学学会”,杨剑龙、于小央获“优秀社科学会工作者”荣誉称号

我会召开第六届理事会首次会长会议

我会与浦东新区周浦镇联合举办“浦江红韵”系列讲座

非遗文化项目，第16届崇明灶花艺术节开幕

上海炎黄文化研究会卿云古琴社联合东华大学举办“琴学琴乐之思辨”主题讲座

第122期(2022年3月28日)

集思广益，察纳忠言，我会召开迎新茶话会，共话研究会新年工作

畅所欲言，沟通交流，我会海派文化、孔子文化专业委员会座谈会迎新

传承中华文化，会刊义不容辞

在艺术创作中弘扬核心价值观，炎黄书画院召开迎新座谈会

我会新老会长迎春座谈话传承

我会宣讲团召开迎新座谈会

讲好庄子故事，增强文化自信，我会召开庄子文化专业委员会迎新座谈会

炎黄诗友社举办迎新联谊活动

让优秀传统文化走进校园，落到实处，我会召开青少年专委会迎春座谈会

“百年新征程与城市文脉”，我会专家学者座谈初定今年学术主题

我会与普陀区文旅局合作“画(话)说苏州河”绘画创作宣讲项目

第123期(2022年6月28日)

上海炎黄文化研究会致会员的慰问信(上海炎黄文化研究会)

研究会召开疫情解封后首次工作会议

“难忘的风景——2022·春天记忆”画展线上开展，汪澜会长撰写前言高度评价

书写抗议真情，我会部分会员“抗疫笔墨汇”线上展示

庄子中医文化大家谈——庄专委5月20日举办“老庄也抗疫”在线讲座

我会原副会长陈勤建教授当选2021年“中国非遗年度人物”

我会领导走访“幸福合伙人”

我会《海派文化》《炎黄子孙》报刊新一任编辑委员会组成

民族英雄陈化成殉国180周年，我会副会长兼秘书长马军主持线上座谈会

简讯

“金庸笔下的中医智慧”线上腾讯会议

“百年新征程与城市文脉”——上海炎黄文化研究会 2022 年年会征文启事(上海炎黄文化研究会秘书处)

第 124 期(2022 年 9 月 30 日)

本会第六届第一届常务理事会召开

换届以来本会的工作概况及下半年展望——向上海炎黄文化研究会第六届第一次常务理事的报告(马军)

《炎黄子孙》《海派文化》、上海炎黄书画院、上海炎黄文化宣讲团、青少年专业委员会、海派文化专业委员会领导班子名单

多学科视野,跨学科论坛,我会参与主办“语言艺术的审美特征及其历史解读”暨“恒源祥文学之星大师面对面”论坛

新征程与上海城市文脉——我会召开年会专题研讨会

线上线下结合,主题品牌明确——我会宣讲工作探索新路

我会与长宁区图书馆签订合作协议

由“江海通津”到远东第一大都市——段炼讲座“上海与海派文化”

特殊时期,持续不断,我会今年上半年发展新会员 27 人

市社联公布 2021 年度达标学会名单,我会名列其中

第七届崇明孔子文化节,纪念孔子诞辰 2 573 周年,纪念孔子诞辰 2 573 周年祭孔大典,马军、刘梁剑副会长应邀出席

第 125 期(2023 年 1 月 30 日)

迎新春贺函(上海炎黄文化研究会)

致上海炎黄文化研究会全体会员的一封信(副会长兼秘书长马军)

2022 年学术年会深入探讨,新时代新征程与上海城市文脉

2022 年学术年会论文评议

青少年教育专业委员会成立讲师团

宣讲团活动二则

第十七届中国中学生作文大赛总决赛上海赛区两位选手获“恒源祥文学之星”

海派专业委员会邀请我会部分专家撰写老城厢的故事

我会会员王毅收藏家捐赠历史文物

我会吊唁孔德墉会长逝世

我会资深会员巢峰先生逝世

第 126 期(2023 年 3 月 30 日)

我会再获市社联“优秀学术团体”称号

我会举行正、副会长扩大会议

我会工作班子与市社联领导举行迎新团拜活动

我会参与主办重写中国思想史高峰论坛

我会与普陀区文旅局合作“画(话)说苏州河”,画展、宣讲齐头并进

我会参与助阵崇明灶文化研究上新台阶

2023 年多学科视野论坛启动专题研讨

“海浪花讲坛”落户长宁深受欢迎

青少年教育专业委员会讲师团进校园如期开讲

我会书画院画师袁龙海举办个人画展

马军副会长画展致辞

我会完成市民政局、市社联年检年报工作

上海炎黄文化研究会原会长庄晓天逝世

第 127 期(2023 年 6 月 30 日)

我会举行第六届第三次理事会

沉潜学术,激扬青春,我会举办弘扬中华优秀传统文化青年论坛

本会参与主办儒商精神与中国式现代化企业家精神研讨活动

2023“五月画展”成功举办

为“春天——山河锦绣·润物无声”画展作序,春在自然,更在人心(马军)

炎帝故里隆重举办拜祖大典,孔庆然等赴晋出席

澳门举办恭拜轩辕黄帝大典，杨剑龙出席，并在澳门大学做主题报告

马军参加张冰隅先生从教六十周年庆贺活动

我会和静安区文旅局联合举办“医路传承遇见百年雷士德”活动

再接再厉，精益求精

我会与普陀区文旅局共同主办，感悟苏河变迁！以苏州河为主题的系列讲座开讲

继往开来，砥砺前行——上海炎黄文化研究会庄专委举行二届二次主任会议

迎接本会建会三十周年“走过三十年”征文启事（上海炎黄文化研究会办公室）

“多学科视野：中国式现代化与人类文明”学术研讨会征文启事（上海炎黄文化研究会）

2023年上海炎黄文化宣讲团讲座新编

第128期（2023年9月30日）

挖掘儒商文化精髓，涵养中国企业家精神——2023上海孔子文化节第三届儒商论坛隆重举行（李志茗、曾金荣报道）

“画（话）说苏州河——‘半马苏河’的前世今生”绘画作品及宣讲文献展开幕

市社联召开2023年度学会工作交流会议

华东师大东方哲学研究院成立，刘梁剑兼任院长，汪澜出席成立仪式

以铿锵语调回顾峥嵘岁月，以赤忱情怀展现军人担当，上海炎黄文化宣讲团联合新华传媒开展“1925红色经典阅读沙龙”系列活动拉开序幕

山西炎帝文化研究会会长一行来我会工作交流

我会被社联评定为2022年度“达标学会”

第18届中国中学生作文大赛（2022—2023）恒源祥文学之星总决赛暨颁奖典礼圆满落幕

第129期（2023年12月30日）

中国式现代化与传统根基——2023年研究会学术年会概况

市社联主办，本会等五家学会联合承办“多学科视野：中国式现代化与人类文明”学术研讨会召开

我会荣获2023社联主题征文活动优秀学会

我会多位学者荣获上海市第十六届哲学社会科学优秀成果奖

2023年我会宣讲工作取得新成果

我会携长宁区图书馆“海浪花”系列讲座圆满收官

苏州河：近代上海历史的缩影——“画(话)说苏州河‘半马苏河’的前世今生”圆满闭幕

话说苏州河“一河两岸，中西合璧”的静安苏河湾系列讲座正式启动

“天人合一印象纹影——徐公诚个人艺术作品展”开幕

汪澜会长出席《退斋墨痕》首发仪式

汪澜会长一行考察石文化艺术馆

第17届崇明灶花艺术节开幕，刘平副会长出席并揭牌

我会担任“中国的抗日战争与上海法租界的终结”学术研讨会指导单位

我会理事孔飞捐赠“春申君”雕像

研究会部署庆祝上海炎黄文化研究会成立30周年系列活动

乔迁通知

第130期(2024年3月30日)

我会举行第六届第四次理事会

本会荣获2023年度市社联二项表彰

上海炎黄文化研究会孔子文化专业委员会举办2024年新春座谈会(孔飞供稿)

继往开来迎新春——上海炎黄文化研究会新春联谊会“龙”重登场

马军副会长兼秘书长完成《炎黄子孙》杂志编目工作

研究会召开书同文专业委员会工作务虚会

炎黄书画院新春联谊，新聘8位顾问

龙年首场“海浪花沪语大讲堂”开讲：钱程与何振华漫谈“标准上海闲话”

“多学科视野”学术研讨会筹备会召开

悠悠炎黄情，融融迎春意——庆祝上海炎黄文化研究会成立30周年系列

活动上海炎黄诗友社 2023 年年会

庄子文化专业委员会召开二届四次主任会议,《听庄子讲故事》举行首发式

我会完成市民政局市社联 2023 年度年检年报送审工作

第 131 期(2024 年 6 月 30 日)

“多学科视野:中华优秀传统文化的守正与创新”学术研讨会征文启事

第 23 届上海市社会科学普及活动周:讲座入选有我会两场

本会汉字书同文专业委员会召开,王贵生先生古文字书展研讨会

我会和老西门街道联合主办“上海小刀会起义与老城厢更新”工作坊

本会参与举办长宁区读书节活动

江山如画,莘向未来——上海炎黄书画院举办 2024 年中国画邀请展

问祖炎帝,寻根高平——我会派员参加甲辰年海峡两岸同胞神农炎帝故里祭奠活动

《海派文化》缩印本 126 期汇集成册

上海炎黄文化研究会历年所获荣誉

巢卫群　整理

一、全国荣誉

2019 年 10 月，经上海市社联推荐，被评为“2019 年度全国社科联先进社会组织”。

二、市级荣誉

1. 获“2005 年度上海市优秀社会科学学会”称号。

2. 获“2006—2008 年度上海市优秀社会科学学会”称号；丁锡满获“优秀社会科学学会工作者”称号。

3. 获“2009—2011 年度上海市优秀社会科学学会”称号；丁锡满、梁妙珍获“优秀社会科学学会工作者”称号。

4. 获“2012—2014 年度上海市优秀社会科学学会”称号；刘惠恕、陆廷获“优秀社会科学学会工作者”称号。

5. 获“2015—2017 年度上海市优秀社会科学学会”称号；夏乃儒、曹金荣获“优秀社会科学学会工作者”称号。

6. 获“2018—2020 年度上海市优秀社会科学学会”称号；杨剑龙、于小央获“优秀社会科学学会工作者”称号。

7. 获“2021—2023 年度上海市优秀社会科学学会”称号；汤啸天、赵宏获“优秀社会科学学会工作者”称号。

三、单项荣誉

1. 上海炎黄文化研究会炎黄文化宣讲团荣获“上海市社会科学学会

2012—2014 年特色活动奖”。

2. 上海炎黄文化研究会“源于生活・五月画展”，荣获“上海市社会科学学会 2015—2017 年特色活动奖”。

3. 荣获“第一届至第九届上海市社会科学界联合会学会活动月组织奖”；荣获“第十届至第十七届上海市社会科学界联合会学术活动月优秀奖”。

4. 荣获“上海市社联 2016—2017 年社科普及工作先进集体”。

5. 2023 年，荣获“市社联年度合作项目优秀奖”。

6. 2023 年，荣获“市社联‘马克思主义中国化时代化与中国式现代化’征文活动优秀学会”。

7. 儒商论坛获“上海市社会科学 2021—2023 年特色活动奖”。

本卷编后记

值上海炎黄文化研究会成立三十周年之际，我们编撰了这本有关研究会历史的纪念集。其主打内容是第一辑“走过三十年”征文来稿汇编。该活动是会庆系列活动之一，由本会一报一刊编辑部发起并组织。征文启事自2023年6月在本会《炎黄子孙》《海派文化》及新媒体平台发布后，从新老领导到专家学者、资深会员，以及入会不久的“新兵”，大家纷纷提笔响应。来稿叙事记人，饱含深情，字里行间，流淌着对本会前辈、同仁，对上海炎黄文化研究会大家庭及这一优秀传统文化传承平台的炽热情感。各下属单位和专业委员会也纷纷组织撰写了反映各自创办历程的稿件。收入书中的三十多篇文章高歌低吟，构成动人的交响合唱，也为我们提供了大量有价值、有血有肉的鲜活史料，感人至深，催人奋进。在征集和编排征文的过程中，金波、杨锡高两位报刊主编和编辑部全体同仁付出大量心血，贡献尤多。

此外，本书还收入新整理、编撰的上海炎黄文化研究会三十年大事记，本会历届理事会和领导班子名单、主要出版和印刷品目录、历年所获荣誉，以及本会《简报》总目录，以供大家全面了解上海炎黄文化研究会三十年来所走过的道路。

编者

2024年7月4日

图书在版编目(CIP)数据

而立回眸 ：上海炎黄文化研究会三十年 / 上海炎黄文化研究会主编. -- 上海 ：上海社会科学院出版社，2024. -- ISBN 978-7-5520-4601-4

Ⅰ. K203

中国国家版本馆 CIP 数据核字第 2024DB6041 号

而立回眸：上海炎黄文化研究会三十年

主　　编：上海炎黄文化研究会
书名题签：张　森
责任编辑：陈如江　邱爱园
封面设计：周清华
出版发行：上海社会科学院出版社
　　　　　上海顺昌路 622 号　邮编 200025
　　　　　电话总机 021－63315947　销售热线 021－53063735
　　　　　https://cbs.sass.org.cn　E-mail：sassp@sassp.cn
照　　排：南京理工出版信息技术有限公司
印　　刷：上海万卷印刷股份有限公司
开　　本：720 毫米×1000 毫米　1/16
印　　张：108
插　　页：16
字　　数：1757 千
版　　次：2024 年 12 月第 1 版　2024 年 12 月第 1 次印刷

ISBN 978－7－5520－4601－4/K・741　　定价：398.00 元